영화로
역사 읽기

연동원 저

유럽편

HISTORY IN FILM

학지사

역사학자에서 역사영화평론가로 나선 지도 십여 년이 훌쩍 넘었다.

10년이면 강산이 변한다는데, 온갖 첨단기술과 정보의 홍수로 넘쳐나는 사회에 사는 걸 생각하면, 강산이 몇 번은 바뀐 것 같다. 그리고 이러한 변화는 우리에게 친숙했던 상품의 존재 가치를 결정하는 데도 적용되었다. 생각해 보라. 1980년대까지 사무실에 반드시 갖춰져 있던 타자기나 학생들의 필수품이었던 소형 카세트를 비롯해 수많은 전자기기가 이젠 당시의 시대상을 상징하는 골동품으로 전락했다.

하지만 그렇지 않은 것도 있다. 필자가 『영화 대 역사』를 출간할 때만 하더라도, 영화로 역사를 다룬 저서는 거의 없었다.

그러나 지금은 어떠한가? 역사학, 문학, 철학 따질 것 없이 인문학 강좌에 빠짐없이 등장한다. 즉, 영화매체는 예전보다 위상이 훨씬 커진 것이다. 영상매체의 첨단을 이끌고 대중문화를 선도하는 게 '영화'라고 감히 말할 수 있다. 교육 현장에서도 영화는 커리큘럼의 한 축을 당당히 맡고 있다.

근 20년의 세월은 역사영화를 보는 필자의 시각도 변하게 했다.

처음에는 영화를 실제 역사와 비교·분석하는 데 초점을 맞추었다. 영화가 역사를 그대로 담아낼 수 없다는 영화적 특성은 고려하지 않은 것이다. 그러나 점차 스크린의 그 장면이 사실史實인지 아닌지와 별개로, 어째서 그렇게 각색했는지 그 이유가 궁금해졌다. 영화평론가 시각에서 감독이나 제작자의 처지를 이해하려는 변화가 필자에게 나타난 것이다. 이젠 역사영화를 볼 때, 역사학자와 평론가라는 두 관점이 부딪히지 않으면서 역사영화를 접하게 되었다.

역사영화평론가의 길을 걷는 데 영향을 끼친 세 사람을 언급해야 할 것 같다.

첫 번째로 이원복 교수를 꼽는다. 그분은 만화를 통해서 대중에게 문화와 역사를 쉽고 재미있게 설명했다. 바로 그의 대표작 『먼나라 이웃나라』가 이에 해당한다. 사실, 역사영화평론가로 나서게 된 동기가 그 만화처럼, 종합예술매체인 영화를 통해 역사에 접근하기 위해서였다.

두 번째는 지금은 고인故人이 되신 남경태 선생이다. 남경태 선생이 라디오 〈타박타박세계사〉의 진행자일 때, 출연자로 만났었는데 참으로 소중한 경험이었다. 이제껏 만났던 사람 중에서 가장 박학다식했던 그는, 필자가 가지고 있던 소위 역사학 전공자의 좁은 틀을 벗어나게 하는 데 큰 역할을 했다. 고정 코너인 '영화로 역사 읽기'를 통해 그분의 엄청난 내공을 확인할 수 있었고, 대중이 알고 싶어 하는 영화 속 역사가 어떤 건지 알 수 있었다. 참! 이 기회에 당시 이 방송의 PD였던 홍동식 국장과 이인경 작가께도 감사의 말씀을 전한다.

세 번째는 설민석 선생이다. 우연히 TV 방송에서 본 그의 한국사 강의는 마치 한 편의 역사스페셜을 보는 듯했다. 정확한 발음, 표정 연기, 세련된 의상, 그리고 과거사를 통해 미래지향적인 비전을 제시하는 강의 스타일은 어째서 그가 한국사 최고 인기 강사인지를 입증한다.

그렇다. 앞서 언급한 세 사람의 공통점은 자기만의 스타일로 '역사를 쉽게 전달'했다는 것이다. 나 역시 나만의 방식으로 전하려 한다. 즉, 영화로 역사 읽기.

그렇다고 영화를 단지 역사를 설명하는 보조물에 머물게 하고 싶진 않다. 역사영화의 진정한 주인은 그 작품을 만든 감독이기 때문이다. 그의 상상과 의도에 의해 역사가 마음껏 재단되어 나온 창작물이 '영화'다.

이 책은 영화 속 역사, 제작 & 에피소드, 영화 VS. 영화로 나뉜다.

영화 속 역사에는 영화를 선택한 이유, 시놉시스, 영화와 실제 역사를 순차적으로 설명했다.

제작 & 에피소드에는 영화제작 관련 뒷이야기 혹은 배우에 관한 에피소드가 있다.

영화 VS. 영화는 동일한 사건이나 인물을 다르게 표현한 영화를 선택하여 설명했다. 같은 사건이나 인물도 아주 달리 해석된다는 걸 확인할 수 있다.

참고로, 역사적인 인물 명칭은 백과사전이나 역사서에 기재된 것으로 표기하였다.

예) 월터 라일리(네이버, 다음) → 월터 롤리(백과사전)

말콤 X(영화 타이틀) → 맬컴 엑스(백과사전)

이 책이 출간되는 데 많은 배려와 격려를 해 주신 학지사 김진환 대표님과 직원 여러분께 감사를 전한다. 저자의 의도를 담아내기 위해 편집과 디자인에 노고를 아끼지 않은 안정민 씨에게도 고마움을 전한다.

2018년 4월

연(延)영상문화연구소에서

05

차
례

06

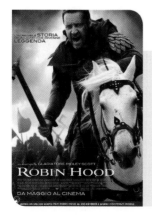

09

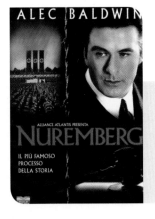

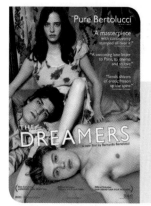

Theme 01
고대 그리스 문명

서양 최초 다국적군

/

이보다 용맹할 수 없다

/

콤플렉스 환자로 추락한 영웅

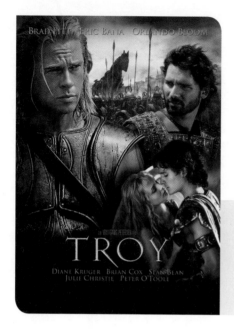

서양 최초 다국적군

트로이 Troy, 2004
감독: 볼프강 페터젠
출연: 브래드 피트(아킬레스)
　　　에릭 바나(헥토르)
　　　올랜도 블룸(파리스)

영화 속 역사

트로이전쟁을 소재로 한 작품. 신화적 요소를 배제하고 인간 냄새 물씬 풍기는 역사드라마로 각색한 점이 특색이다.

헥토르와 파리스를 영접한 스파르타왕 메넬라오스. 하지만 왕비 헬레네가 파리스와 함께 트로이로 떠난 걸 알고 격분한다. 친형인 미케네왕 아가멤논에게 트로이 침략을 부탁하는 메넬라오스. 이에 아가멤논은 아킬레스와 동맹국들을 규합해 전쟁에 나선다.

실제와의 차이

헬레네 납치^{정확하게는 자발적으로 따라 나섰음}와 이를 구실로 다국적군을 결성해 트로이를 침공하는 장면까진 그런대로 원작 『일리아드』와 『오디세우스』를 따랐다. 그러나 헥토르가 파리스와 결투를 벌이던 메넬라오스를 살해하는 장면부터 각색이 난무하기 시작한다.

실제 메넬라오스는 이 전쟁에서 전사하지 않고 헬레네를 데리고 본국으로 돌아갔다. 특히 목마가 트로이성으로 들어가는 라스트신에선 각색이 지나쳐 역사 왜곡을 주장하는 이도 있다. 그도 그럴 것이 이미 전사했어야 할 아킬레스가 성 안으로 들어가 브리세이스의 목숨을 구하고 그녀의 품 속에서 죽는다는 설정은 통속극의 결말을 보는 듯하다. 그리고 아가멤논이 브리세이스를 겁탈하려다 되레 그녀에게 목숨을 잃는 부분에서는 권선징악의 통쾌함까지 느껴진다. 실제로 아가멤논은 미케네로 돌아가서 아내에게 목숨을 잃었으며, 아킬레스를 살해한 파리스도 영화와는 달리 목마가 트로이성으로 들어오기 훨씬 이전에 전사했다.

실제 역사와 영화에서 느껴지는 전쟁 기간도 차이가 크다. 트로이 전쟁은 무려 10년에 걸친 처절한 공방전이었으나, 영화에선 몇 달밖에 안 지난 것 같다. 제작사는 10년이라는 긴 세월을 모두 표현할 수 없어 1년 정도로 축약했다고 밝혔지만, 관객에겐 그보다 훨씬 짧게 느껴졌다.

트로이성에 입성한 목마

역사 왜곡 기준

역사 왜곡은 실제 역사를 얼마나 각색했는지 여부보다는, 관객이 영화를 통해 실제 역사와 각색을 혼돈하거나 혹은 특정 인물이나 국가가 명예훼손을 비롯한 피해를 입었을 때 적용된다. 그런 점에서 이 영화를 보는 관객 대다수는 그리스 신화를 잘 알고 있는 상황에서 관람을 했을 것이다. 즉, 이 영화가 실제 역사를 지나칠 정도로 각색해도, 관객이 역사인식에 혼란을 가져오기보다는 역사드라마로 간주한다는 것이다.

그럼 감독이 이 전쟁의 주요 사건들을 라스트신에 몰아넣은 이유는? 아마도 영화의 특성과 밀접한 것 같다. 두 시간 남짓한 상영시간에 많은 볼거리와 극적인 장면을 연출하려면 아무래도 라스트신을 선택하기 마련이다. 그리고 그런 편집이 이 영화가 역사를 소재로 했음에도 통속드라마로 느끼게 한 것 같다.

가공의 역사 장면

온갖 픽션이 난무하는 라스트신에서, 중요한 역사기록을 담아낸 대목이 있다.

트로이가 멸망 직전, 아이네아스^{프랭키 피츠제럴드}가 잠깐 등장하는 장면이다. 영화에는 그가 파리스에게 트로이인

로마에 도착한 아이네아스
(클로드 로랭 작품, 1675)

들을 탈출시키라는 명령을 받는데, 역사적으로 의미하는 바가 크다. 영화에는 나오지 않았지만, 이후 아이네아스가 트로이인들을 이끌고 로마로 향함으로써, 로마제국을 세운 라틴족의 선조가 트로이인이라는 가정이 성립한다.

이 내용은 고대 로마인이 자신의 조상을 그리스인으로 설정하려는 역사왜곡에서 비롯되었지만, 감독 페터젠은 역사적 의미와 영화적 흥미를 동시에 끌기 위해 이 장면을 삽입했다. 호메로스 원작에는 없고 로마의 역사서에는 기록된 가공의 역사가 바로 이 장면이다.

제작 & 에피소드

이 영화가 나오기 전까지, 트로이전쟁을 소재로 한 작품들은 대개 헬레네와 파리스의 비극적인 사랑^{불륜}이나 이 전쟁을 승리로 이끈 오디세우스에 초점을 맞추었다.

그러나 볼프강 페터젠은 색다른 스타일로 극을 전개시켰다. 즉, 전쟁을 촉발한 파리스, 절대강자 아킬레스, 트로이영웅 헥토르, 세 남성을 주인공으로 설정하고 그들 간에 얽힌 갈등을 극의 중심으로 삼았다. 흥미로운 건 잘 어울릴 것 같지 않는 세 남성의 갈등구도가 나름대로 개연성이 있다는 것.

그럼 제작진이 세 남성을 주인공으로 삼은 이유는?

바로 기존 영화와의 차별화다. 세 남성에게 각기 다른 캐릭터를 부과해야 할 필요도 있었다. 서로 비슷하거나 별 특징이 없는 이미지라면 관객이 식상하지 않겠는가. 이에 따라 파리스는 원작대로 미남 캐릭터^{얼짱 이미지}를 부여하고, 아킬레스와 헥토르는 변화를 주었다. 즉, 두 인물 모두 영웅 이미지가 겹쳐서 다른 캐릭터가 요구되었다. 그래서 아킬레스는 영웅 캐릭터^{짐승남 이미지}를 그대로 따른 반면, 헥토르는 용맹과 지성미를 겸비한 인물^{훈남 이미지}이 되었다.

그럼 세 남성이 주인공일 때, 어떤 흥행코드를 기대할 수 있을까?

우선 캐릭터 간의 갈등구도가 흥미롭다. 또한 여성관객의 티켓파워도 기대할 수 있다. 주로 남성관객이 선호하는 전쟁 장르에 얼짱, 짐승남, 훈남이미지를 한껏 발산하는 세 남자를 내세워 여심을 자극한 것이다. 더욱이영화에는 파리스-헬레네, 헥토르-폴리도라^{헥토르 부인}, 아킬레스-브리세이스의 각기 다른 유형의 사랑도 나온다.

제작진의 예상은 적중했다. 전쟁을 소재로 한 대하사극임에도, 많은 여성관객을 끌어들여 흥행에 크게 성공한 것이다.

영화 VS. 영화 〈헬렌 오브 트로이〉(Helen of Troy, 2003)

〈트로이〉가 세 명의 남성 중심적 역사극이라면, 〈헬렌 오브 트로이〉는헬레네를 중심으로 한 전형적인 여성드라마다. 이 영화는 여주인공을 비롯해 남성의 그늘 속에 감추어진 여성들의 삶을 진지하게 다루고 있다.

영화 속 헬레네는 전쟁을 불러온 원흉이자 도덕불감증을 지닌 불륜녀일까. 아니면 온갖 위험을 감수하더라도 사랑을 쟁취하려는 자유주의 여성일까. 〈트로이〉의 헬레네^{다이앤 크루거}가 순전히 남편이 싫고 연인이 좋아서 목숨을 건 연애를 했다면, 〈헬렌 오브 트로이〉의 그녀^{시에나 길로리}는 어째서 극단적인 선택을 했는지 그 이유가 상세히 나온다.

분명한 건 〈트로이〉보다 〈헬렌 오브 트로이〉의 헬레네가 훨씬 정열적이고 주관이 뚜렷하다는 것. 그 예는 트로이전쟁이 끝난 후, 자신을 살려 준남편 메넬라오스에게 "고맙다는 말은 하지 않겠어요."라는 대사에서 여실히 드러난다.

한편 헬레네의 행동은 자기의지의 표현이 아닌, 그때그때 충동으로 볼 수도 있다. 실제로 목숨을 건 사랑의 도피를 한 후, 그녀는 파리스가 사망한 다음에는 데이포보스의 아내가 되고, 마지막에는 메넬라오스와 함께 살았다. 문제는 부부관계가 원만했다는 기록이다. 남의 집 가정사에 상관할 바는 아니지만, 아무리 남편이 용서한다고 해도 연인 파리스를 잃고 한 국가를 멸망하게 했다는 죄의식 없이 행복하게 살았다는 건 좀처럼 납득하기 어렵다.

〈트로이〉와 〈헬렌 오브 트로이〉를 통해, 감독이 실존인물도 마음껏 재단할 수 있다는 걸 확인했다. 예를 들어, 〈헬렌 오브 트로이〉의 헬레네와 파리스 배역이 여타 영화의 배우들보다 미남미녀였다. '저 정도의 매력이면 목숨을 걸 수도 있겠다.'라는 공감(?)이 들 정도였다. 또한 〈트로이〉의 메넬라오스는 산적두목 수준의 거친 인상에 전투스타일도 무지막지한 반면, 〈헬렌 오브 트로이〉의 메넬라오스는 남성적 매력은 별로 없지만 이해심 많은 남성으로 등장한다.

두 영화의 가장 다른 캐릭터는 아킬레스다. 〈트로이〉에선 브래드 피트가 매력적인 남성미를 발산한 반면, 〈헬렌 오브 트로이〉의 아킬레스는 대머리에 인상도 험악해 그리스의 영웅이 아닌 연쇄살인범 같다. 천하의 아킬레스가 영

동일한 배역도 캐릭터에 따라 이미지가 달라진다.
〈트로이〉의 메넬라오스(좌)와 〈헬렌 오브 트로이〉의 메넬라오스(우)

웅에서 살인범 이미지로 전락하는 걸 보면, 역시 감독의 힘이 절대적이다.

019

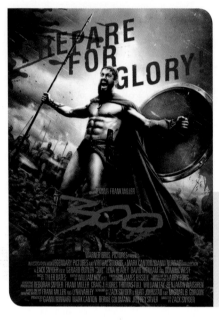

02

이보다 용맹할 수 없다

300 2006
감독: 잭 스나이더
출연: 제라드 버틀러(레오니다스)
　　　레나 헤디(고르고)
　　　로드리고 산토로(크세르크세스)

영화 속 역사

스파르타를 소재로 한 대작이자 흥행에 성공한 작품. 개연성 있는 인물 캐릭터와 나름대로 역사기록에 부합한 점이 이 영화의 매력이다.

300명의 정예병을 이끌고 테르모필레 협곡에 도착한 스파르타왕 레오니다스. 수없이 밀려드는 페르시아군을 상대로 연전연승을 거둔다. 페르시아왕 크세르크세스는 괴물과 마법사까지 동원하지만, 아군의 시체만 산더미처럼 쌓여 갈 뿐이다.

개연성 있는 캐릭터

영화에서 개연성 있는 캐릭터는 누구일까?

스파르타왕 레오니다스를 비롯한 300명의 전사들이다. 역사상 유례없는 용맹한 민족성을 지닌 스파르타군 모습을, 이 영화가 너무나도 잘 그려냈다. 물론 그들의 용맹함을 부각하기 위해 황당할 정도로 과장된 장면이 많이 나오지만, 분명한 건 소수 정예 스파르타군이 테르모필레 전투에서 몇 차례나 페르시아 대군을 격퇴한 걸 감안하면 그 정도쯤의 영화적 장치는 충분히 이해할 수 있다.

스파르타인은 어째서 용맹할까

스파르타인의 기질을 이해하기 위해, 스파르타의 가장 강력한 동맹이자 경쟁국 아테네와 비교하기도 한다. 아테네인의 기질이 스파르타인과 대조적이기 때문이다. 개인주의성향이 아주 강한 폴리스^{polis}가 아테네라면, 스파르타는 유독 개인이 아닌 '국가'를 우선시한다.

그렇다면, 이 두 나라 국민성이 이렇게 대조적인 원인은?

혹자는 환경적인 요인을 거론한다. 아테네 국경이 바다를 접하고 있어서 외부문화에 개방적이고 그에 따라 개인주의성향이 있는 반면, 바다가 없는 스파르타는 상대적으로 폐쇄적인 국민성을 지녔다는 것이다. 그러나 이 요인보다 더욱 설득력 있는 논리가 있다.

바로 아테네와 스파르타 자국민 숫자가 너무 차이난다는 것. 아테네의 전체 인구 중 자국민 수는 50%인 반면, 스파르타인은 3%에 지나지 않는다. 즉, 3%의 스파르타인이 피지배계급인 나머지 97%를 통치해야 하므로, 지배계급으로서 마땅히 누려야 할 특권이나 자유가 오히려 제한 받을 수 있다. 그래서 아테네인은 다양한 직업에 종사하지만, 수적으로 너무나 부족한 스파르타인은 국방에 전념코자 모두 군인이 될 수밖에 없다.

이러한 스파르타의 특성이 영화에서도 나온다. 레오니다스가 함께 참전한 다른 국가 왕으로부터 겨우 300명만 출전했냐는 항의를 듣자, 당당히 외친다. "당신들은 다양한 일을 하다가 전쟁터로 왔지만, 우리는 모두 최정예 전사戰士다."

그렇다. 전쟁에 참전한 스파르타인은 타고난 군인이다. 그들은 태어날 때부터 군인으로 성장하고 군인으로 생을 마친다. 절대 퇴각하지도 항복하지도 않으며 승산이 없는 전투에 기꺼이 나가서 죽음을 불사르는 이가 스파르타 전사다. '자주국방'을 위해선 희생과 대가를 치를 각오가 되어 있으며, 이러한 정신으로 인해 주변 폴리스에선 상상도 할 수 없는 일들이 벌어지기도 했다.

예를 들어, 스파르타 여성은 남편이 건강하지 못하면, 건장한 체격을 지닌 이웃 남자의 아기를 낳으려 했다. 훌륭한 전사의 자질을 갖춘 아기만을 키우기 위해서다. 따라서 아기는 태어날 때부터 부모의 사랑 속에서 자란 것이 아니라 전사로 키워졌다. 가정은 병영생활이며, 아기는 냉혹한 환경 속에서 성장하고 또래 아이들과 경쟁의식을 키워 나갔다. 영화에서 레오니다스가 소년 시절에 혹독한 무술훈련을 받는 것이나, 어느 장군이 전투 중 목숨을 잃은 아들을 지켜보며 평생 동안 사랑한다는 말 한마디 하지 못한 것에 대한 회한을 언급하는 대목 모두 실제 스파르타인의 모습이다.

어린 레오니다스가 늑대를 물리치는 장면

역사상 유례없는 용맹한 민족성을 지닌 스파르타. 바로 이러한 스파르타인의 근성이 후일 그리스의 패권을 둘러싼 펠로폰네소스전쟁에서 전력의 절대불리를 딛고 숙적 아테네를 항복시킨 원동력이 되었다. 에필로그에

스파르타군이 페르시아군을 낭떠러지로 모는 장면

서 레오니다스가 수십 발의 화살을 맞고도 눈을 부릅뜬 채 죽는 장면은 단지 영화 속 비주얼이 아니다. 생동감 넘치는 역사 이미지이자, 스파르타가 그리스 패권을 장악할 수 있는 정신력을 상징한 것이다.

023

실제로 300명이 백만 명과 싸웠을까

'300명이 백만 명의 진군을 저지했다.'라는 영화 홍보문구가 있는데, 과연 이 수치가 맞을까?

당시 테르모필레 협곡을 사수하던 스파르타 정예군이 300명 정도라는 건 기록 여부를 막론하고 가능성이 충분하다. 문제는 과연 페르시아의 백만 대군이 쳐들어왔을까 하는 점이다.

고대 그리스 역사가 헤로도토스의『페르시아 전쟁사』에는 기원전 480년 페르시아의 크세르크세스가 264만여 명의 군사와 3천 척 이상의 함선을 동원했다고 기록되어 있다. 그렇다면 결론은 나온 것 같다. 백만 명과 264만여 명 모두 당시 시대 상황을 고려할 때, 신빙성이 떨어진다. 그건 마치 백제가 망할 당시, 사비성에 삼천 궁녀가 존재했다는 것과 유사하다. 헤로도토스가 그리스의 승리를 과장하려는 것처럼, 백제 멸망의 명분으로 궁녀

숫자를 늘려 의자왕의 실정^{失政}을 논한 것과 같은 맥락이다.

다만, 스파르타군에 비해 페르시아군이 월등히 많았고 테르모필레 협곡이 영화에서 묘사한 것처럼 산과 바다 사이에 낀 폭이 15m밖에 되지 않는 좁은 통로였다. 따라서 구름같이 몰려드는 페르시아 대군을 소수의 정예병으로 맞설 수 있는 최상의 방어지였으며, 기적같은 승리를 몇 차례 거둘 수 있었다.

제작 & 에피소드

이 영화는 기획단계부터 화제를 모았다. 세계 역사상 가장 유명한 전투 중의 하나를 신화적 이미지로 묘사해 베스트셀러가 된 프랭크 밀러의 그래픽 노블이 원작이라는 것과 데뷔작 〈새벽의 저주〉로 전미 박스 오피스 1위에 오르는 등 탁월한 연출 감각을 보인 잭 스나이더가 감독을 맡았기 때문이다.

잭 스나이더는 원작에 묘사된 질감을 표현하기 위해 '크러쉬 기법'^{컬러 밸런스 조작법}을 고안했는데, 이 촬영방식은 특정 이미지가 가진 어두운 부분을 뭉개서 영화의 콘트라스트를 바꿔 색의 순도를 향상시키는 것이다. 이 영화의 모든 이미지가 이 과정을 거쳐 탄생했으며, 그에 따라 기존 영화들과는 전혀 색다른 화면을 선보였다.

다른 화젯거리는 레오니다스 역의 제라드 버틀러를 비롯한 스파르타군이 한결같이 몸짱이라는 것. CG가 아닐까 하는 의심이 들 정도로 대단한 복근을 지닌 스파르타군을 맡은 배우들은 영화제작 8주 전부터 혹독한 식이요법과 극한의 육체훈련을 했다고 전한다. 그러나 이런 멋진 스파르타군과는 달리, 페르시아군은 두건으로 얼굴을 가리고 있거나 괴물같은 형상이다. 크세르크세스도 위풍당당한 페르시아왕이 아닌, 전위적 복장을 한 헤비메탈그룹의 리드싱어 이미지다.

그럼 어째서 이렇게 편파적인 이미지로 양 군대를 묘사했을까?

아마도 개봉시점과 관련이 있는 것 같다. 이라크전쟁이 끝난 후 미국이 핵무장 의심을 받는 이란을 공격할지에 대한 방송언론 기사가 분분하게 나오던 때, 이 영화가 개봉되었다. 더욱이 영화 속 페르시아는 지금의 이란에 해당되지 않은가.

이라크에 주둔한 미군들이 이 영화를 보면서 환호성을 질렀다는 기사는 단순한 가십성 보도가 아닌 것 같다. 침략에는 명분이 있어야 그만큼 공격이 쉬워진다는 건 주지의 사실이다. 만일 영화가 개봉된 후 얼마 지나지 않아 미국이 이란을 공습했거나 전면전쟁에 나섰다면, 〈300〉은 상업영화가 아닌 침략의 명분을 제공한 고단수 문화무기였다는 걸 입증했으리라.

그래서일까. 영화는 충분한 볼거리와 재미를 보장하지만, '감동'이라는 요소는 느껴지지 않는다. 레오니다스 이하 300명의 스파르타군이 모두 장렬히 전사하는 이미지를 환상적이면서 디테일하게 보여 주고 있음에도 말이다. 아마도 그건 영화의 비주얼이 너무 강렬해 비극적인 사건마저 이미지 속으로 가려 버린 것도 있지만, 페르시아군을 너무나 폄하했기 때문이다.

탄성이 나올 정도로 환상적인 이미지를 보여 주지만, 가슴 한 구석을 울컥하게 만드는 게 없는 무미건조한 영화 〈300〉. 역사학자라는 의식 속에서 아쉬움을 느끼는 건, 이 영화에 대한 지나친 기대 때문이었을까.

영화 VS. 영화 〈300: 제국의 부활〉
(300: Rise of an Empire, 2014)

〈300〉이 페르시아전쟁의 서막이라면, 〈300: 제국의 부활〉은 이 전쟁의 결말에 해당한다. 페르시아 대군에 맞서 아테네의 명운이 걸린 살라미스해전을 소재로 했기 때문이다. 영화는 전작의 느낌을 그대로 살려서 진행된다. 크세르크세스와 고르고 왕비^{레오니다스 부인}가 전작에 이어 주요인물로 등장하며, 영화의 전반적인 분위기와 질감도 비슷하다.

다만 극을 주도하는 인물이 달라졌다. 전작이 레오니다스와 크세르크세스의 대결이라면, 이번에는 테미스토클레스 대^對 아르테미시아의 목숨을 건 한판이다. 두 인물의 캐릭터는 그야말로 대조적이다. 아테네 지도자 테미스토클레스가 무뚝뚝한 남성이라면, 페르시아군 지휘관 아르테미시아는 격정적인 여인이다. 흥미로운 건 주인공이 테미스토클레스 역의 설리반 스태플턴이지만, 존재감에선 아르테미시아 역의 에바 그린이 압도적이다. 그리스군에 온 가족을 잃은 복수를 위해 이 전쟁에 나섰다는 점도 극의 분위기를 고조시켰다.

그럼 실제 두 인물은 어떠했을까?

테미스토클레스는 영화처럼 전황을 냉정하게 판단했다. 그는 테르모필레를 넘어 밀물처럼 몰려드는 페르시아군에 맞서기 위해 아테네를 넘겨주는 대신, 모든 전력을 살라미스 섬 근처 함대에 집결시켰다. 이 섬과 본토 사이에 있는 좁은 수로에서 싸우는 게 유리하다고 판단한 것이다. 즉, 페르시아측 대형 함선이 좁은 수역에서 불리하게 작용할 것이라고 예측했다.

실제 아르테미시아는 영화와는 딴판의 인물이다. 물론 그녀가 이 해전에서 유일한 여성 지휘관이라는 건 맞지만, 출신이 할라카르나소스 여왕 신

026

분이다. 게다가 영화에는 아르테미시아가 이 해전에 적극 나섰으나, 실제로는 그리스군과 당장 싸우기 보다는 참고 기다리려 했다. 그러나 크세르크세스가 그녀의 권고를 무시하고 그리스군의 유인책에 걸려든 것이다. 더욱이 그녀는 영화와는 달리 테미스토클레스의 칼에 쓰러지지 않고 살아 돌아갔으며, 크세르크세스에게 찬사를 듣기도 했다.

이 해전의 결과는? 수적으로 적었지만 좁은 수로에서 유리한 소형 선박을 지닌 그리스군의 대승이다. 그리스 함대는 충각衝角: 적선을 파괴하기 위해 뱃머리 아래에 붙인 돌기으로 적함을 침몰시키고 적진을 교란시키는 데 큰 효과를 보았다. 참고로, 영화 초반 페르시아 반다리장군과의 전투신에서 함선이 파괴되고 중반부에 카샤니장군이 이끄는 페르시아 함대가 좁은 수로에서 옴짝달싹 못 하는 장면이 나오는

살라미스해전. 충각으로 적함을 파괴하는 아테네함선

데, 실제 살라미스해전에서의 그리스군 전술을 상징적으로 표현했다.

027

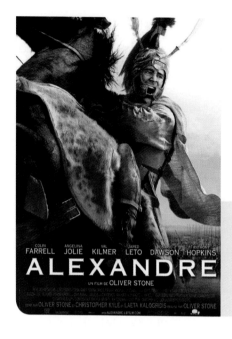

🎥 **03**

콤플렉스 한자로
추락한 영웅

알렉산더 Alexander, 2004
감독: 올리버 스톤
출연: 콜린 파렐(알렉산더)
　　　안젤리나 졸리(올림피아스)
　　　발 킬머(필리포스 2세)

영화 속 역사

알렉산더를 소재로 한 영화 중에서 최신작이자 대작이라는 점. 특히 역사
영화 연출이 탁월한 올리버 스톤이 감독이기 때문에 이 작품을 선택했다.

　어린 알렉산더를 돌보던 올림피아스가 만취한 필리포스 2세와 격한 싸움을 벌인다.
세월이 흘러 장성한 알렉산더가 어린 이복동생에게 왕권을 빼앗길지 모르는 상황에서,
아버지 필리포스가 살해된다. 아들에게 제위를 물려주려는 의도에서 어머니가 사주한
것이다.

세계 최초 3대륙에 걸친 제국

세계 최초로 3대륙에 걸친 제국을 건설했지만, 33세라는 젊은 나이에 사망한 알렉산더. 그에게 '역사'와 '신화'라는 두 이미지가 혼합된 영웅으로 비치는 건 당연하다. 영화에서 프톨레마이오스가 언급했듯이, "너무나 많은 일을 성취하고 통치할 시간도 없이 사라졌기 때문이다." 오죽하면 후일 그리스인은 지중해 패권을 장악한 로마인의 화를 돋우고 싶을 때 알렉산더의 때이른 죽음을 지적했다고 한다. 그가 더 오래 살았다면 이탈리아 원정을 했을 것이고, 당당히 로마군을 굴복시켰을 게 틀림없어서다.

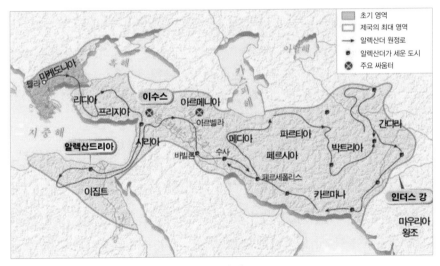

알렉산더 제국

알렉산더는 아버지를 살해했을까

알렉산더의 부모인 필리포스 2세와 올림피아스의 불화는 익히 알려진 사실이다. 성미가 불같은 올림피아스가 여러 여자와 관계를 맺고 다니는 남편을 보고 얼마나 분노했을지는 충분히 짐작이 간다. 남편이 죽은 후 그의 다른 아내인 클레오파트라^{이집트 클레오파트라여왕과 다른 인물}가 임신 중임에도 목매달아 죽이고, 갓 태어난 아기를 불 속에 던지도록 명령을 내린 자가 그녀라는 걸 상기해 보라.

그리고 왕위 계승권 문제로 아들 알렉산더와 갈등을 빚은 시점에서 필리포스 2세가 살해되었다면, 암살의 배후는 올림피아스와 알렉산더가 유력하다. 왕이 살해될 시 가장 이득을 볼 사람이 바로 이 모자이기 때문이다.

그럼 두 사람이 실제로 암살의 배후일까?

영화에는 올림피아스 단독 범행으로 나오고, 그 이유를 프톨레마이오스의 대사로 설명한다. "알렉산더가 살해 사건에 연루될 개연성은 있지만, 그가 갖고 있는 원대한 이상理想으로 볼 때 설득력이 없다." 이 대사는 참으로 공감이 간다. 더욱이 그는 케사르, 칭기스 칸, 나폴레옹과 같은 정복자의 범주를 넘어선 '헬레니즘 문명'의 창설자다.

헬레니즘 문명을 보는 시각

알렉산더가 이룩한 헬레니즘 문명은 동서양의 융합일까? 아니면 도시국가적인 그리스가 좀 더 확대되어 페르시아를 비롯한 동방지역을 지배한 것으로 간주해야 할까? 영화에는 영토가 넓어질수록 알렉산더와 부하 장군들 간의 갈등도 커지는 걸로 나오는데, 실제로도 그랬다.

이를 가장 극명하게 드러내는 것이 수사에서의 집단 결혼식이다. 그는 부하들에게 정복지 여성과의 결혼을 장려했으며, 기원전 324년 무렵 수사에서 그리스군 1만 명과 아시아 여성 1만 명, 총 2만 명의 집단결혼식을 거행했다. 결혼 절차는 페르시아식으로 진행했고, 아시아 여인과 결혼한 마케도니아 병사들 모두에게 금으로 만든 술잔을 하사했다.

이는 그가 단순한 정복자나 능란한 정치가의 술수가 아닌, 비전을 지닌 인물로 해석될 수 있는 역사적 사실이다. 그러나 참으로 아쉽게도 이 중요한 장면이 이 영화에는 누락되었다.

사실적 묘사, 아쉬운 인물 분석

감독 올리버 스톤은 세심하게 역사를 담아내려고 했다. 필리포스 2세의 암살장면도 그렇고 특히 전투장면은 생생하고 역동적이다. 단지 상영시간과 표현의 제약 등으로 어쩔 수 없이 여러 전투를 합성했는데, 가우가멜라 전투, 포루스 전투, 히드라오테스강 전투 등이 여기에 해당된다. 그러나 나무에 몰두한 나머지 숲을 놓친 것처럼, 그는 알렉산더 인물분석에서 중요한 점을 간과했다.

그건 알렉산더가 3대륙에 걸친 대제국을 건설한 동기가 어머니 올림피아스의 그늘을 벗어나기 위한 오이디푸스 콤플렉스로 보았다는 것이다. 그리고 친구이자 동성 연인인 헤파이스티온과의 사랑의 밀어를 나누는 장면을 너무 많이 보여 줌으로써, 대제국 건설과 그에 따른 정책 결정이 즉흥적이며 연인과의 사랑에서 비롯된 것으로 오해하게 했다.

사실 알렉산더의 성격은 동전의 양면처럼 극단적인 면이 있다. 그는 어렸을 때부터 자제력이 뛰어났으며 자기 나이를 훨씬 웃도는 위엄과 관대함이 있었다. 단지 페르시아 원정에서 승리한 후부터 잔인한 명령을 내리고 곧 후회하는 정서불안적인 면이 나타났다. 이러한 원인을 영화는 오이디푸스 콤플렉스로 간주하고 있지만, 그보다는 자신이 품고 있는 원대한 이상理想을 완수해야 한다는 집착으로 보는 것이 설득력이 있지 않을까.

분명한 건 알렉산더가 진정으로 콤플렉스에 시달렸다면, 그는 감히 페르시아 원정을 나서지도 못했을 것이다.

031

그가 죽은 원인은 확인된 게 없다

영화에는 헤파이스티온의 죽음으로 삶의 의미를 상실한 알렉산더가 부하로부터 건네받은 술잔에 독이 들어있는 걸 알고도 마시는 것으로 나온다. 하지만 이는 알렉산더에 대한 모욕이다. 왜냐하면 그는 연인의 죽음으로 충격이 컸지만, 그 후에도 전투에 나섰으며 숨을 거둘 당시에도 아라비아원정을 준비하고 있었다. 물론 그가 독살되었다는 소문이 돌았는데, 쓰러진지 열흘 만에 사망하고 후계자가 누구라는 유언을 남기지 않았기 때문이다. 가장 설득력 있는 추론은 장기간 원정에 따른 부상, 말라리아병에 따른 체력 저하 그리고 쓰러지기 전 이틀 동안의 과음으로 인한 복합 요인을 들고 있다.

그나저나 이틀 동안이나 독주^{마케도니아인은 알코올 도수 40~60°의 독주를 즐겨 마셨다고 전함}를 마시고 쓰러졌다면, 엄청난 체력의 소유자가 아닌가!

032

제작 & 에피소드

제작 당시 할리우드의 신예 콜린 파렐을 비롯해서 안젤리나 졸리, 안소니 홉킨스 등 호화 배역진으로 화제를 모은 작품. 게다가 모로코와 태국 등 해외 로케이션으로 몇 달을 소요하고 생생한 전투장면을 담기 위해 수천 명의 엑스트라와 수백 마리의 코끼리를 동원한 것만 봐도, 이 블록버스터의 규모를 짐작한다. 그러나 이 영화는 평단으로부터 거의 재앙에 가까운 혹평을 받고 흥행에도 참패했다.

왜 그랬을까? 우선 스톤의 영화표현 방식*인 '콤플렉스'가 알렉산더대왕에 적용하기에는 맞지 않았다. 즉, 전작 〈닉슨〉에서 대통령을 케네디의 망

령에 사로잡힌 인물로 묘사한 것처럼, 알렉산더
도 어머니의 음모로 왕위에 오름으로써 평생을
오이디푸스 콤플렉스에 시달리는 심약한 인물로
그렸다. 그리고 동성애 장면도 어색하다. 역사학
계에선 헤파이스티온이 알렉산더의 연인인 건 맞
지만 과장되게 표현했다고 지적하고, 평단에선
알렉산더와 헤파이스티온과의 연기 호흡이 매끄
럽지 않다고 했다. 더욱이 헤파이스티온^{자레드 레토}
이 매력적이지 않고 단지 짙은 아이라이너를 그
린 여장남자 같았다.

올림피아스 역의 안젤리나 졸리

 이러한 캐릭터 문제는 알렉산더 역의 콜린 파
렐 연기와도 연관된다. 감독은 이 배우에게 느껴지는 반항아와 전사의 기
질이 알렉산더와 흡사해서 캐스팅했다고 밝혔지만, 오히려 그의 연기가 이
성적이고 평범하다는 지적이 많다. 〈아라비아 로렌스〉의 피터 오툴, 〈패튼
장군〉의 조지 스콧, 〈브레이브하트〉의 멜 깁슨처럼, 위대한 인물에게 드러
나는 광기가 그에게는 보이지 않는다고 했다.

 그럼 콜린 파렐이 아니라면, 어느 배우를 캐스팅해야 적절했을까? 흥미
로운 건, 올림피아스 역의 안젤리나 졸리 연기는 찬양일색이다. 하긴 〈툼레
이더〉의 여전사이자, 〈미스터 & 미세스 스미스〉에서 거리낌 없이 남편에
게 총질하는 캐릭터야말로 올림피아스에 딱 들어맞는 것 같다.

---

[*] 보다 상세한 올리버 스톤의 영화표현 방식 내용은 『영화로 역사 읽기-미국편』에 있음.

033

영화 VS. 영화 〈알렉산더 대왕〉(Alexander The Great, 1956)

같은 인물을 주인공으로 다룬 〈알렉산더〉와 〈알렉산더 대왕〉. 흥미로운 건 업적은 같지만, 주인공 묘사와 극적 구성이 대조적이다.

전자에서 알렉산더가 오이디푸스 콤플렉스에 시달린다면, 이 영화에선 아버지에 대한 콤플렉스로 힘들어한다. 영화 속 알렉산더의 군사정책에 반대의견을 보인 장군들이 내건 명분이 필리포스 2세다. "폐하의 아버지였다면 다르게 했을 겁니다." 이 말은 알렉산더의 페르시아원정 기반과 군사력을 마련한 이가 필리포스라는 걸 강조한 것이다.

극적 구성도 다르다. 전자에선 극의 대부분이 알렉산더 이야기다. 그러나 이 영화는 중반까지 필리포스를 비중있게 다룸으로써, 알렉산더가 아버지에 대한 콤플렉스를 갖게 된 원인을 설명하려 한다.

그럼에도 이 영화는 극적 개연성이 약하다. 한 예로, 영화 초반부터 알렉산더가 요절할 것을 암시하는데, 이유가 없다. 뜬금없이 알렉산더가 흠모하는 아킬레스가 젊은 나이에 전쟁터에서 죽었다는 대사가 나오고, 올림피아스는 아들이 짧은 생으로 마감할 것이라고 예측한다. 심지어 쫓기던 다리우스 3세가 알렉산더에게 유서를 남기는데, 내용이 황당하다. 페르시아와

알렉산더 역을 맡기에는 나이가 들어보이는 리처드 버튼(좌).
젊은 혈기 이미지의 콜린 파렐(우)과 비교된다.

마케도니아가 하나가 될 수 있도록, 자기 영혼을 알렉산더에게 맡기겠다는

데, 제국을 모두 잃은 마당에 이런 유서를 쓸 수 있을까.

주목할 건 필리포스 암살 배후 장면이다. 감독 로버트 로센은 알렉산더를 공범으로 다루고 있는데, 이건 아주 중요한 의미가 있다. 알렉산더의 업적과 그의 이상^{理想}이 아버지의 암살로 퇴색될 수 있기 때문이다.

라스트신에는 수사에서 알렉산더를 비롯한 집단결혼식이 나오고 있다. 앞서 언급했듯이, 이 결혼식은 알렉산더가 품고 있는 원대한 이상의 상징이다. 그럼에도 이 역사적인 장면을 감독은 단지 알렉산더를 비롯한 많은 그리스인들이 아시아인과 결혼한 것으로 단순히 처리했다. 결국 이 영화는 탄성이나 감동을 일으킬만한 장면이 하나도 없다.

035

Theme 02

고대 로마제국

최후의 12시간

/

진정한 로마 정체성

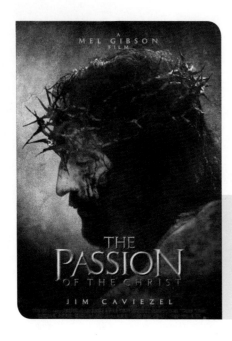

oo **01**

최후의 12시간

패션 오브 크라이스트
The Passion of the Christ, 2004

감독: 멜 깁슨
출연: 제임스 카비젤(예수)
　　　모니카 벨루치(막달라 마리아)
　　　흐리스토 쇼포브(빌라도)

038

영화 속 역사

숱한 기독교 영화와 판이하게 다른 작품. 예수가 십자가에 못 박히기까지 최후의 12시간을 마치 '사건현장'을 재연하듯이 묘사했다. 이 영화의 가장 큰 특색은 너무나도 성서를 충실히 반영해서 실제 역사와의 차이점을 비교·분석할 게 없다는 것이다.

자신에게 닥쳐올 불행을 미리 느끼고 몸서리치는 예수. 곧이어 그를 체포한 병사들의 구타가 시작되고 이후부턴 잔인한 장면의 연속이다. 그리고 너무나도 참혹해진 예수를 보면서 곱씹게 되는 건 그가 어째서 죽음으로 내몰렸는가였다.

유대교 지도층과 예수의 관계

신앙을 빌미로 치부致富와 권력을 누리던 자들에게 참된 믿음을 설파하는 예수의 존재는 위협이 될 수밖에 없다. 영화에도 나오듯이, 예수를 체포한 건 유대교 재판부, 즉 유대교 지도층이다. 그들은 애초부터 예수를 살해하려 했으며, 그 이유는 현재 누리고 있는 기득권이 사라질지 모른다는 두려움 때문이었다.

유대교 최고 평의회는 독신신성모독죄를 언도했는데, 이는 종교재판상 충분히 사형을 언도할 만한 죄목이다. 그러나 빌라도 총독에게 예수를 넘길 때에는 혐의가 달라진다. 독신죄가 아닌, 예수가 스스로 '유대인의 왕'이라 부르며 민중을 현혹시키고 로마에 납세를 거부하고 반란을 꾀했다는 것이다. 즉, 종교적인 이유로는 총독의 마음을 움직일 수 없어서, 예수를 정치범으로 둔갑시켰다.

분명한 건 빌라도가 예수에게 사형 명령을 내렸지만, 그 자신이 원해서가 아닌 유대교 사제와 민중의 집요한 요구 때문이었다. 영화에서 유대인들은 빌라도를 향해 핏대를 올린다. "만일 총독이 로마의 적敵 예수를 용서해 준다면, 직접 황제께 고할 거요!"

자칫 폭동이 일어날 수도 있는 상황에서, 자신의 정치 생명까지 감수하면서 피지배민족 출신의 예수를 구하려 나선다면 오히려 어리석은 결정일 수도 있다. 따라서 예수를 죽음으로 몰고 간 건 자리보전을 위해 전전긍긍한 유대교 지도층과 이에 부화뇌동附和雷同한 우매한 민중이다.

예수에게 열광했던 민중이 어째서 사형을 요구했을까

영화에는 사형을 외치는 민중과 유대교 사제들만 보일뿐, 어째서 민중이 예수에게 환호했다가 돌변했는지 그 이유가 나오지 않는다. 따라서 전후 사정없이 이 장면에만 초점을 맞춘다면 이 영화를 반^反유대주의적 작품으로 볼 수도 있다.

그렇다면 민중이 예수를 향해 입장을 바꾼 이유는?

아마도 그들이 예수로부터 기대했던 걸 얻지 못했기 때문일 것이다. 연이어 기적을 행한 예수를 메시아로 간주하고 현실문제인 로마의 지배로부터 벗어나길 원했지만, 예수가 말한 '신의 나라'가 현실의 국가가 아닌 정신적이라는 걸 깨닫고 태도가 돌변한 것이다. 기대감이 실망으로 바뀌고 곧이어 분노감으로 고조되어 사형을 요구하는 지경까지 이르렀다.

물론 이러한 극단적인 군중심리가 나오도록 조종한 이는 유대교 지도층이다. 이제껏 민중이 두려워 예수에게 손을 못대던 유대교 사두가이파와 바리새인들. 그러나 예수가 민중으로부터 소외되기 시작한다고 판단되었을 때, 유대교 지도층은 곧장 예수 제거 작업에 들어갔으며, 그 와중에 포섭한 이가 다름 아닌 가룟 유다였다.

실제 예수는 어떤 모습일까

영화처럼 수려한 외모와 건장한 체격을 지녔을까. 물론 그럴 수도 있다. 그러나 분명한 건 예수의 참모습을 알 수 없다는 것. 따라서 예수의 모습은 시대와 지역에 따라 달라진다. 무수한 그림과 조각에 등장하는 그의 모습이 아랍계 유대인이 아닌, 유럽 라틴계에 가까운 것도 그 한 예다. 이러한 배경은 기독교를 수용한 로마, 즉 오늘날의 이탈리아를 기준으로 제작된 예수의 초상화에 바탕을 두었기 때문이다.

중세까지 기독교 회화는 대체로 예수를 수염이 없는 모습으로 그렸다. 로마인이 수염을 야만족의 특징으로 생각했기 때문이다. 한 예로, 5세기 말 모자이크에 그려진 예수의 모습은 성인(聖人)이 아닌 전사(戰士)의 전형을 보여 준다. 로마 전투복을 입고 뱀과 사자의 머리를 밟은 그의 손에는 "나는 길이요, 진리요, 생명이다."라고 라틴어로 쓴 책을 손에 들고 있다. 이 그림을 볼 때 떠오르는 예수의 이미지는 〈패션 오브 크라이스트〉의 예수 역을 맡은 제임스 카비젤이 아니다. 〈글래디에이터〉에서 카리스마 넘치는 로마 장군 막시무스 역의 러셀 크로우가 적역이라 판단된다.

041

로마 전투복을 입은 예수. 국방을 기독교에 의존하려는 로마인들의 심정이 드러나 있다.

제작 & 에피소드

'사실적이며 감동적인 종교영화' 혹은 '폭력 장면으로 도배가 된 영화'. 바로 이 작품을 본 관객의 상반된 소감이다. 그럼 감독 멜 깁슨은 어떤 의도로 종교영화에 그토록 잔혹한 장면을 많이 삽입했을까?

이에 대해 멜 깁슨은 사실적인 표현을 강조하면서 폭력 장면도 성서 기록을 재연했을 뿐이라고 했다. 그렇다. 그는 전작들에서도 실제 사실을 상당히 반영했다. 아쉬운 점은 그런 사실적인 표현이 주로 폭력장면에 해당된다는 것. 예를 들어, 〈아포칼립토〉에서 목이 잘리고 산 채로 심장을 꺼내는 장면은 당시 마야 문명 벽화에 그려진 내용을 재연한 것이다.

예수로 분한 제임스 카비젤

분명한 건 이러한 폭력장면이 관객의 얼을 빼놓기에 충분하며, 게다가 그 장면이 실제 사실을 반영했다면 극적 개연성과 관객의 공감대를 얻기 쉽다. 따라서 이영화를 본 관객이 호불호 어느 한쪽에 있다고 할지라도, 흥행에는 플러스 요인이 된다. 그리고 그러한 예상은 그대로 들어맞아 미국 내 박스오피스에서 흥행 대박을 터뜨렸을 뿐만 아니라 우리나라에서도 큰 수익을 올렸다.

042

예수 역을 맡은 제임스 카비젤은 이 작품을 통해서 비로소 언론의 주목을 받았다. 흥미로운 점은 카비젤도 독실한 가톨릭 신자이며 예수와 같은 나이인 33세에 이 작품에 출연했다는 것. 완벽한 예수를 연기하기 위해 그리고 폭력 장면의 희생자(?)를 열연하기 위해 얼마나 육체적인 고통을 감내했는가는 굳이 그의 인터뷰를 듣지 않아도 될 것 같다. 스크린을 통해 충분히 검증되었기 때문이다.

영화 VS. 영화 〈아고라〉(Agora, 2009)

〈패션 오브 크라이스트〉와 〈아고라〉는 기독교인에 대한 상반된 관점의 영화다. 전자가 기독교인을 억울한 피해자로 그렸다면, 후자에선 폭력적인 광신도에 지나지 않는다. 사실 고대 로마시대를 배경으로 한 기독교 영화 중에서 기독교인을 부정적으로 묘사한 건 보지 못했다. 그러나 〈아고라〉

는 다르다. 영화에서 기독교인은 이교도라는 이유만으로 백주대낮에 도륙하는가 하면, 주인공 히파티아_{Hypatia, 370~415}도 몇 차례나 봉변을 당할 뻔한다.

라파엘로의 〈아테네 학당〉. 아래 왼쪽 흰옷을 입은 여성이 히파티아

그럼 기독교인이 어째서 그토록 기세등등할까? 그 이유는 이 영화의 시대배경이 로마 정부가 기독교를 국교로 선포한 상황이라는 점에서 확인된다. 오랜 기간 박해받던 종교가 이젠 국민이 믿어야 할 유일 종교가 되었으니, 당시 기독교인이라면 감회가 남달랐을 것이다. 문제는 종교가 너무나 강한 힘을 지닐 시에 독단으로 빠지기 쉬우며, 그러한 위험성을 지적한 이가 여성 철학자이자 수학자인 히파티아_{레이첼 와이즈}다.

043

영화에서 그녀는 목숨을 부지하기 위해 거짓으로라도 기독교인이 되라는 제자 오레스테스의 애원을 거절한다. 그리고 그 결과는 참혹한 죽음이었는데, 영화보다 실제가 훨씬 끔찍했다. 주교 키릴루스의 사주를 받은 광신도들이 그녀가 강의하는 대학에 들어가서 끌고 나와 케라레움이라는 교회에서 머리카락을 다 뽑고 날카로운 굴 껍데기로 그녀의 살을 갈기갈기 찢어버리고 산 채로 불태워 버린 것이다.

그럼 키릴루스가 그녀를 살해한 이유는?

히파티아가 이단인 신플라톤주의를 퍼뜨려 기독교 세력을 약화시킨다고 분노했다. 그는 어느 주교 이상으로 타 종교에 대해 배타적이었으며, 학문과 철학을 배척하였다. 또한 당시 갈등을 빚고 있던 알렉산드리아 사령관 오레스테스와 그녀가 친밀했다는 점도 살해 요인으로 작용했다. 그러나

어떤 이유에서든 키릴루스가 그녀를 잔혹하게 살해한 행위는 '종교적 광기'
에 지나지 않는다.

이 영화의 가장 놀라운 장면은 히파티아가 광신도들에게 죽음을 당하는
장면이 아닌, 엔딩 자막이다. "키릴루스는 가톨릭교회의 성인으로 추앙받
았다."

폭도를 조직하여 이교도들을 박해하고 대학에서 강의하는 학자를 납치
하여 잔혹하게 고문하고 살해한 자를 성인으로 떠받드는 상황에서 무슨 말
이 더 필요할까.

진정한 로마 정체성

글래디에이터 Gladiator, 2000
감독: 리들리 스콧
출연: 러셀 크로우(막시무스)
　　　호아킨 피닉스(코모두스)
　　　코니 닐슨(루실라)

영화 속 역사

　로마제국이 쇠퇴기로 전환하는 시기를 소재로 한 작품. 작가적 성향의 리들리 스콧이 연출하고 로마제국의 정체성(政體性)을 다루었다는 점이 이 영화를 선택한 이유다.

　측근 막시무스에게 제위를 제안하는 아우렐리우스 황제. 제정(帝政)에서 공화정(共和政)으로 회귀하는 막중한 임무를 맡기기 위해서다. 곧이어 아들 코모두스를 불러 제위를 물려주지 않겠다고 말하는 황제. 격분한 아들이 아버지를 살해하면서, 격변이 시작된다.

시대배경

영화는 로마역사상 가장 번성한 '5현제시대'의 마지막 황제 아우렐리우스와 아들 코모두스 시대를 배경으로 하고 있다. 유능한 행정가이자 철인왕이라 불릴 정도로 지성적인 아우렐리우스와 행정에 서투르고 난폭한 성격을 지닌 코모두스.

사건은 노년의 아우렐리우스가 왕위를 아들 코모두스가 아닌 자신의 측근 막시무스 장군에게 넘기려는 데서부터 시작된다.

어째서 측근에게 계승하려 했을까

영화에서 아우렐리우스는 아들이 제위를 물려받을 만한 역량이 없다고 보았다. 또한 그 자신 제정에서 공화정으로 회귀하고자 하는 꿈을 가지고 있었으며, 그걸 실현하기 위해선 권력에 사심이 전혀 없는 막시무스 같은 인물이 적격이라고 판단했다.

그럼 그는 어째서 정치체제를 공화정으로 돌리려 했을까? 그 이유는 현재의 제정을 지속하기에는 한계점에 다다랐으며, 그 한 예로 자신의 통치기간 대부분이 전쟁으로 얼룩졌다고 괴로움을 토로했다. 따라서 로마의 번영을 지속시키기 위해선 로마 초기 정치체제인 '공화정'을 실시해야 한다는 것이다. 물론 아우렐리우스의 이러한 판단은 영화 속 설정이지, 실제는 딴판이다. 그는 아들인 코모두스에게 왕위

코모두스가 아우렐리우스를 살해하는 장면

046

를 계승할 준비를 갖춘 상황에서, 군사원정 중에 사망했다.

'공화정 회귀^{回歸}'를 테마로 삼은 이유

코모두스가 왕위를 물려받은 후부터 로마가 내리막길을 걸었다는 역사적 사실과 영화 속 로마 상황을 현재의 미국과 동일시한 데서 비롯된 것 같다.

코모두스는 자신의 막료조차도 불신하여 툭하면 쫓아내거나 처형함으로써, 정적이 너무 많았고 재위 기간 내내 암살 위협에 시달렸다. 또한 라스트신에서 막시무스와 일대일 결투를 벌였듯이, 실제로 사람들 앞에 검투사로 나서기도 했다. 그는 영화 속 미소년같은 캐릭터가 아닌, 키가 크고 힘이 세서 레슬링과 맹수사냥을 즐기는 극히 남성적인 기질을 지녔다. 그리고 그런 성향대로 그는 암살자인 레슬링 파트너에게 목이 졸려 죽는 비운의 황제였다.

047

이후 로마는 군인황제시대로 넘어가는데, 50년 동안 26명의 황제가 나올 정도로 극심한 혼란기이자 로마가 쇠퇴기로 접어드는 전환점이었다. 결국 코모두스가 아닌, 다른 사람이 왕위를 이어받았다면 로마 상황이 좀 더 나아지지 않았을까라는 가정에서, 이 영화의 시나리오가 나온 것 같다.

로마가 미국과 동일시되는 이유

미국은 고대 로마처럼 수많은 이민족을 흡수하여 사회의 토대를 이루었다. 또한 로마가 지중해 패권을 장악하여 주변 국가들이 안전을 도모했듯이, 미국도 세계경찰 역할을 하고 있다. 아우구스투스 시대 이전 로마가 미국처럼 공화정을 실시했다는 점도 동일하다. 단지 로마 공화정은 귀족정 체제이며, 미국 공화정은 대통령중심제의 민주공화정 체제다.

또한 미국인들이 은연중에 갖고 있는 세계의 중심인 미국이 흔들릴지 모른다는 두려움이 로마와 일체감을 부여한 것 같다. 이 영화의 시대배경이 로마의 번영이 종말을 고하는 '5현제시대'의 마지막 왕으로 정한 것도 같은 맥락이다.

영화 속 아우렐리우스의 대사처럼, 감독은 로마가 공화정으로 돌아섰으면 로마의 번영이 지속될지도 모른다는 기대감을 드러냈다. 또 한 가지. 정치체제를 바꾼 로마와 달리, 미국이 계속해서 공화정을 유지한다는 점도 염두했으리라.

영화에서 막시무스와 코모두스 다음으로 주요한 배역인 루실라는 실존 인물이다. 영화처럼 실제 루실라도 코모두스를 암살하려 했으나 실패하고, 외딴 섬으로 귀양가서 처형되었다. 그녀는 루시우스 베루스와 결혼했는데, 이 사실을 근거로 영화에는 그녀의 아들 이름을 루시우스로 칭하였다. 그리고 영화에서는 코모두스가 그녀를 짝사랑하는데, 실제로는 루실라가 아닌 다른 누이와 내연관계인 것으로 알려져 있다.

이 영화의 인물 캐릭터에서 흥미로운 건 아우렐리우스, 코모두스, 루실라 등 주요 극중 인물들이 다소의 각색에도 불구하고 실존했던 반면, 정작 주인공 막시무스는 순전히 가공인물이라는 아이러니다.

제작 & 에피소드

2000년 아카데미 시상식에서 가장 많은 부문 후보에 오르고, 흥행과 비평 모두 성공을 거둔 수작. 감독 리들리 스콧은 드림웍스사가 보낸 한 장의 그림을 보고 이 영화 제작에 참여했다. 그 그림은 19세기 화가 장 레옹 제롬의 '내려진 엄지손가락'을 의미하는 〈폴리세 베르소〉다. 콜로세움에서 승리한 검투사를 향해 패배자를 죽이라는 관중의 함성이 영화제작에 대한 카타르시스를 느끼게 한 걸까.

어쨌든 〈블레이드 러너〉〈에이리언〉〈델마와 루이스〉 등을 만든 대표적인 작가주의 감독 리들리 스콧은 이 영화에 각별한 애정을 쏟았다. 특히 그가 건립한 콜로세움 일부와 투기장 세트는 고대 로마의 모습을 거의 완벽하게 재현했다는 찬사를 들을 정도로 철저한 고증을 통한 결과물이었다.

이 영화에서 가장 잘한 캐스팅은 막시무스 역의 러셀 크로우. 카리스마와 인간미를 동시에 발산한 그의 열연으로 흥행 대박과 함께 아카데미 남우주연상도 수상했다. 하지만 애초부터 그에게 배역이 결정된 건 아니었다. 원래 멜 깁슨을 캐스팅하려 했는데, 그 이유는 〈브레이브 하트〉의 윌리엄 월레스 역으로 이미 장군과 검투사로서의 카리스마를 확인했기 때문이다. 문제는 제작진이 염두한 캐스팅 조건이 카리스마와 신선한 마스크를 동시에 지닌 배우였는데, 멜 깁슨은 이미 슈퍼스타였다.

그래서 아직 톱스타는 아니지만 〈LA 컨피덴셜〉과 〈인사이더〉에서 평범한 외모에 남성미 넘치는 매력을 지닌 러셀 크로우가 캐스팅되었으며, 결과는 만점이었다.

049

영화 VS. 영화 〈아틸라〉(Attila, 2001)

로마의 쇠망사를 소재로 한 〈글래디에이터〉와 〈아틸라〉. 〈글래디에이터〉가 번영기에서 쇠퇴기로 전환한 때라면, 이 영화는 멸망으로 향하는 로마를 다루고 있다. 그러나 로마인이 아닌, 훈족을 중심으로 극이 전개된다. 타이틀도 훈족의 지도자 아틸라다.

아틸라는 어떤 인물인가?

5세기 당시 현재의 독일에서 이란 북부에 이르는 광대한 지역을 아우르며 서로마와 동로마를 공포에 떨게 했다. 영화에서 아틸라가 아이티우스에게 자신의 영토가 "서로마와 동로마를 합친 것과 같다."라는 대사가 나오는데, 그의 위상을 단적으로 설명한다.

영화에도 나오듯이, 그는 그때그때 전황에 맞는 전투 스타일로 승리를 일궈냈다. 게다가 거친 유목민족 전사들을 특유의 카리스마로 결집시킨 건 최대 업적이다. 이런 점에선 뿔뿔이 흩어진 몽골족을 통합시켜 대제국을 건설한 칭기즈 칸과 일맥상통하는 면이 있다.

영화는 실제 역사를 상당히 반영했으나, 아쉬운 게 하나 있다. 바로 아틸라의 순애보적인 면을 지나치게 강조한 것. 영화에는 죽은 아내 엔카라를 잊지 못해 그녀와 닮은 노예 일디코와 결혼하는 걸로 나온다. 실제로는 일디코가 부르쿤트의 공주이며, 아내와 닮았다는 이유로 혼인한건 아니다.

결혼식 날 밤에 사망하는 아틸라. 영화에는 일디코가 독살한 걸로 나오는데, 확실하진 않다. 복상사, 과음으로 인한 질식사 등 여러 설이 난무한다. 다만 그때 그의 나이가 47세여서, 좀 더 오래 살았다면 유럽 역사의 판도가 달라졌을 것이다.

라스트신에는 서로마황제 발렌티아누스 3세가 아이티우스를 시기한 나머지 직접 살해하는 장면이 나오는데, 중요한 의미가 있다. 유능한 인재를 특별한 잘못도 없는데 죽인다면, 누가 그 지도자를 따를까. 이미 그때 로마의 운(運)은 다했다. 그 황제도 신하의 역모로 처참한 죽음을 당하고, 얼마 지나지 않아 로마도 멸망했으니 말이다.

고대 로마 주화에 새겨진 아틸라. 영화에는 제라드 버틀러가 주연을 맡아 백인 이미지다.

050

Theme 03

중세사회 성립

전설과 역사가 섞인 인물

/

봉건사회로 이끈 장본인

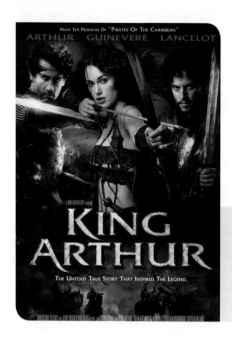

킹 아더 King Arthur, 2004

감독: 안톤 후쿠아

출연: 클라이브 오웬(아더)

키이라 나이틀리(귀네비어)

이안 그루퍼드(랜슬롯)

01

전설과 역사가 섞인 인물

052

영화 속 역사

전설과 역사가 뒤섞인 인물, 심지어 가공의 인물로 거론되는 아서왕. 그런 만큼 아서를 소재로 한 작품들은 판타지와 통속극이 주류를 이루지만, 이 영화는 다르다. 그를 더 이상 전설과 상상의 영웅이 아닌 지도력과 휴머니즘을 겸비한 현실적인 인물로 묘사했다.

로마군에 차출되어 고향을 떠나는 어린 아서. 장성한 그는 이제껏 자신을 옭아맨 의무를 끝내고 자유인이라는 문서를 받으려 했다. 그러나 차기 교황감인 소년 알레토를 구하라는 마지막 임무를 부여받고 험난한 여정에 오른다.

전설의 인물이 된 이유

답은 간단하다. 남아 있는 기록이 별로 없고 후세의 여러 작가에 의해 다양한 모습으로 변형되어서다. 영국 역사에서 가장 많은 이야깃거리를 제공하는 3명의 왕 중의 하나인 아서.

나머지 두 왕은 결혼을 위해 종교까지 만든 헨리 8세와 십자군원정에 나선 사자왕 리처드인데, 그들은 아서와 달리 신비감이 별로 없다. 신상에 관한 확실한 기록이 있기 때문이다.

아서는 브리타니아 영국을 가리키는 로마시대 명칭, 켈트계 브리튼인의 나라라는 의미의 기원을 언급할 때마다 등장한다. 그러나 어떠한 역사적 가설도 그의 존재를 정확히 규정하지 못하고 있다. 그가 승리를 거둔 시기나 규모조차 확인되지 않는다. 많은 고고학자들이 온갖 가설을 늘어놓으면서도 명백한 역사적 근거를 제시하지 못하는 인물이 아서왕이다.

053

그래서일까? 아서는 역사서보다 신화와 전설을 담고 있는 문학작품으로 그의 실존 여부를 추정하고 있다. 그래서 문학에 등장하는 아서가 태어난 콘월, 주요 활동 무대인 솔즈베리, 아서가 전사했다고 알려진 캄란 전투 지역은 모두 작가의 상상력과 추론의 산물이다.

그리고 아서로 인해 그의 주변 인물도 신비감에 쌓이게 됐다. 그의 부인인 귀네비어, 가장 가까운 동료 랜슬롯, 마법사 멀린이다. 심지어 사람도 아닌 그의 칼 '엑스칼리버'와 원탁 둥근 탁자도 각기 '미친 존재감'과 '영국식 민주주의 상징'처럼 그의 존재를 부각시킨다.

신화에서 현실로 변모한 아서

아서가 실제 존재했는지조차 불확실해 보이지만, 일각에서는 어떤 인물을 거론했다. 즉, 5~6세기 무렵 그레이트브리튼 섬에서 색슨족과의 싸움에서 크게 활약한 로마계 군사 지도자 '루치우스 아르토리우스 카스투스' Lucius Artorius Castus 를 아서왕의 원형으로 추정한 것이다. 바로 시나리오작가 데이비드 프란조니이며, 그가 그려 낸 아서가 이 영화의 주인공이다.

프란조니는 카스투스 군대가 색슨족과 바돈 힐에서 벌인 실제 전투에 초점을 맞추어 아서왕에 관한 서사를 재구성하였다. 그리고 전설과 상상의 요소를 배제하고, 아서를 현실적인 인물로 묘사했다. 아서를 향한 경외심의 표상인 원탁이나 엑스칼리버도 단지 일반(?) 탁자와 검으로서의 역할만 하게 했다. 랜슬롯과 멀린 등 아서의 주변인물에 얽힌 신화적인

왕비에서 여전사로 탈바꿈한 귀네비어

요소도 배재하고 축소된 역할에 머물러 있다. 다만 귀네비어는 극 중 비중이 주인공 아서와 거의 동급으로 강조되었는데, 그건 역사성과는 상관없이 배우 키이라 나이틀리의 '섹시 여전사' 이미지로 흥행에 일조하게 하려는 제작진의 포석이다.

현실적인 캐릭터로 변한 아서의 가장 큰 특색은 용맹함과 신중함을 겸비하고 감당하기 어려운 일도 척척 해낸다. 알레토를 구출하고 지하감옥에 갇혀 죽어 가는 워드족 처녀 귀네비어도 구해 낸다. 색슨족과 최후의 결전을 벌이는 라스트신에선 중과부적의 상황에서 기적같은 승리도 거둔다.

이제 남은 일은 한 가지, 종족을 구분하지 않고 하나가 되는 것. 아서는 당당히 외친다. "오늘부터 영국은 하나가 되었음을 선포한다."

054

영화 속 로마의 허상

영화에는 과거의 명성에 기대어 근근이 버티는 로마의 안쓰러운 모습이 적나라하게 드러나고 있다. 아서에게 자유를 주겠다는 약속을 어기고 다시금 위험천만한 임무를 맡기는 로마 주교 저메니우스의 이중적인 태도가 그 한 예다. 아서도 로마의 암울한 미래를 안타까워하면서, "우리는 존재하지도 않는 로마를 위해 싸웠다."라고 허탈해한다.

그렇다면, 아서를 야만족이라며 비웃으면서도 군사적으로 의존하고, 이민족의 침입을 두려워하던 영화 속 로마의 모습은 실제 언제부터였을까?

아이러니하게도, 로마제국 최대의 판도를 자랑하던 5현제시대였다. 당시 로마 정부는 병력을 보충하기 위해 게르만인을 변경 지방에 살게 해 주는 대신, 그들을 둔전병屯田兵으로 정했다. 그 후에는 로마 군단에 편입시키고 로마 시민권을 부여했다.

그 결과, 민족 대이동이 시작될 무렵에는 다수의 게르만인이 로마의 정규 군단에 편입되었을 뿐만 아니라, 장군이나 재상의 위치에 오른 이도 있었다. 그러므로 영화에서 저메니우스가 아서에게 비열한 미소를 지으며 군사적으로 의존하는 장면이나, 실제로 로물루스황제가 게르만족 출신 용병 대장 오도 아케르한테 폐위당한 것은 당연한 결과다. 국방을 남에게 맡기려는 발상 자체가 멸망을 자초하는 행위니 말이다.

제작 & 에피소드

극적 요소가 충만한 아서왕은 영화로 만들기에 참으로 매력적이다. 그래서 많은 영화가 제작되었는데, 최근작인 〈킹 아서: 제왕의 검〉[2017]과 〈킹 아

더: 전설의 서막〉[2015]을 비롯해서 존 부어맨의 〈엑스칼리버〉와 제리 주커의 〈카멜롯의 전설〉이 있다. 여기서 2017년작과 2015년작이 전형적인 판타지라면, 〈엑스칼리버〉와 〈카멜롯의 전설〉은 관객에게 잘 알려진 신화적 요소가 많이 담겨 있다. 단지 〈엑스칼리버〉가 원전에 비교적 충실하다면, 〈카멜롯의 전설〉은 할리우드식 전개과정을 따르고 있다.

그리고 앞서 언급한 것들과 차별화된 영화가 안톤 후쿠아의 〈킹 아더〉[2004]다. 이병헌이 출연한 〈매그니피센트 7〉의 감독으로도 잘 알려진 그는 아서왕의 새로운 변신을 위해 프란조니를 시나리오작가로 참여시켰다. 프란조니는 아우렐리우스와 코모두스에 관한 역사적 사실을 새롭게 다룬 수작 〈글래디에이터〉의 각본을 쓴 인물이다.

안톤 후쿠아 감독

배우들 간의 연기 호흡도 좋다. 특히 강렬한 여전사 귀네비어 역을 맡은 키이라 나이틀리는 이전까진 섬세한 감성적 연기를 하는 배우로 고정되어 있었는데, 이 작품으로 확실한 이미지 변신을 보여 주었다. 단지 아쉬운 건 주인공 클라이브 오웬의 잘생긴 외모와 매력적인 목소리가 산전수전 다 겪은 용사라는 느낌이 잘 들지 않았다. 만일 아서 역을 러셀 크로우가 맡았으면 어땠을까 라는 기대감이 들기도 했다.

전투장면은 고대가 아닌 현대판 전투를 보는 것 같다. 무기는 고작 칼, 도끼, 화살이지만, 격렬한 사운드와 화려한 CG가 대하사극에 나오는 장중함보다는 세련된 분위기를 느끼게 해서다. 이러한 배경은 뮤직비디오와 CF 감독 출신인 안톤 후쿠아와 베트남전쟁을 떠올리며 시나리오를 썼다는 프란조니의 의도가 상당히 반영된 것 같다. 참고로 영화에 나오는 하드리안 성벽 세트는 길이만 1km에 달하며, 벽을 만들기 위해 300명이 넘는 전문 스태프가 달라붙어서 만든 결과물이라고 화제를 모았다.

아서와 아더, 어느 쪽이 맞을까

th는 '서' 혹은 '더'로 발음이 되다보니 표기에 혼란이 왔다. Arthur도 그 한 예다. 문제는 영화 타이틀도 아서와 아더가 혼재되어 있어, 다른 사람이 아닐까라는 착각마저 일으킬 수 있다. 분명한 건 '아서'가 정확한 표기다.

영화 VS. 역사 〈킹 아서: 제왕의 검〉
(King Arthur: Legend of the Sword, 2017)

똑같은 왕을 소재로 했으면서도 너무나 다른 느낌의 〈킹 아서: 제왕의 검〉. 이유는 장르가 역사영화가 아닌, 판타지 액션이기 때문이다. 극의 내용도 아서왕에 관한 역사나 전설과는 거리가 멀다. 극의 개연성도 없고 영화 속 역사도 뒤죽박죽, 얼렁뚱땅이다. 인상적인 장면도 극적인 내용이 아닌, 엑스칼리버를 휘두를 때 회오리가 치면서 적들이 추풍낙엽처럼 쓰러지는 액션신이다.

그럼 역사영화도 아니고 개

아서가 엑스칼리버를 바위에서 빼내는 장면

연성도 희미한 이 영화를 선택한 이유는?

그건 가장 최근작^{2017. 5월 개봉}이자, 타이틀이 '킹 아서'이기 때문이다. 어느 정치인이 한 말이 있다. "여러분도 속고 나도 속았습니다." 그 말이 바로 이 경우에 해당한다. 그렇다고 해도 이 영화 역시 '역사'를 배울 구석이 있다. 단지 영화 속 뒤죽박죽 역사를 하나하나 맞춰 보자는 거다.

이 영화에서 첫 번째 지적할 건 아서왕의 중요한 주변 인물인 랜슬롯과 귀네비어가 빠졌고, 멀린도 언급만 될 뿐 나오지 않는다. 생뚱맞은 인물은 아서의 삼촌이자 잉글랜드왕 보티건, 중국인, 바이킹이다.

보티건은 아서의 부모를 죽이고 왕이 된 사악한 인물로, 아서의 철천지 원수다. 실존인물은 아니지만 존재감에선 주인공 이상이다. 그가 부각되어야 극에 긴장감이 유지될 수 있기 때문이다. 눈에 거슬리는 캐릭터는 쿵푸를 하는 중국인의 등장이다. 아서가 어릴 때부터 중국인에게 무술을 배우는 장면이 나오는데, 실제 아서의 액션에는 쿵푸 동작이 없다. 영화에 '쿵푸'라는 단어가 등장함에도 말이다. 그리고 아서가 살던 시대에 중국인이 잉글랜드에는 어떻게 갔을까? 영화 속 중국인은 영어도 유창하다.

가장 언급할 게 많은 것이 바이킹이다. 영화에는 바이킹이 아서왕에게 소년들을 몇 천 명 노예로 보내 달라고 요구하는데, 시대착오적인 내용이다. 바이킹이 잉글랜드를 비롯한 유럽지역을 약탈하던 때는 8세기 이후부터다. 더욱이 아서왕이 자신의 칼을 내보이자 바이킹이 움찔하면서 자신들의 요구를 철회하는 대목에선 웃음이 나왔다. 바이킹은 전쟁터에서 죽는 걸 최대의 영광으로 간주하는 타고난 전사이기 때문이다.

이 영화에서 유일하게 진짜 역사 한 토막이 나온다. 아서가 잉글랜드왕이 되는 엔딩 신이다.

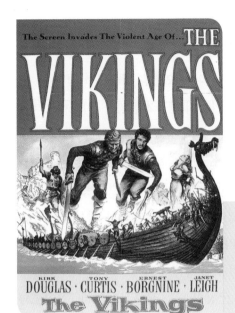

봉건사회로 이끈
장본인

바이킹 The Vikings, 1958
감독: 리차드 플레이셔
출연: 커크 더글라스(에이나르)
토니 커티스(에릭)
자넷 리(모르가나)

영화 속 역사

바이킹을 소재로 한 작품. 제작한 지 60년이 지난 지금 보아도 긴박감이
넘치는 액션어드벤처라는 점이 이 영화의 매력이다.

바이킹의 공격으로 영국 노섬브리아왕이 살해당하고 그 자리에 있던 왕비가 겁탈당
한다. 왕위가 사촌인 아엘라에게 넘어가자 수사에게 바이킹의 아기를 잉태하고 있다고
밝히는 왕비. 비록 바이킹의 피를 물려받았다고 할지라도 자기 자식에게 왕위를 물려주
고픈 어머니의 심정이리라. 결국 아들 에릭을 출산하지만 얼마 지나지 않아 왕비는 사망
하고 그로부터 20년의 세월이 흐른다.

바이킹과 교회

바이킹은 중세 스칸디나비아어로서 '바다로 모험을 떠나는 사람'이다.

지금의 스웨덴, 노르웨이, 덴마크가 이들의 활동거점이다. 샤를마뉴대제가 죽은 지 2세대 후, 서유럽 도처의 교회에서 하느님께 노르만인^{바이킹}의 분노로부터 구해 달라는 기도를 올릴 정도로 그들의 악명은 유럽 천지를 뒤흔들었다.

흥미로운 건 바이킹이 처음 출몰했을 때, 교회는 타락한 세상에 경종을 울리기 위해 하느님이 보낸 사자^{使者}라고 지칭했다. 그런데 하느님의 사자가 교회를 주로 약탈하고 파괴를 일삼을 줄이야.

바이킹의 입장에서는 교회야말로 군침이 도는 목표물이었다. 십일조와 돈 많은 이들의 기부로 막대한 재산을 갖고 있던 교회를 약탈하지 않을 이유가 없다. 결국 용병을 사서 재산과 생명을 지키려 했던 교회와 바이킹 간에는 허구한 날 싸움이 그치지 않았다.

영화에도 기독교인과 바이킹 간에 괴리감이 곳곳에서 드러나는데, 그 한 예가 모르가나 공주의 대사다. "이 세상에서 가장 넓은 바다는 기독교인과 이교도^{바이킹} 사이의 바다예요."

또한 당시 바이킹이 성직자에게 얼마나 무서운 존재인지를 확인하는 장면이 있다. 국왕한테도 당당히 자신의 의견을 피력하던 성직자가

모르가나(중앙)를 인질로 잡은 에릭(우)을 비롯한 바이킹전사들

060

바이킹의 고함 한 마디에 옴짝달싹 못 하는 것이다. 그러나 이처럼 용맹하고 기세등등하던 바이킹도 점차 유럽사회에 동화되어가며, 기독교문화도 함께 수용한다.

이래서 종교의 힘이 위대하다는 건가.

어째서 해적질을 했나

한마디로 헝그리정신이다. 바이킹, 즉 노르만족이 살던 스칸디나비아 내륙지방은 산지라서 농사도 잘 안 되고 마을도 좁은 해안지대에 한정되어 있었다. 그래서 인구가 증가하면, 식량이 부족해서 바다로 나갈 수밖에 없었을 것이다.

장자상속제와 일부다처제도 바이킹을 바다로 내몰 수 있다. 자식들은 많은데 유산은 장자한테만 몰아준다면, 차남 이하는 먹고 살 길이 막막해진다. 따라서 해적질이든 도적질이든 자활의 길을 강구하지 않을 수 없다. 그래서 바이킹은 유독 셋째 아들이 많다. 장자상속제로 피해를 보는 이는 아무래도 순위가 낮은 아들일테니 말이다.

호전적인 이유

바이킹은 스칸디비아 특유의 호전적인 기질이 있다. 그들은 싸움터에 나설 때 목숨을 잃을지도 모른다는 두려움은 애초부터 없었다. 영화에서 바이킹 전사들이 툭하면 오딘전쟁의 신을 외치는 것이나 바이킹왕 랙나와 에이나르 부자가 똑같이 칼을 쥔 채 죽음을 맞이하는 장면이 여기에 해당된다.

도입부 내레이션에서 바이킹의 가장 큰 소원이 '발할라'에 들어가는 것이라고 했는데, 이곳은 일종의 바이킹식 천국이다. 주목할 건 이 천국에 가려면 다른 종교처럼 착한 일을 많이 해야 가는 게 아니다. 전쟁터에서 전사해야만 갈 수 있다. 따라서 싸우다 장렬히 죽으면 천국^{발할라}에 갈 수 있으니, 바이킹이 죽음을 두려워할 이유가 없다.

그래서일까. 그들은 싸움터에서 지휘 계통도 종종 무시할 정도로 격렬하게 싸웠다. 자비심을 일으키는 행위도 노골적으로 경멸했다. 한 예로, 정복한 적의 아기를 공중에 던져 창끝으로 받아내는 행사에 참가하기를 꺼리는 해적은 다시는 승선하지 못할 정도의 따돌림을 당했다.

혹여 〈캐리비안의 해적〉 시리즈에서 조니 뎁이 연기한 잭 스패로우를 상상하면 안 된다. 해적은 절대 낭만적인 이미지가 아니다. 세상에서 가장 무서운 강도가 해적이다. 일단 도망갈 곳이 없고 잡히면 죽음 아니면 노예가 될 테니 말이다.

062

최고 성능의 바이킹 선^船

바이킹하면 떠오르는 배, 바로 그들이 타고 다녔던 전투용 갤리선이다.

실제 바이킹 갤리선

내레이션에도 나왔듯이, 그들은 능숙한 솜씨로 고성능의 함선을 만들었다. 결코 놀이동산에 있는 동명의 '바이킹 배'를 연상하지 마라.

당시 조선기술의 정수를 보여준 이 배는 길이가 약 21m, 폭이 5m이고, 한 장의 큰 돛을 달면 10노트의 속도를 낼 수 있었다. 최대 승선 인원은 100명이 넘었던 반면, 15명 정도면 큰 바다로 나갈 수 있었다. 더욱이 이 배의 가장 큰 장점은 견고하면서도 아주 가볍다는 것. 바다에서 하천을 거쳐 오지까지 배가 들어가고, 육지에선 배를 뒤집어서 어깨에 걸쳐 메고 뛰는 해적들을 상상해 보라!

바다에서 바이킹 선을 목격한 순간, 그 배의 사람들은 죽은 목숨이다. 당시 바이킹 선보다 빠른 배는 없었다. 더욱이 이 배의 뛰어난 성능을 확인할 수 있는 역사적 사실이 있다.

콜럼버스가 아메리카 대륙을 발견하기 전, 이미 그들이 그 곳에 도착했다는 것이다. 그들이 어떤 이유로 아메리카 대륙에 갔는지, 그건 중요하지 않다. 그들이 타고 다니던 배가 신대륙을 갈만큼 성능이 뛰어났다는 것이다.

약탈 방식

바이킹의 약탈 목표가 교회에 국한된 건 아니다. 런던, 파리, 피사, 쾰른 등 서유럽 각지를 약탈했다. 영화에 나오는 바이킹은 데인인으로 835년 무렵부터 영국을 공격하였다. 처음에는 약탈하고 재빨리 철수하는 방식이었다가, 그 후에는 도시 가까이 상륙해서 수비대를 당당히 압도하는 방식으로 바뀌었다. 영화에서 에이나르가 이끄는 바이킹이 아엘라의 성을 공격해서 함락시키는 장면이 여기에 해당된다.

850년대 중엽에는 템스강 하구 가까운 곳에 여러 기지를 설치하고 아무 때고 약탈을 할 수 있게 되었으며, 점차 단순 약탈에서 식민^{다른 지역으로 이주 정착}_{해 사는 것}으로 바꾸었다.

바이킹이 활개를 친 이유는?

침입당한 쪽의 군사력이 약하거나, 국왕군의 힘이 지방에 미치지 못해서다. 결국 바이킹 습격을 당하는 지역 중에서 왕이나 지방영주의 원군을 기대할 수 없는 경우, 현실적인 방안을 강구하기도 했다. 침입을 당하기 전에 미리 상당한 금품을 퇴거료로 주는 것이다. 이에 바이킹은 퇴거료를 받았으며, 실제로 약속을 지킨 경우도 있다. 당시 영국에서는 이러한 지불을 데인겔트^{Danegeld}라고 불렀으며, 몇 개의 작은 왕국들이 마치 세금처럼 거액의 금액을 해마다 지불했다.

이렇게 볼 때, 바이킹은 역사적으로 큰 일을 했다. 마자르족, 사라센인과 함께 유럽 각국의 왕권을 약화시키고 지방분권화를 촉진한 것이다. 즉, 중세유럽을 봉건사회로 이끈 이가 바이킹이다.

제작 & 에피소드

에디슨 마샬의 소설을 영상으로 옮긴 영화. 감독 리처드 플레이셔는 다큐멘터리, 느와르, 스릴러, 전쟁물 등 거의 모든 장르를 연출했지만, 유독 모험으로 가득 찬 이야기나 실제 역사를 소재로 한 작품이 눈길을 끈다. 예를 들어, 〈해저 2만리〉〈코난2-디스트로이어〉〈레드 소냐〉가 전자라면, 〈도라 도라 도라〉〈바라바〉〈체〉가 후자다.

특히 〈바이킹〉은 실제 역사는 아니지만, 그 시대 분위기를 한껏 느끼게 한다. 프랑스, 노르웨이, 독일에서 로케이션한 실감나는 전투 장면도 여러 차례 나온다. 등장인물 구도는 대조적인 성격의 형제가 한 여인을 사랑한다는 것. 이런 인물 설정은 미국 멜로물은 물론이고 우리 드라마에도 종종 나온다. 흥미로운 건 이 영화를 만든 때나 지금이나, 주인공 여성은 거의 한결같이 바람둥이나 터프가이보다는 훈남 스타일을 선택한다는 것.

여주인공이 자넷 리인데, 그녀의 필모그래피 중 가장 기억나는 작품이 공교롭게도 주인공 역이 아닌 영화 초반에 나오는 신스틸러다. 바로 알프레드 히치콕의 대표작 〈싸이코〉. 이 영화에서 그녀가 목욕탕에서 잔혹하게 살해당하는 장면이 나오는데, 소위 '영화 속 명장면'에서 빠지지 않고 등장한다.

비극적인 운명의 두 형제로 분한 커크 다글라스와 토니 커티스의 연기도 볼 만하다. 〈스팔타커스〉에서 카리스마 넘치던 노예검투사가 한쪽 눈을 잃어 흉한 모습으로 등장한 커크 다글라스나 〈뜨거운 것이 좋아〉에서 마릴린 몬로와 달콤한 키스 장면을 선보인 꽃미남 토니 커티스가 이제껏 본 영화 중에서 유일하게 턱수염을 기른 모습으로 나오는 것도 묘한 재미가 있다.

영화 VS. 영화 〈캐리비안의 해적 4: 낯선 조류〉
(Pirates of the Caribbean: On Stranger Tides, 2011)

해적을 소재로 한 〈바이킹〉과 〈캐리비안의 해적〉. 바이킹이 9~11세기에 유럽의 광범위한 지역을 약탈했다면, 카리브해의 해적은 16~18세기에 걸쳐 활동했다.

그럼 대서양과 멕시코 만灣에 접한 바다가 해적들의 무대가 된 이유는? 스페인의 아메리카 식민지 개발과 밀접한 관련이 있다. 식민지에서 착취한 막대한 금과 은을 본국으로 실어나르는 배를 약탈하는 것이 큰 벌이가 됐기 때문이다. 더욱이 이런 해적질을 정부차원에서 지원하기도 했다. 사략선私掠船: 교전국의 선박을 공격할 수 있는 권한을 정부로부터 인정받은 민간 소유의 무장 선박이 여기에 해당한다. 경쟁국을 제어하고 자국 경제에도 도움이 되기 때문이다. 대표적인 경우가 엘리자베스 여왕의 전폭적인 지원하에 해적질로 유명한 프랜시스 드레이크다.

그러나 18세기 들어, 유럽국가들이 평화협정을 맺고 정부 차원에서 해적질이 금지되면서, 많은 해적들이 실직 (?)하게 된다. 결국 배운 게 도둑질, 아니 해적질이라고 내 나라 남의 나라 가릴 것 없이 돈만 되면 약탈을 일삼는 순수한(?) 해적들이 판을 쳤다. 영화 〈캐리비안의 해적〉 시리즈는 바로 이러한 시기를 배경으로 해적들의 모습을 낭만적으로 표현했다.

그럼 5편까지 이어져 온 이 시리즈에서 실존했던 해적이 있을까?

〈캐리비안의 해적 4: 낯선 조류〉에 등장하는 '검은 수염'^{이안 맥쉐인}이다. 영화에선 주인공 잭 스패로우의 과거 연인 안젤리카^{패넬로페 크루즈}의 아버지로 나오는데, 카리스마가 이만저만 아니다. 실제로 본명 '에드워드 티치'보다 별명

'검은 수염'으로 유명한 해적, 에드워드 티치

'검은 수염'으로 유명한 그는 서인도제도와 미주 동부해안에서 활동했다. 약탈한 배의 생존자를 한 명도 남겨 두지 않는 그는 해적 역사상 가장 흉포한 해적으로 알려졌다.

그러나 아무리 유명해도 해적은 말 그대로 '바다강도'에 지나지 않는다. 강도 행각이 심해질수록, 그의 목숨도 그만큼 위태로워진다. 정부 차원에서 소탕작전이 벌어지기 때문이다. 결국 토벌에 나선 로버트 메이너드 중위가 이끄는 군대의 공격을 받아 살해되었다. 그리고 자신의 머리가 영국 함선의 뱃머리에 매달려 해적들에게 공포심을 주는 상징물로 전락하고 말았다.

Theme 04

근대로의 이행
(예술과 종교)

일 중독자 미켈란젤로

/

종교를 빌미로 한 전쟁

/

피는 종교보다 진하다

01

일 중독자
미켈란젤로

아거니 앤 엑스터시
The Agony And The Ecstasy, 1964
감독: 캐럴 리드
출연: 찰톤 헤스톤(미켈란젤로)
렉스 해리슨(율리우스 2세)

영화 속 역사

르네상스의 꽃이라 불리는 시스틴성당 천장화. 50여 년 전에 만든 클래
식무비를 선택한 이유는 이 천장화 제작과정이 디테일하게 묘사되어 있어
서다. 미켈란젤로 최고의 역작이 어떻게 완성되었는지 그 과정을 지켜보는
것도 흥미롭다.

교황 율리우스 2세가 미켈란젤로에게 시스틴성당 천장화를 부탁한다. 자신은 조각가
이지 화가가 아니라며 난색을 표하는 미켈란젤로. 마지못해 허락하지만, 하기 싫은 일을
하는 것처럼 괴로운 것도 없는 법. 그러나 우연히 구름의 형상이 하느님과 아담처럼 보
이면서 아이디어가 떠오른 그는 본격적으로 작업에 착수한다.

교황이 천장화 제작을 맡긴 이유

영화의 시대배경은 교황이 40개의 거대 조상^{彫像}들로 장식하는 자신의 묘소를 제작하기 위해 미켈란젤로를 로마로 소환한 것으로 시작된다. 초반부에 미켈란젤로가 대리석을 깎는 장면이 나오는데, 이는 교황의 묘소에 쓸 거대 조상을 조각하던 당시 상황을 재연한 것이다.

그후 교황은 미켈란젤로에게 시스틴성당 천장화 제작을 맡겼는데, 그건 자신의 위상을 공고히 하기 위해서였다. 시스틴성당은 새 교황의 선출과 취임식 등 큰 행사를 하는 곳으로, 실내 천장 전체가 교황의 권위를 높여주는 그림이 그려져 있다고 상상해 보라. 더욱이 르네상스 최고 예술가의 혼이 실린 작품 아닌가!

천장화는 1508년 시작해서 1512년에 완성되는데, 제작과정이 순탄치 않았다. 영화에는 미켈란젤로와 교황 간에 그림 제작을 둘러싸고 밀당을 하는 장면이 유머러스하게 나온다. 미켈란젤로가 적의 포격으로 위기에 몰린 교황을 찾아가서 제작비를 흥정하는가 하면, 과로해서 쓰러진 미켈란젤로에게 교황이 찾아가 천장화 작업을 라파엘로에게 맡기겠다고 전하는 장면이다. 깜짝 놀라면서 언제 아팠냐는 듯 다시금

천장화 작업에 몰두하는 미켈란젤로

작업에 나선 걸 보면, 교황은 미켈란젤로를 치료할 수 있는 가장 좋은 방법이 작품완성에 매진하게 하는 것이라는 걸 잘 알고 있다.

069

르네상스 후원자, 율리우스 2세

율리우스 2세만큼 예술을 전폭적으로 지원한 교황도 없었다. 영화에 나오는 미켈란젤로, 라파엘로, 브라만테 등 당시 유명 예술가 뒤에는 거의 모두 그와 밀접한 관계가 있을 정도다. 또한 영화에는 그의 남다른 예술 사랑이 코믹하게 나온다. 심한 부상으로 교황이 식음을 전폐했을 때 미켈란젤로가 그에게 천장화 작업을 그만두겠다고 말하자, 벌떡 일어나는 장면이다. 즉, 이탈리아 문예부흥이 꽃을 피우게 된 직접적 배경에는 율리우스 2세처럼 예술을 사랑하고 경제적 지원을 아끼지 않는 후원자가 있었기 때문이다.

교황은 예술에 필요한 재원을 마련하기 위해 온갖 수단을 동원하는데, 가장 흔한 방법이 성직매매다. 영화에서 미켈란젤로가 천장화 작업에 필요하다면서 추가 경비를 요구하자, 즉흥적으로 추기경을 한 명 더 임명해 재원을 전해 주는 장면이 그 경우다. 이러한 행위는 응당 지탄받아야 하지만, 그러한 재원을 통해 위대한 예술작품이 탄생된 걸 생각하면 난감한 기분이 든다.

어쨌든 영화 속 율리우스 2세는 인간 냄새가 난다. 여러 전투 장면에서 보듯이, 그는 당시 이탈리아를 차지하려는 프랑스 루이 12세에 맞서 연이어 전쟁에 나섰다. 그러한 점에서 그는 교황 아닌, 군주 혹은 장군으로 불릴 만했다.

미켈란젤로 성격

레오나르도 다빈치와 함께 르네상스가 낳은 최고의 미술가 미켈란젤로. 그러나 이런 화려한 수식어와는 달리, 영화 속 미켈란젤로는 얼핏 봐도 까

칠하고 고집불통이다. 단적으로 말해, 정(情)이 가지 않는 인물이다. 그러나 이러한 외통수 기질과 완벽주의 성향이 시스틴성당 천장화라는 위대한 작품을 탄생하게 했다. 그리고 영화에서 여러 차례 단언하듯이, 그는 스스로를 조각가라고 여겼다. 가장 잘 알려진

기(氣)싸움을 벌이는 미켈란젤로(좌)와 율리우스 2세(우)

작품이 시스틴성당 천장화이지만, 평생을 대리석 조각에 몰두했다.

홍미로운 건 미켈란젤로와 교황의 성격이 아주 비슷하다는 것. 두 사람 모두 고집불통에 다혈질이었으니, 서로 의견이 충돌했을 때의 상황은 충분히 짐작이 간다. 또한 두 사람은 실제로 아주 친했다고 전해진다. 두 사람 모두 예술을 사랑하고, 율리우스 2세만큼 예술을 전폭적으로 지원한 교황도 없기 때문이다.

영화에는 미켈란젤로를 간호하고 정신적인 위안을 주는 여인 테시나가 나오는데, 아마도 로마 귀족 출신 콜론나(Vittoria Colonna)를 모델로 한 것 같다. 미켈란젤로가 콜론나를 만났을 때는 영화의 시대배경보다 훨씬 뒤인 1530년대 후반이며, 당시 그는 피렌체의 자유와 독립을 위해 참전도 했다. 그러나 참담한 패배로 끝나고, 그는 위대한 예술가라는 게 참작되어 목숨을 건졌다.

이 밖에도 엔딩 부분에서 율리우스 2세가 〈최후의 심판〉 제작을 부탁하는 장면이 나오는데, 실제로는 교황 파울루스 3세의 설득으로 제작에 착수하여 8년 만에 완성(1541)하게 된다.

071

제작 & 에피소드

〈제3의 사나이〉와 〈올리버!〉를 만든 감독으로 유명한 영국 영화계 거장 캐럴 리드. 이러한 점에서 〈아거니 앤 엑스터시〉는 그의 필모그래피에서 대표작은 아니지만, 대하사극임에도 코믹멜로물을 보듯 감칠맛이 난다. 미켈란젤로와 율리우스 2세 간에 서로 치고받는 대사는 생각할수록 웃음이 나온다. 생각해 보라. 명색이 교황과 당대 최고 거장의 신분인데, 두 사람이 눈싸움을 벌이는 것부터 이채롭다.

찰턴 헤스턴의 이러한 연기는 이제껏 본 적이 없다. 〈십계〉〈벤허〉〈엘시드〉에서 각인된 카리스마 넘치고 포용력 있는 캐릭터는 간데없고 신경질적이고 불만에 차 있는 표정이 참으로 미켈란젤로와 잘 어울린다.

율리우스 2세 역을 맡은 렉스 해리슨은 랭커셔 출신의 영국계로서 〈마이 페어 레이디〉로 아카데미 남우주연상을 수상했다. 주로 중후한 역할을 맡을 때 캐릭터가 돋보였는데, 엘리자베스 테일러와 열연한 〈클레오파트라〉의 케사르 역도 그렇고 〈아거니 앤 엑스터시〉의 율리우스 2세 역도 마찬가지다.

율리우스 2세가 역사적으로 존경받는 인물은 결코 아니지만, 그가 연기한 교황은 다르다. 권위적이지 않고 유머감각 있고 누구보다 예술을 사랑하는 로맨티스트 교황이다.

영화 VS. 영화 〈보르히아〉(The Borgia, 2006)

르네상스 시대 교황이 등장하는 〈아거니 앤 엑스터시〉와 〈보르히아〉. 전자에서 미켈란젤로의 상대 역으로 율리우스 2세가 나온다면, 이 영화는

072

주인공이 알렉산데르 6세^{본명이 보르자이며, 타이틀}다.
'보르히아'는 스페인 명칭

알렉산데르 6세

두 교황은 공통점도 많다. 특히 예술을 애호하여 르네상스의 꽃을 피우는 데 일조했다. 예를 들어, 미켈란젤로를 비롯한 당대 최고의 화가들을 후원했다. 물론 이런 배경에는 예술을 통해 자신의 위상을 공고히 하려는 의도가 담겨 있다. 또한 교황임에도 군주에 가깝고 정치적 수완이 뛰어났다. 율리우스 2세가 외세의 영토침략에 맞서 전장을 누빈 것처럼, 알렉산데르 6세도 수단과 방법을 가리지 않고 영토확장에 전념했다. 영화에서 장남 체사레에게 건네는 대사에 그의 의도가 잘 드러난다. "교권일치^{敎權一致}가 된 왕조를 세워서 대대손손 물려줘야 해!"

단지 교황 선출과정과 권력 유지 수단에서 율리우스 2세보다 훨씬 교활하고 비열했다. 역사상 가장 타락한 교황으로 악명 높은 이가 알렉산데르 6세다.

그럼 그가 비난받은 이유는?

영화에는 교황으로 선출될 때, 일방적인 표 차이로 당선된 것처럼 나오지만 그렇지 않다. 과반수 15표에 단 한 표가 모자랐는데, 캐스팅보트를 쥐고 있던 제럴드 추기경을 매수하기 위해 열두 살 된 자신의 딸 루크레치아를 수청들게 했다. 즉, 미성년 딸의 성상납을 통해 교황에 선출된 것이다.

게다가 정적을 제거하기 위해 거리낌 없이 살인을 저질렀다. 특히 정적을 초대해 독살하는 방식을 주로 썼다. 공교로운 건 그 역시 독살당하는데, 영화에도 그 장면이 잠깐 등장한다.

실제로는 추기경 아드리아노의 술잔에 독약을 넣으라는 그의 밀명을 받은 하녀 지아만테가 독배를 바꿔치기 했다. 예전에 그녀의 아버지가 교황에게 학살당한 걸 복수하려고 하녀로 들어왔고, 이제껏 기회를 엿본 것이다.

주목할 건 그의 이런 행동을 『군주론』의 저자 마키아벨리가 높이 평가했다는 것. 마키아벨리는 이상적인 군주의 전형으로 '목적을 달성하기 위해 수단과 방법을 가리지 않고 냉혹한 태도를 보이는 것'이라고 했다. 결국 알렉산데르 6세는 가장 타락한 교황이자 이상적인 군주라는 양극단의 평가로 갈린다.

이래서 인물에 대한 평가는 보는 사람의 잣대에 따라 달라지는가 보다.

🎥 **02**

종교를 빌미로 한 전쟁

킹덤 오브 헤븐 Kingdom of Heaven, 2005
감독: 리들리 스콧
출연: 올랜도 블룸(발리안)
　　　에바 그린(시빌라)
　　　리암 니슨(고프리)
　　　가산 마소드(살라딘)

075

영화 속 역사

〈글래디에이터〉의 차기작이라는 점이 이 영화를 선택하게 했다. 두 영화는 자주 비교된다. 똑같이 역사영화라는 장르에 감독도 같고, 극 전개도 유사하다. 격동의 시대를 배경으로 한 것도 같고 주인공도 일맥상통한다. 두 영화의 주인공 모두 용맹함과 인간미를 겸비한 캐릭터다.

아내의 자살로 슬픔에 젖어 있는 발리안에게 십자군기사가 찾아온다. 아버지라고 밝히며 예루살렘으로 함께 떠날 것을 제안하는 고프리. 갖은 고초 끝에 예루살렘에 도착하는 발리안. 그러나 이곳 역시 마음이 편치 않다. 이슬람 세력과 일촉즉발의 전쟁이 일어날 것 같은 분위기가 감지된 것이다.

십자군전쟁을 소재로 한 이유

이 영화는 십자군전쟁을 배경으로 한다. 그럼 감독은 어째서 중세 서유럽 기독교권과 이슬람 세력이 첨예하게 대립했던 이 시기를 스크린에 담으려고 했을까?

그 이유는 미국 부시 대통령이 이라크를 침공할 때 동맹군을 '21세기 십자군'으로 칭했다는 것과 영화의 개봉시점이 이 전쟁으로 미국이 침략자라는 비난을 아랍 지역 전체로부터 듣던 시기라는 것과 연관된다. 그러한 점에서 이 작품은 단순한 상업영화가 아닌 당시 집권한 부시 대통령을 향한 정치적 메시지로 볼 수도 있다.

영화 속 표현 방식과 인물 설정도 이러한 예상을 뒷받침한다. 예를 들어, 영화에 나오는 성직자들 중 좋은 인물이 보이지 않는다. 주인공 발리안의 죽은 아내 목에 걸려 있는 십자가를 훔치는 사제가 있는가 하면, 탐욕스럽고 과격한 기독교인들은 정국을 주도해서 무슬림과의 평화를 깨뜨리는 걸로 등장한다. 발리안의 아버지 고프리가 그를 예루살렘 성지로 데려가는 것도 신앙이 아닌, 출세할 기회를 주기 위한 것이다.

이와는 달리 영화에 나오는 이슬람군은 십자군에 비해 훨씬 온건하고 적을 배려한다. 특히 예루살렘성을 탈환한 이슬람군 지도자 살라딘이 바닥에 나뒹구는 십자가를 조심스럽게 탁자 위에 올려놓는 장면은 단순한 영화적 설정이 아닌, 반전평화 메시지다. 어떠한 명분이든 간에 전쟁은 결국 인간의 생명과 존엄성을 파괴한다는 것을 보여 준다.

시빌라와 기 관계

예루살렘왕국 볼드윈 4세 집권 말기[1184]부터 살라딘의 예루살렘 탈환[1187]

까지를 배경으로 한 〈킹덤 오브 헤븐〉. 영화에서 고프리를 제외하곤 등장
하는 주요인물이 모두 실존했으며, 단지 영화적 표현을 위해 일부 수정되
었다. 대표적인 예가 발리안이 주인공임으로써 극 전개도 객관적이 아닌,
개인적인 관점에서 진행되었다는 것. 그러다 보니 실존인물인 시빌라와 기
^{Guy de Lusignan}에 관한 사실도 각색되었다.

실제로 시빌라는 여왕으로 추대되었는데, 그 조건으로 남편 기와의 이혼
이 선행돼야 했다. 그만큼 기의 평판이 나빴던 것이다. 그런데 즉위하고 나
서 남편과 재혼하고 심지어 자기 손으로 직접 기에게 왕관을 씌웠다.

그녀가 이런 꼼수를 쓴 이유는? 백성과 귀족의 의중은 안중에도 없고 왕
국을 개인의 소유물쯤으로 간주한 게 틀림없다. 그리고 이러한 행동으로
귀족과 백성으로부터 신뢰를 잃고, 적을 앞에 두고 분열현상이 벌어졌다.
어쨌든 실제의 그녀는 기를 끔찍이도 사랑했는데, 영화에는 어머니의 명령
으로 어쩔 수 없이 기와 결혼하는 것으로 나온다.

그 이유는? 다름 아닌 주인공 발리안과의 핑크빛 무드를 전개해서, 그의
존재감을 부각시키기 위해서다. 영화 속 발리안은 용맹, 지략, 심지어 순애
보 심성을 지닌 매력남이다.

그러다 보니 실제 기의 모습도 영화에선 폄하될 수밖에 없다. 아내 시빌
라와 사이가 좋지 않고 자존심만 세고 무능한 이로 등장한 것이다. 더욱이
그는 실제로 하틴 전투에 무모하게 나섰다가 군사 태반이 몰살당해 예루살
렘왕국의 몰락을 가져오게 했고, 자신도 살라딘의 포로가 되는 비참한 신
세로 전락했다.

발리안이 주인공이 된 이유

영화의 하이라이트 장면이자 실제 사실로 설명된다. 예루살렘이 함락되

기 직전, 발리안의 탁월한 협상으로 성안에 있던 주민들의 목숨을 구했다는 것. 그리고 또 한 사람이 주목되는데, 바로 그의 제안을 받아들인 살라딘이다. 만일 그가 협상안을 거절했다면, 성안의 사람들은 몰살당하고 이러

함락 직전의 예루살렘성. 이 영화의 하이라이트.

한 영화도 제작되지 않았을 것이다. 그래서인지 주인공에 비견되진 않더라도, 영화 속 살라딘^{가산 마소드}은 담대하면서 포용력 있는 캐릭터로 등장한다.

그럼 발리안은 살라딘에게 어떤 협상안을 제시했을까?

애초에 관대한 항복 조건을 거부한 데 대해 분노한 살라딘은 성안의 주민들을 모두 학살하려 했다. 이에 발리안이 성안에 있는 이슬람 성지를 파괴하고 수천 명의 이슬람계 주민들을 죽이겠다고 위협했다. 심지어 성안에 있는 가축도 모두 죽이고 기독교인들도 모두 죽임으로써 단 하나의 전리품도 남겨 놓지 않겠다고 했다. 이런 막가파식 제안에 대해, 살라딘은 예루살렘의 모든 기독교인을 박해하지 않겠으며 몸값을 지불하면 해안까지 안전하

영화 속 살라딘과 초상화

게 갈 수 있도록 보장하겠다고 약속한다.

이후 주민들과 함께 고향으로 돌아온 발리안은 3차 십자군 원정을 떠나는 리처드 1세를 만나는 것으로 영화는 끝을 맺는다. 흥미로운 것은 이러한 영화적 장치가 실제 사실이고 단지 장소가 바뀌었다는 점이다. 즉, 고향이 아닌 전쟁터이며, 리처드 1세와 살라딘 사이의 휴전협상을 이끌어 내기 위해 그가 다시 나선 것이다.

제작 & 에피소드

〈글래디에이터〉 차기작으로 이 영화가 제작된다는 기사가 나왔을 때, 기대가 컸다. 그러나 결과는 전작과 비교할 수 없을 정도의 평작. 관객들은 이구동성으로 무언가 부족하고 허전한 느낌이 든다고 했다.

가장 많이 지적하는 부분이 주인공 캐릭터. 〈글래디에이터〉에서 막시무스 역을 맡은 러셀 크로우는 그 해 아카데미 남우주연상을 거머쥘 정도로 카리스마 넘치는 연기를 과시한 반면, 이 영화의 주연인 올랜도 블룸은 전작 〈반지의 제왕〉의 앳된 모습에서 벗어나지 못했다. 멋진 대사와 빼어난 칼솜씨를 보여 주었지만, 러셀 크로우와 같은 미친 존재감을 찾을 수 없다는 것.

이 영화는 〈글래디에이터〉보다 실제 사실을 반영함으로써, 그만큼 관객의 공감대를 얻으려 했다. 그러나 각색을 배제하고 실제 사실을 반영했다고 해서 흥행요소로 연결된다는 보장은 없다. 즉, 역사를 지나치게 각색하여 판타지물이라는 비난을 들어도, 각색을 통한 흥미 유인誘因을 결코 간과할 수 없다.

실제가 아닌 허구라는 걸 알면서도 흥미와 카타르시스를 느끼게 하는 게 바로 '영웅 이미지'다. 격동의 인생을 살았던 로마 최고 장군이자 검투사 막시무스^{가공인물}에 비하여, 이성적인 판단을 하고 이전의 자기 삶으로 돌아가는 발리안^{실존인물}의 이미지는 너무나 평범하다.

이렇게 보면 역사영화의 흥행요건은 참으로 오묘한 것 같다. 가급적 각색을 하지 않아 극적 개연성이 있으면서도, 다른 한편으로 각색^{허구}일지라도 관객이 원하는 인물 캐릭터와 극 전개가 되어야 하니 말이다.

영화 VS. 영화 〈더 킹덤 앳 로즈 엔드〉
(Arn: The Kingdom at Road's End, 2008)

십자군전쟁을 소재로 한 〈킹덤 오브 헤븐〉과 〈더 킹덤 앳 로즈 엔드〉. 두 작품 속 주인공 모두 예루살렘왕국이 이슬람 세력에게 넘어가는 역사의 현장에 있었다. 발리안이 살라딘과 담판을 벌여 예루살렘 성안의 주민들 목숨을 구했다면, 이 영화의 주인공 얀은 하틴 전투에서 심한 부상을 입었다.

주목할 건 그가 다마스커스에 있는 병원에서 몇 주간 극진한 치료를 받고, 이슬람 세력으로 넘어간 예루살렘에 살라딘과 함께 입성했다는 것. 어째서 십자군전사가 적의 수장인 살라딘과 함께 자리를 했을까? 이 점을 이해하기 위해선, 〈더 킹덤 앳 로즈 엔드〉의 전편 〈템플 기사단〉^{Arn: The Knight Templar, 2007}도 봐야 한다. 도입부에서 얀이 도적 무리에 쫓기는 살라딘의 목숨을 구해 주었기 때문이다. 즉, 얀과 살라딘은 적^敵인 동시에 서로의 목숨을 구해 준 은인이다.

그는 템플 기사단원으로서, 몽기사르 전투를 비롯한 여러 전투에서 큰 공을 세웠다. 더욱이 이슬람의 언어를 구사하고 이슬람 풍습을 이해했다. 이건 아주 중요한 의미다. 단지 이교도라는 구실로 주민의 목숨을 빼앗고 재산을 약탈하는 여느 십자군 전사와 달랐다.

얀 역을 열연한 요아킴 네테르크비스트

특히 영화 속 리처드왕과 대비된다. 사자왕이라는 별명을 지닌 리처드. 여기서 사자란 용맹함을 상징하지만, 잔혹함을 뜻하기도 한다. 아무 거리낌없이 아이들마저 도륙하는 건 결코 용맹함과는 거리가 멀다.

얀은 리처드를 십자군전사가 아닌 살육자라 간주했으며, 그러한 품성으론 예루살렘을 탈환하지 못할 것이라고 확신했다. 그렇다. 혹여 힘으로 성을 빼앗아도 상대에게 공포심과 복수심만 잔뜩 심어 준 상태에서, 그 성이 얼마나 오래 버틸 수 있을까.

081

얀 기유의 3부작 소설을 원작으로 한 영화. 스웨덴 역사상 가장 많은 인원과 예산을 투입했다고 알려져 있다. 그런 만큼 화끈한 액션도 나오지만, 전투 장면의 스케일에선 〈킹덤 오브 헤븐〉보다 확연히 떨어진다.

그러나 주인공의 존재감에선 앞선 것 같다. 발리안 역의 올랜도 블룸보단, 얀 역을 맡은 '요아킴 네테르크비스트'에게 전사로서의 카리스마가 느껴져서다. 마초적인 이미지의 러셀 크로우와도 다른 캐릭터. 무뚝뚝한 전사의 표정 속에 감춰진 순수하고도 따뜻한 감성을 잘 표현했다.

얀의 연인 세실리아 역을 맡은 소피아 헬린과의 연기호흡도 좋다. 두 남녀의 가슴 저미는 사랑은 여느 로맨스영화 못지않게 잔상이 오래 남는다.

03

피는 종교보다 진하다

여왕 마고 La reine Margot, 1994
감독: 파트리스 쉐로
출연: 이자벨 아자니(마고)
다니엘 오떼유(앙리 나비르)
비르나 리지(까뜨린느 메디치)

영화 속 역사

알렉상드르 뒤마의 동명소설을 원작으로 한 영화. '성[聖] 바르톨로메오 학살사건'을 시대배경으로 한 이 작품에는 16세기 말 프랑스 신 · 구교도 간의 종교갈등과 권력투쟁이 섬세하게 묘사되어 있다.

신 · 구교도 간의 싸움으로 혼란스러운 프랑스 정국. 스페인과 전쟁을 추진하는 개신교도 콜리니 제독을 제지하기 위해 딸 마고를 나바르왕국 앙리와 결혼하게 하려는 까뜨린느. 개신교국가 왕과 결혼을 추진해 평화를 유지하려한 것. 그럼에도 전쟁을 일으키려 하자, 극단적인 승부수를 던진다. 결혼식 당일 제독과 앙리를 비롯한 개신교도 모두를 학살하러 나선 것이다.

어째서 콜리니는 스페인과 싸우려했나

영화에서 콜리니 제독은 샤를 9세에게 스페인과의 전쟁을 부추겼다. 이런 배경에는 왕이 섭정을 한 어머니 까뜨린느로부터 벗어나기 위한 것도 있었지만, 집요할 정도로 왕에게 바람을 불어넣었기 때문이다.

콜리니는 어째서 스페인과 싸우려 했나?

개인적인 적개심이 크게 작용한 것 같다. 그는 명문 몽모랑시가^家 출신으로 해군제독에 부임하고 나서 식민지를 개척하기 위해 신대륙 탐험을 시도했는데, 스페인의 방해로 성공하지 못했다. 1557년에는 스페인군과 싸우다가 포로가 되어 끌려갔으며, 그곳에서 갖은 수모를 당했다. 더욱이 그가 가톨릭 국가인 스페인 내에서 프로테스탄트로 개종한 사실은 단지 교리상의 갈등이 아닌 개인적인 원한이 크게 반영되었으며, 그에 따라 당시 유럽 최강 스페인과 승산없는 전쟁을 추진한 것 같다.

이와 같이 콜리니의 과거 전력이 그를 호전적인 성격에 영향을 끼쳤다고 본다면, 까뜨린느 역시 순탄치 않은 과거가 극단적인 행동을 하게 했다. 영화에도 나오듯이 암살자를 보냈으나 총상만 입자, 다시금 제거하려 나선 것이다. 결국 콜리니와 그의 추종 세력을 모두 살육했다.

083

까뜨린느가 냉혹한 이유

영화에서 기^氣가 세다 못해 흡사 귀신같은 형상인 까뜨린느. 실제로 프랑스 역사상 가장 잔인하고 냉혹한 여인으로 알려져 있다. 그럼 어째서 그녀는 콜리니를 살해했을까?

그건 콜리니가 포로생활을 하면서 트라우마를 겪었듯이, 까뜨린느 역시 유년기부터 평탄치 않은 삶을 살았던 데서 비롯된다. 그녀는 메디치 가문 출신이었지만, 딸이라는 이유로 상속권에서 멀어져 수녀원에서 자랐다. 삼촌인 교황 클레멘스 7세의 중매로 프랑스 왕자 앙리와 결혼했으나, 이 역시 고난의 연속이었다. 남편이 열아홉 살이나 연상인 정부 디안 드 프와티에만 곁에 두고 아내를 거들떠보지 않아 마음의 상처를 입었다. 그래서 결혼한 지 9년 동안 아이가 없어 이혼 위기에 몰리기도 했다.

그 후 남편이 마상시합에서 사고로 사망하고 어린 아들 샤를 9세의 섭정을 맡았을 때, 비로소 그녀에게 행복이 찾아왔다. 그녀는 권력을 사랑했고 권력과 결혼했다.

주목할 건 그녀가 콜리니를 살해하려 한 궁극적인 목적이 스페인과의 전쟁을 피하려고 한 게 아닌, 권력을 장악하기 위해서였다. 샤를이 어머니의 그늘이 싫어 콜리니를 가까이 하자, 권력의 끈을 놓지 않으려 살해한 것이다. 마키아벨리즘을 신봉한 그녀는 권력을 위해선 어떤 악랄한 방법도 마다하지 않았으며, 종교 때문에 정치를 혼란에 빠뜨리려 하지 않았다.

타이틀이기도 한 마고^{마르그리트}는 샤를 9세의 동생으로 프랑스 왕실에서 가장 아름다운 여인으로 알려졌다. 흥미로운 건 실제 역사와 영화 모두 존재감이 마고보다는 까뜨린느가 훨씬 크다는 것. 즉, 영화제목을 마고가 아닌, 까뜨린느로 바꿔도 무방할 것 같다.

성^聖 바르톨로메오 학살사건

16세기 프랑스는 가톨릭을 믿는 프랑스와 개신교를 국교로 하는 나바르로 양분되어 있었으며, 서로 싸우고 죽이는 혼란이 끊이지 않았다. 그러한 분열 양상은 프랑스 내에도 있었는데, 가톨릭교도와 위그노^{프랑스 개신교도를 가리키는 용어} 간의 싸움이었다. 그리고 신·구교도 간의 대립 양상이 극에 달한 때가 이 영화의 시대배경인 1572년 '성 바르톨로메오 학살사건'이다.

1572년 8월 23일과 24일 이틀 동안 대량학살이 벌어졌으며, 25일 살육행위를 중단하라는 국왕의 명령이 내려진 후에도 파리에서 유혈사태가 계속되었다. 여기서 '성 바르톨로메오'는 예수의 12제자 중의 한 사람인데, 전하는 바에 의하면 아르메니아에서 선교활동

성 바르톨로메오 학살사건

중 박해를 받아 산 채로 가죽이 벗겨지고 참수를 당했다.

성 바르톨로메오 축일이 이러한 순교를 기념하기 위한 것이지만, 이 날 벌어진 사건으로 축일보다는 학살사건으로 기억되고 있다. 마치 유대인 수용소 학살이 연상되는 장면처럼, 실제로 수많은 시신이 발가벗겨진 채 길거리에서 썩었고 센 강에 던져졌다.

흥미로운 점은 가톨릭계에서는 이 학살사건으로 약 2천 명이 희생되었다고 보는 반면, 당시 가까스로 목숨을 건진 위그노 쉴리 공작은 7만 명이라고 주장했다. 희생자 숫자마저 신·구교도의 이해관계가 적나라하게 드러난 것이다.

그러나 이 학살사태가 파리를 비롯해서 루앙, 리옹, 부르주, 오를레앙, 보르도 등 지방으로 확산되었다는 점에서 최소한 1만 명 이상의 위그노들이 희생된 걸로 추산된다.

085

앙리 4세

영화에서 앙리는 하루하루가 위태위태하다. 까뜨린느가 집요하게 그를 살해하려 했고 그때마다 위기를 벗어났다. 운도 좋았지만, 샤를의 보호 덕분이다. 사냥 나가서 멧돼지에 물려 죽을 위기에서 앙리가 목숨을 살려 준 데 대한 보답이다.

이렇듯 3년 반 동안 프랑스에서 볼모로 잡혀 있었던 앙리는 나바르로 탈출하고, 샤를 9세의 뒤를 이어 즉위한 앙리 3세^{앙주}가 살해당한 후에 앙리 4세로 왕위에 오른다. 이러한 배경에는 앙리 3세의 왕위 계승자가 없어서 기회를 잡은 건데, 다른 한편으로 고단수의 정치적 결정도 한몫했다. 즉, 프랑스에서 자신의 왕위 계승에 문제를 제기하지 못하도록 샤르트르대성당에서 가톨릭으로 개종한 것이다.

그러나 그런 행동은 단지 왕위를 확보하기 위한 술책이고, 그의 목표는 자신이 믿는 개신교에 대한 신앙의 자유와 내란종식이었다. 바로 그가 선포한 낭트칙령¹⁵⁹⁸이 신·구교도의 대립에 마침표를 찍은 동시에 종교의 자유를 가져왔다. 이 칙령으로 위그노들도 가톨릭교도와 같이 공직 취임과 대학에 입학할 수 있는 권리를 갖고 자유로운 신앙생활이 보장되었다.

영화에 나오는 주요 등장인물 중에서 가장 왜소해 보이는 앙리. 그러나 실제 역사에 드러난 그의 인내심과 정치적 결단만큼은 그 어느 배우보다도 큰 것 같다.

제작 & 에피소드

유럽영화의 자존심을 걸고 프랑스가 할리우드에 맞서 내놓은 작품. 감독

파트리스 쉐로는 신·구교도 간의 종교갈등과 권력투쟁의 역사에 비극적인 로맨스를 곁들여 극을 전개시켰다. 특히 고증^{考證}에 심혈을 기울여 영화에 나오는 의상과 건축물을 통해 당시 문화를 사실적으로 표현했다. 또한 프랑스 왕실의 근친상간을 비롯하여 타락한 인간 군상의 모습을 대담한 정사신과 전라노출로 묘사했다.

특히 이 영화를 제대로 감상하기 위해선 작품과 관련된 역사를 미리 알아 두는 것이 좋다. 등장인물들이 어째서 서로 갈등하고 대립하는지를 영화 속 대사 이외의 역사적 사실을 알면 좀 더 이해가 되기 때문이다. 프롤로그에 시대배경을 언급하고 있지만 부족하다는 느낌이 들고, 에필로그에서 앙리와 마고의 이후 행적에 대한 짤막한 역사 한 토막이 나왔으면 하는 아쉬움도 있다.

샤를 9세 역의 장-위그 앙글라드, 앙리 역의 다니엘 오떼유, 앙리앙주^{앙리 3세} 역의 파스칼 그레고리 그리고 잠깐 등장하지만 프로페셔널 킬러로서의 존재감을 한껏 풍기는 모르벨 역의 조앙 레쌍은 연기와 캐릭터 모두 좋았다.

특히 샤를 9세와 마고의 어머니, 까뜨린느 역을 맡은 비르나 리지의 연기는 이 영화에서 가장 빛을 발한다. 한때 〈25시〉¹⁹⁶⁷의 스잔나 역으로 만인의 연인이었던 그녀는 이 영화에서 냉혹한 여인의 모습과 아들을 죽인 죄책감과 슬픔이 어우러진 어머니의 내면연기로 찬사를 받았다. 등장하는 장면마다 극의 긴장감을 고조시키는 비르나 리지.

이와는 달리 주인공 마고 역의 이자벨 아자니와 라 몰 역의 뱅상 페레는 대체로 평이한 캐릭터 때문인지, 극 중 분량이 상대적으로 많으면서도 존재감이 느껴지지 않는다.

비르나 리지

그래서일까. 1994년 칸영화제 여우주연상을 주인공 역의 이자벨 아자니가 아닌, 조연에 해당하는 까뜨린느 역의 비르나 리지가 수상하는 이변을 낳기도 했다.

영화 VS. 영화 〈루터〉(Luther, 2003)

〈여왕 마고〉가 신·구교도 간의 유혈충돌을 다루었다면, 〈루터〉는 그런 종교 갈등을 촉발케 한 인물을 묘사하고 있다.

16세기 유럽사회를 발칵 뒤집어 놓은 인물, 마르틴 루터. 이 영화는 루터가 면죄부 판매를 비판하고 성서의 독일어 번역본 출판까지를 다루고 있다. 영화 속 루터는 열혈청년 이미지다. 쉬운 논조로 민중에게 교리를 설파하고, 타락한 교회가 면죄부를 판매하는 걸 보고 분노한다. 그리고 신앙의 길을 바로 잡기 위해 교리 전반에 관한 자신의 논조를 비텐베르크성의 만인성자교회 문 앞에 내건다. 여기까진 그의 행동이 '종교개혁'이라는 거창한 단어로 떠오르지 않는다.

영화에서 그는 자신을 질책하러 온 추기경에게 교황을 존경하고 있으며, 감히 교회에 대한 개혁을 논하는 게 아니라고 자세를 낮추었다. 단지 면죄부 판매에 대한 문제점을 지적한 것이며, 심지어 게재된 내용 중 지나친 표현은 사과한다고도 했다.

그러나 로마교황청은 그의 주장 철회를 요구하고, 종교재판에 넘기려 했다. 즉, 루터를 시범타로 삼아 사람들로 하여금 감히 교황에게 반대의사를 해선 안 된다는 걸 각인시키려 했다.

그러나 교황청의 이런 시도는 문제를 키운 꼴이 됐다. 교황 측의 위압적인 태도에 루터가 강하게 반발했기 때문이다. 잃을 것이 없는 사람은 무서울 것이 없다고 했다. 결혼하지 않아 처자식도 없고, 오직 신앙 하나로 똘똘 뭉친 30대 중반의 꺽달진 성격의 신학자 자존심을 건드리지 말았어야 했다. 결국 보름스의회에서 신성로마제국 황제 카를 5세가 참석한 가운데서도 자신의 주장을 철회하지 않음으로써 전국적인 스타로 떠올랐다.

보름스의회에 출석한 루터

영화에는 목숨을 건 루터의 당당한 태도에 민중들이 환호하고, 귀족들이 그의 목숨을 지키려는 장면이 나온다. 그렇다. 루터는 부패한 교회 세력으로부터 피해 입은 사람들의 입장을 대변한 것이다. 그리고 이러한 종교개혁으로 확산되게 한 촉매제 역할을 다름 아닌, 교황청이 했다.

089

이 영화의 장점은 크게 두 가지. 루터 역의 조셉 파인즈를 비롯해, 주요 인물 간의 연기호흡이 좋다는 것. 다음으로 극적 개연성이 있다. 이런 배경에는 감독 에릭 틸이 루터라는 인물을 미화하지 않고 다양한 감성을 지닌 인간적인 모습으로 표현한 점이 효과를 본 것 같다.

HISTORY IN FILM

Theme 05

근대로의 이행
(영토분쟁)

대헌장 초석을 이룬 인물

/

어차피 죽을 운명

/

영웅도 인복이 중요하다

/

성취에는 운도 따른다

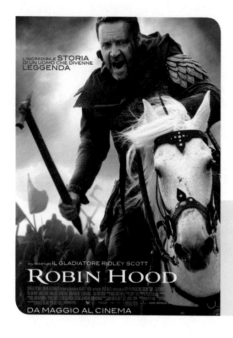

로빈 후드 Robin Hood, 2010
감독: 리들리 스콧
출연: 러셀 크로우(로빈 후드/로빈 롱스트라이드)
　　　케이트 블란쳇(마리온)
　　　오스카 아이삭(존왕)

영화 속 역사

잉글랜드 민담에 등장하는 가공인물, 로빈 후드. 그에게는 공통적으로 떠오르는 이미지가 있다. 부자를 약탈해 가난한 사람을 돕고 기가 막히게 활을 잘 쏘고 셔우드숲에 산다는 것. 이 영화에선 하나 더 추가해야 한다. 로빈 후드가 대헌장 작성에도 관여했다는 것이다.

프랑스 살루성 전투. 십자군원정의 가치를 묻는 리처드왕에게 학살일 뿐이라고 말하는 궁수 로빈. 괘씸죄로 형틀에 묶이지만, 왕이 적의 화살에 맞아 죽는 바람에 살아남는다. 프랑스군에 쫓겨 런던으로 탈출한 로빈은 뜻하지 않게 죽은 귀족 행세를 하며 역사의 소용돌이 속에 들어간다.

리처드왕과 십자군원정

로빈 후드가 가공인물이므로, 그에 관한 실제 역사를 꺼내는 것 자체가 무의미하다. 단지 이 영화를 비롯해 많은 작품에서 리처드왕이 제3차 십자군원정에 나선 시기를 시대배경으로 한다. 흥미로운 건 리처드왕, 존왕, 엘레오노르왕비, 이사벨라 등 여러 실존인물이 나오면서도 정작 주인공 로빈 후드는 허구의 존재라는 것.

그럼 로빈 후드와 리처드의 관계는? 우호적이다. 다만 리들리 스콧의 영화가 나오기 전까지다. 전작들은 로빈이 십자군원정에 돌아온 리처드를 동생 존으로부터 왕위를 다시 차지하는 데 일조를 하는 내용을 담고 있다. 따라서 불의에 맞서는 충성스러운 신하 이미지도 있다.

그러나 리들리 스콧 영화는 다르다. 도입부에서 리처드가 십자군원정이 어땠냐고 물었을 때, 로빈은 '아크레 학살'^{1191년 7월, 아크레를 함락한 리처드가 그 곳 주민들을}

093

^{포함해 2,700명의 포로들을 학살한 사건}을 지적했다.

즉, 그에게 리처드는 혐오스러운 왕일 뿐이다. 그럼 로빈은 어째서 쓴소리를 했을까? 전작들의 로빈은 셔우드숲에서 리처드가 돌아오기를 기다렸지만, 이 영화의 로빈은 자신도 원정에 나서 리처드가 벌인 온갖 잔혹한 행위를 목격했다. 그리고 로빈의 이러한 시각은 감독의 역사관이다. 리들리 스콧이 전작 〈킹덤 오브 헤븐〉

아크레 공방전

에서도 밝혔듯이, 이 작품에도 십자군원정을 부정적으로 묘사한 것이다.

> ### 리처드왕에 대한 평판
>
> 영화에서 잔인무도한 인물로 나온 리처드의 실제 이미지는 어땠을까? 아버지 헨리 2세와 싸워 권력을 차지하고 십자군원정에 나선 데 대해, 영국 국민으로부터 용맹하다는 평판을 얻었다. 그러나 지나치게 전쟁과 모험을 좋아해서 재위기간 10년 동안 영국에 있었던 시기가 고작 6개월 밖에 안 되는 것은 왕으로서 자격이 없다.

달라진 인물구도

전작들은 존왕이 잠깐 등장하고 리처드의 비중이 큰 반면, 이 영화는 다르다. 도입부에서 리처드가 전사함으로써 인물구도가 달라졌다. 즉, 존왕이 리처드의 빈 자리를 대신한 것이다. 그런데 감독은 존왕의 극 중 비중을 거의 주인공만큼 크게 해놓았다.

그 이유는? 라스트신의 극적반전이 설명한다. 전작들이 리처드의 왕위 복귀과정을 그렸다면, 이 영화는 존왕이 과연 대헌장^{마그나카르타}에 서명할지 여부에 촉각을 맞추었기 때문이다. 즉, 이야기 구도를 영국 민주주의의 단초이자 입헌군주제의 시금석이 된 대헌장 제정이라는 역사적 사실에 바탕을 두었다.

최악의 군주, 존왕

냉혹하고 잔인하고 비겁하고 무능한 존왕. 아버지 헨리 2세로부터 가장 많은 사랑과 영토를 받았음에도, 결정적인 순간에 아버지를 배신하여 객사하게 만들었다. 그리고 리처드가 십자군원정을 떠난 사이 왕위를 가로챘다가, 돌아온 형에게 쫓겨났다. 그리고 리처드의 왕위 계승자는 아서^{헨리 2세의 장}

094

남의 아들로 아서왕과 구별. 리처드는 헨리 2세의 삼남이며, 왕으로 등극하기 전
에 두 형이 모두 죽었다.였는데, 존이 가로챈 것이다. 따라
서 이런 교활한 지도자를 백성이 따를 리 없음에
도, 그는 언제나 왕의 권위만 내세웠다.

영화 속 존왕(좌)과 초상화(우)

　존왕의 실정과 관련된 인물로 왕비 이사벨라
가 있다. 영화에는 존이 왕이 되기 전부터 그녀
와 잠자리를 갖는 장면이 나오는데, 실제로는 왕
으로 등극한 후에 만났다. 영화에는 나오지 않았지만 프랑스에 봉토를 가
지고 있던 한 신하의 약혼녀였는데, 강탈해서 왕비로 삼은 것이다. 이에
그 신하는 분개한 나머지 프랑스왕 필립에게 호소했으며 필립은 존을 법
정에 소환했다.

　당연히 존이 거절하자 봉토를 몰수한다고 선언함으로써, 영국과 프랑스
간에 영토를 둘러싼 숙명적인 싸움이 벌어지게 되었다. 그리고 필립이 노
르망디를 몰수하고 일부 지역을 존의 조카 아서에게 수여하는데, 그 소식
을 들은 존이 조카를 살해했다.

　이 일로 인해 프랑스에 봉토를 가진 존의 신하들이 프랑스왕 편으로 돌
아서고, 그 결과 존은 프랑스에 가지고 있던 봉토를 모두 잃었다. 그 후, 존
은 영토를 회복하려고 프랑스 원정을 떠나지만 대패하였으며, 신하들과 벌
인 전쟁에서도 패배해 항복 문서인 대헌장에 서명하게 되었다.

　참고로, 대헌장의 조항 대부분이 왕에게 반란을 한 귀족의 봉건적인 특
권을 인정한다는 것만 있고, 평민 권리에 관한 내용은 아주 적다. 따라서
영화에서 로빈의 아버지가 석공인 신분임에도 귀족과 함께 대헌장의 초석
을 만드는 데 일조를 했다는 장면은 실제 대헌장의 내용과 차이가 크다.

　존왕 이후 영국왕에 존이란 이름은 없다. 헨리, 에드워드, 리처드, 윌리
엄이 몇 번이나 사용되고 심지어 청교도혁명으로 처형당한 찰스 1세 이후

에도 찰스 2세, 찰스 왕세자가 나왔음에도 말이다. 후세의 왕들이 거론조차 꺼릴 정도로 인기 없는 존. 영화에도 그를 폭군으로 묘사하고 있지만, 잘한 일도 있다. 그가 폭정을 함으로써 귀족이 일치단결해서 왕정을 비판하고 정치와 국민의식이 발전한 것이다.

제작 & 에피소드

〈글래디에이터〉 이후 찰떡궁합이 된 감독 리들리 스콧과 배우 러셀 크로우. 이후 〈바디 오브 라이즈〉〈아메리칸 갱스터〉〈어느 멋진 순간〉 그리고 〈로빈 후드〉로 이어진다. 두 사람에겐 공통되는 존재감이 느껴진다. 남의 이목에 상관없이 자기식대로 영화와 캐릭터를 설정한다는 것.

그래서일까? 러셀 크로우가 분한 로빈 후드는 전작들의 주인공과는 확연히 다르다. 이 영화 이전에 나온 작품들의 로빈 후드는 대체로 미남 혹은 귀공자형 외모에 로맨틱한 분위기가 느껴졌다. 케빈 코스트너, 숀 코네리, 리차드 그린, 마이클 프레드 등이 여기에 해당된다.

그러나 러셀 크로우가 로빈 후드 역을 맡았을 때의 나이가 46세인데다가, 풍기는 외모마저 남달랐다. 소위 정형화된 로빈 후드 이미지와 안 어울렸던 것. 그러나 자신의 페르소나를 낙점한 리들리 스콧이라면 얘기가 달라진다. 어차피 로빈 후드가 가공인물인 이상, 굳이 기존의 캐릭터를 따를 필요 없고 그리고 싶지도 않았을 것이다. 러셀 크로우 역시 인터뷰에서 "이 영화는 당신 아버지가 보던 로빈 후드가 아니다."라고 밝혔다.

그럼 그가 말한 로빈 후드의 특성은?

낭만적이지 않은 사실적인 이미지다. 왕에게 맹목적인 충성도 하지 않고 현실적인 계산도 하고 미모의 여성에게 모든 걸 바치는 순정남도 아니다.

그리고 러셀 크로우는 이 영화를 찍기 위해 엄청난 준비를 했다. 언제나 숙제처럼 따라다니는 다이어트를 비롯해 로빈 후드 역에서 필히 소화해야 할 궁술도 연마했다. 국가대표 선수에 버금가는 훈련량을 소화했다니, 역시 연기자로서의 프로정신이 느껴진다.

그나저나 영화를 보는 내내 〈글래디에이터〉가 떠올랐다. 짧은 헤어스타일, 거친 인상, 과묵한 말투가 빚어내는 마초적인 분위기가 영락없는 막시무스다. 두 캐릭터가 비슷해서일수도, 전작의 이미지가 하도 강해서일 수도 있는데, 이 영화로 확인하게 됐다. 러셀 크로우의 최고작은 역시 〈글래디에이터〉라는 것을.

영화 VS. 영화 〈의적 로빈 후드〉
(Robin Hood: Prince Of Thieves, 1991)

동일한 타이틀과 주인공인 〈로빈 후드〉와 〈의적 로빈 후드〉. 그러나 주인공 캐릭터를 비롯해서 극의 전개 양상은 사뭇 다르다. 무뚝뚝한 인상의 러셀 크로우와 달리, 이 영화의 주인공 케빈 코스트너는 시종일관 환한 모습이다. 사라센 감옥에서 탈출할 때도 그렇고 아버지를 죽인 원수 노팅엄 영주와 목숨 걸고 싸울 때도 유머를 달고 산다. 이렇듯 주인공이 여유만만이니, 심각한 위기가 닥쳐도 긴장이 되지 않는다.

로빈 후드의 적敵도 바뀌었다. 러셀 크로우는 왕을 상대했으나, 케빈 코스트너는 영주와 대결한다. 감초 역도 등장한다. 로빈 후드를 지켜 주는 무어인 전사와 노팅엄의 든든한 자문 역할을 하는 마녀다. 피부색만 검을 뿐 영어를 유창하게 구사하며 주인공과 유머코드가 맞는 무어인^{모건 프리먼}이나, 영주와 마녀가 같은 편이라는 것도 생뚱맞다. 그만큼 이 영화가 작품성보

단 흥행에 초점을 맞췄다
는 의미다.

주목할 건 두 영화에서
십자군원정에 관한 대사
가 나오는데, 둘 다 부정적
인 시각이라는 것. 리들리
스콧 작품에선 주인공 로빈

대조적인 로빈 후드 이미지. 러셀 크로우(좌) 대(對) 캐빈 코스트너(우)

후드가 리처드왕에게 십자군원정이 학살에 지나지 않았다고 쓴소리를 한
다. 이 영화에선 로빈 후드의 아버지가 십자군원정이 어리석은 짓이고, 다
른 사람들에게 종교를 강요해선 안 된다고 하고 있다. 결국 두 감독 리들리 스콧
과 케빈 레이놀즈 모두 십자군원정의 역사적 의미를 부정적으로 평가하고 있다.

02

어차피 죽을 운명

잔 다르크
The Messenger: The story of Joan of Arc, 1999
감독: 뤽 베송
출연: 밀라 요보비치(잔)
　　　　존 말코비치(샤를 7세)
　　　　더스틴 호프만(콘시언스)

099

영화 속 역사

위기에 처한 프랑스를 구한 처녀, 잔 다르크. 그녀의 공헌만큼이나 그녀를 둘러싼 전설과 신화도 많다. 이 영화는 어떤 작품보다 잔 다르크를 사실적 인물로 묘사하고 있다.

마을을 습격한 영국군에게 참혹하게 살해당하는 언니를 목격한 잔. 복수심으로 가득 찬 그녀에게 신의 계시가 내린다. 잔이 직접 군사를 이끌고 이교도 영국군을 쫓아버리고 샤를 7세를 왕위로 등극시키라는 것. 왕세자를 찾아가 신의 메신저라며 군사 지휘권을 맡는 잔. 연이어 대승을 거두고 그녀 말 한 마디로 영국군을 퇴각시키는 기적도 연출한다. 그러나 그때부터 잔의 시련이 시작된다. 왕세자가 그녀의 인기를 시기한 것이다.

트루아 조약

영화의 시대배경은 트루아 조약이다. 영국 헨리 5세와 프랑스 샤를 6세가 체결한 것으로, 영국왕이 당시 뇌질환을 앓고 있던 프랑스왕의 섭정권과 사후 계승권을 갖는다는 내용이다. 문제는 조약을 체결한 지 2년 후에 헨리 5세가 어린 아들을 남기고 사망하고 샤를 6세도 곧 죽음으로써, 왕위 계승권을 둘러싼 싸움이 재연되었다.

샤를 6세에겐 장성한 아들^{샤를 7세}이 있었던 반면, 헨리 5세의 아들은 이제 겨우 두 살이므로 통치 능력이 없었다. 따라서 프랑스 왕세자 샤를은 이 조약을 무시했다. 이에, 영국은 당시 프랑스와 경쟁관계였던 부르고뉴와 동맹을 맺고 프랑스를 침공해 왔다. 영국군이 오를레앙을 포위하자, 샤를은 더 이상 버틸 수 없었다. 그 곳이 자신의 거점이고, 자기를 구원해 줄 세력도 없었기 때문이다. 프롤로그 자막에도 나왔듯이, 기적 이외에는 다른 방안이 없었다.

바로 그때, 절대 불리한 전황을 승전으로 바꾼 이가 잔 다르크다. 그녀는 항상 선두에서 프랑스군을 이끌고, 기적과 같은 승리를 연이어 거두었다.

신의 계시는 실제일까

잔 다르크는 실제로 신의 계시를 받았을까?

일부에선 그녀가 간질을 비롯한 여타 정신병을 앓았을 것으로 추정한다. 이 영화에선 콘시언스가 주장하듯이 착시나 환청 현상으로 간주한다. 혹은 오를레앙 전투를 계기로 프랑스군이 연승하면서 생겨난 신화적인 이야기라고 평한다. 이처럼 신의 계시를 허구로 보는 견해도 있지만, 수수께끼로 전해지는 내용이 있다.

잔이 그전까지 한 번도 보지 못한 왕세자를 당시 모였던 사람들 가운데 정확히 알아맞힌 것. 이 일화는 이 영화뿐만 아니라 잔 다르크를 소재로 한 작품에는 빠짐없이 등장한다. 게다가 잔이 왕세자에게 신의 계시를 전했을 때, 영화에서처럼 샤를은 그녀에게서 마녀의 징후가 있는지 몇몇 신학자를 시켜 조사하게 했다. 그리고 순수한 처녀라는 결론이 나오자, 그녀에게 약간의 군사를 주어 오를레앙으로 보냈다.

재언컨대, 잔이 실제로 신의 계시를 받았는지 확인할 수 없다. 그러나 그녀가 패배의식에 사로잡힌 프랑스군에게 자신감을 심어 주어 승리를 쟁취하는 데 지대한 역할을 한 것은 틀림없다. 사실 전투의 승패를 결정하는 데 있어서 심리적인 요인 군사들의 사기은 참으로 중요하다. 그녀는 프랑스군에게 '신이 우리 편'이라는 신념을, 영국군에겐 '침략군이자 신의 뜻에 역행하는 군대'라는 불안감을 갖게 했다.

따라서 그녀가 부르고뉴군에게 사로잡혀 영국군에게 넘겨졌을 때, 영국은 그녀를 단순히 포로 취급을 해선 안 될 입장이었다. "조국을 구하라는 신의 부름을 받고 나섰다."라는 그녀의 주장을 철회하게 해야만, 영국군이 침략군이자 신의 뜻에 반하는 군대라는 오명을 씻을 수 있었다. 결국 교회에 압력을 가한 영국군에 의해 이단죄를 뒤집어 쓰고 처형당한 잔 다르크. 화형에 처해졌을 때, 그녀 나이 열아홉이었다.

화형당하는 잔 다르크

101

죽을 운명

잔 다르크는 어째서 죽음을 당하는 운명에 처했을까?

해답은 샤를 7세에게 있다. 영화에도 나오듯이 그녀는 샤를을 왕으로 등극시킨 일등공신이다. 그러나 바로 그 점이 왕에겐 여간 부담스러운 게 아니었다. 영화에서 그녀가 죽기 전에 왕이 자신을 구하려 하지 않는다고 원망하는 장면이 나온 것처럼, 실제로 왕은 그녀를 구출할 노력을 전혀 안 했다. 속된 표현으로 그녀를 '용도폐기'한 것이다.

역사적으로 나라가 위기에 처할 때, 위대한 영웅이나 장군이 등장하곤 한다. 그런데 그들의 운명을 결정하는 건 대체로 외부의 적이 아닌, 내부에 있다. 즉, 시기를 받으면 위험해 진다는 것. 더욱이 그 대상이 왕이라면 이미 그의 목숨은 경각에 달린 것이다. 역사적으로 킹메이커가 자신의 도움으로 왕이 된 자에게 보답을 받기는 어렵다. 잔도 마찬가지다. 만일 그녀가 영민한 왕을 만났다면 목숨을 구했을 것이고, 종전 후에는 충분한 보답도 받았을 것이다. 그러나 샤를 7세는 너무나 유약하고 의심이 많은 자였다.

그래서 잔 다르크는 어차피 죽을 운명이었다. 역사에서처럼 포로로 잡혀 처형을 당하건, 전투 중에 전사하건, 그도 아니면 전쟁이 끝난 후 누명을 쓰고 죽음을 당하거나 불행한 삶을 살았을 것이다.

그녀의 죽음을 계기로, 프랑스군은 더욱 단결하여 영국군을 쫓아내고 프랑스 내 영국 왕실 영토를 없앴다. 그리고 그녀가 죽은 지 25년 후에 샤를 7세가 다시 재판을 열어 명예를 회복해 주었다. 일종의 면피용 쇼다. 그로부터 5세기가 지난 1920년에 가톨릭교회에서 그녀를 성인聖人으로 인정했다. 그러나 루앙의 마녀재판 판결에 대해 아무런 조치를 취하지 않아, 잔 다르크는 마녀이자 가톨릭의 성인이 되는 어정쩡한 위치에 서게 되었다.

제작 & 에피소드

잔 다르크는 영화화하기에 참으로 좋은 소재다. 처녀가 피비린내 나는 전투에 앞장서서 풍전등화에 처한 조국을 구하고 자신의 도움으로 왕위에 오른 이에게 버림받고 화형당한다는 줄거리다. 이만큼 극적인 요소도 없다. 더욱이 그 내용이 놀랍게도 모두 실제 사실이다.

여기서 소개하는 뤽 베송의 영화 이외에도 잔 다르크를 소재로 여러 편의 작품이 있다. 그중에서 필자가 본 건 칼 테오도르 드레이어의 〈잔 다르크의 수난〉[1928]과 빅터 플레밍의 〈잔 다르크〉[1948]다.

그럼 전작들과 뤽 베송이 묘사한 잔 다르크는 어떤 차이점이 있을까?

마리아 팔코네티와 잉그리드 버그만이 각기 주연을 맡은 잔 다르크는 여성적인 이미지로 등장하고 성처녀라는 점을 부각시켰다. 그러나 밀라 요보비치가 주연한 잔 다르크는 중성적인 이미지가 강하다. 물론 영화 초반에는 관능적인 매력도 느껴졌지만, 전투에서 머리를 짧게 깎은 채 거친 목소리와 분노로 눈을 치켜 뜬 모습은 용장勇將이 따로 없다.

103

그녀가 본 신의 계시나 징표들이 실제인지 여부를 따지는 것도 전작들과 다르다. 특히 적군에게 사로잡힌 그녀에게 질문을 던지는 환상의 인물 콘시언스는 이 영화에만 등장하는 독특한 캐릭터다. 콘시언스가 신 혹은

중성적 이미지의 잔 다르크를 연기한 밀라 요보비치

신의 사자인지 분간할 수 없지만, 그가 하는 질문을 통해 감독 뤽 베송이 잔 다르크라는 인물에 대해 무엇을 궁금해하는지 알 수 있다.

즉, 잔이 믿고 있는 신의 계시가 실제로는 지나친 신앙심에서 비롯된 착각일 수 있다는 것이다. 게다가 전투에 나서 살육전을 벌인 것도 신의 명령이 아닌 언니의 죽음에 대한 개인적 복수심에 지나지 않을 수 있다. 영화에서 잔은 콘시언스의 질문에 곤혹스러워하며, 자신의 행위에 당당하기보다는 어째서 자신을 괴롭히냐고 하소연하고 있다.

따라서 역사는 잔다르크를 성녀로 추앙해도, 뤽 베송의 영화에는 신념은 있으나 자신의 행위가 과연 정당한지를 자문하고 고뇌하는 인간의 모습이다.

감독 뤽 베송과 주연 밀라 요보비치의 인연은 참으로 각별하다. 〈제5원소〉를 통해 그녀를 세계적으로 주목받게 하고 결혼에 골인했는가 하면, 〈잔 다르크〉로 그녀만의 독특한 캐릭터를 심어 주고 이혼했다. 잔 다르크 역이 어울릴 만큼 그녀가 연기를 잘했다고 보진 않는다. 그러나 이 영화의 덕을 봤는지, 이후 그녀에게 가장 잘 어울리는 캐릭터는 '여전사'가 된다.

벌써 6편째 개봉되어 세계적인 인기몰이를 하는 〈레지던트 이블〉시리즈. 이제 그녀에게 프랑스를 위해 희생된 처녀의 모습은 기억조차 희미하다. 오직 T-바이러스로 혼란스러워진 세계를 구하려는 전사 앨리스의 이미지만 확고하다.

영화 VS. 영화 〈헨리 5세〉(Henry V, 1989)

백년전쟁을 소재로 한 〈잔 다르크〉와 〈헨리 5세〉. 〈잔 다르크〉가 영국의 침략으로부터 프랑스를 구하는 내용을 다룬다면, 〈헨리 5세〉는 영국의 입장에서 프랑스 침공을 정당화하고 있다. 헨리 5세의 등극에서부터 아쟁쿠르 전투와 트루아 조약이 순차적으로 등장한다.

방탕아에서 패기 넘치는 군주로 일신한 헨리 5세. 백년전쟁에 대한 담판을 짓기 위해 프랑스 측에 영토 일부를 요구한다. 그런데 프랑스 황태자 답신이 조롱으로 가득하자, 침공에 나선다. 경적필패輕敵必敗라는 말이 있다. 적을 가볍게 보면 반드시 패한다는 뜻이다.

아쟁쿠르 전투 당시, 2만여 명의 프랑스군 대對 6천 명의 영국군. 프랑스 황태자와 귀족들은 단지 수적 우위만 믿고, 헨리가 이끄는 영국군에게 승리할 거라고 확신했다. 게다가 프랑스군은 영국군 궁사들을 향해 손가락 두 개를 치켜들었다. 잡히면 궁사들의 손가락을 잘라 버리겠다고 겁을 준 것이다. 이 역시 하지 말았어야 할 행동이다. 고된 행군으로 지쳤지만 기세만큼은 하늘을 찔렀던 게 당시 영국군이었다.

영화 속 헨리가 군사들에게 한 감동적인 '성 크리스핀 데이 연설'을 상기해 보라. 분명한 건 그는 용맹할 뿐만 아니라 심리전에도 능란했다. 그의 열정적인 말 한 마디에 병사들은 목숨을 버릴 각오로 전투에 임했다. 게다가 전투 전날 밤 내린 호우로 진창이 된 전장이 유리하게 작용했다. 프랑스 기사군이 진창에 빠져 진격이 어려웠고, 영국군 궁사들의 좋은 표적이 된 것이다.

대승으로 끝나고 트루아 조약을 통해 자신이 원한 협상조건을 얻어 낸 헨리. 그러나 세상사 한치 앞을 알 수 없다고 했다. 영국과 프랑스 국왕을 겸

105

아쟁쿠르 전투

할 것이라고 자신했던 헨리 5세가 36세의 나이로 요절할 줄이야. 결국 이 전쟁은 어린 헨리 6세와 샤를 7세의 대결, 그리고 잔 다르크의 활약으로 넘어간다.

이 영화는 말 그대로 케네스 브레너 작품이다. 주연, 감독, 각본까지 맡았으며, 그의 열연은 소름이 돋을 정도다. 프랑스 발루아공주 역의 엠마 톰슨과의 연기호흡도 매끄럽다.

참고로, 아쟁쿠르 전투가 끝난 후 헨리 5세가 어린 소년 로빈을 안고 가는 장면이 나오는데, 바로 〈배트맨〉 시리즈의 히어로 크리스찬 베일이다. 어릴 적 크리스찬 베일을 볼 수 있다는 것이 이 영화의 또 다른 재미다.

CHARLTON HESTON ᴬᴺᴰ SOPHIA LOREN

03

영웅도 인복이
중요하다

엘 시드 El Cid, 1961
감독: 안소니 만
출연: 찰톤 헤스톤(엘 시드/
로드리고 디아스 데 비바르)
소피아 로렌(지메나)

107

영화 속 역사

카스티야의 국민영웅, 엘 시드를 소재로 한 작품. 11세기 당시 스페인이 벌인 국토회복운동이 장대한 전투장면과 함께 묘사되었다는 점이 이 영화를 선택한 이유다.

전투에서 사로잡은 사라고사의 왕 무타민을 풀어 주는 기사 로드리고. 이에 감복한 무타민이 감사를 표한다. "우리는 정의를 알고 자비를 베풀 줄 아는 용사를 '엘 시드'라고 부릅니다." 하지만 이 사건으로 반역죄로 몰린 그는 명예회복을 위해 반대파의 수장이자 약혼녀의 아버지와 비극적인 결투를 벌인다.

레콩키스타

레콩키스타^{Reconquista}는 스페인 국토회복운동을 의미한다. 그러한 점에서 로드리고는 레콩키스타의 상징과도 같은 존재다.

이베리아반도 대부분을 점령한 이슬람교도, 즉 무어인들로부터 영토를 되찾기 위해 중세 스페인과 포르투갈의 기독교국가들이 벌인 이 국토회복운동은 코바동가 전투⁷¹⁸부터 시작한다. 이후 13세기 중엽에 이베리아반도 대부분을 차지했으며, 15세기 말까지 스페인 남부 그라나다 주변에 무어인의 영토가 일부 남아 있었다.

따라서 레콩키스타는 무려 800년에 걸친 실지^{失地} 회복운동이었으며, 본격적인 궤도에 오른 때가 이 영화에서 로드리고가 활약하던 11세기다. 당시 스페인은 서부의 카스티야와 동부의 아라곤이 각기 영토를 확장했으며, 후일 이사벨 1세^{카스티야}와 페르난도 2세^{아라곤}의 결혼으로 스페인 통일국가가 탄생한다.

탁월한 정치 감각

영화 속 주인공 본명^{로드리고 디아스 데 비바르}보다 '엘 시드'로 더 유명한 인물. '엘 시드'는 무슨 뜻일까? 아랍어로 '나의 주군'^{mi senor}을 의미하는 존칭어다. 즉, 로드리고는 '나의 주군'이란 존칭어를 다른 사람도 아닌, 이제까지 적이었던 이슬람교도 무어인으로부터 얻었다. 국토회복운동에 전념하던 그가 적에게까지 존경을 받았다는 건 위대한 군인인 동시에 포용력있는 지도자라고 할 수 있다.

영화에는 로드리고가 민심과 주변 정세를 정확히 파악하고 있다는 것이 곳곳에서 드러난다. 가장 대표적인 예가 무어인들의 전략적 요충지인 발렌시아성을 공격하는 장면이다. 로드리고는 발렌시아 성내로 화살 대신 빵을 투척했다. 굶주린 무어인 주민들을 배려하기 위한 조치다.

세상에 이런 경우는 없다. 당연히 주민들은 눈물젖은 빵을 먹었을 거며, 적장敵將인 로드리고에게 무한 감동과 존경심을 갖게 됐다. 결국 성내 주민들이 내분을 일으켜 로드리고가 무혈입성하게 된다.

주목할 건 만일 그가 치열한 공방전 끝에 성을 공략했다면, 이 지역통치가 결코 쉽지 않았을 것이라는 점이다. 기독교인과 이슬람교도가 함께 사는 지역을 다스린다는 게 여간 어려운 일 아닌가. 그러나 그는 최고행정관으로 매끄럽게 직접 통치에 나섰으며, 그만큼 민심을 읽었다.

그렇다면 그는 어떻게 무어인을 파악할 수 있었을까?

로드리고의 과거 행적을 살펴보면 답이 나올 것 같다. 영화에는 그가 카스티야에서 추방당한 후 다시 왕을 조우하기까지 10년간의 행적에 대한 언급이 없다. 그러나 그는 이 기간 동안 사라고사의 무타민과 그의 후계자 알무스타인 2세를 받들며, 아랍국가의 복잡한 정치와 이슬람 율법 및 관습을 터득했다. 즉, 발렌시아 주민들의 마음을 사로잡게 된 배경이 단지 빵을 투척한 것뿐만 아니라, 그들의 종교관과 생활방식까지 이해하고 있었기 때문이다.

더욱이 그는 발렌시아 왕이 될 수 있었지만 자신이 얻은 영토를 카스티야왕에 바쳐서 국민영웅이 되었으며, 코르네이유의『르 시드』를 비롯한 여러 작품을 통해 전설적인 인물로 미화되었다.

출신과 지휘력

프롤로그에는 로드리고가 평민 출신이라고 했지만, 실제는 귀족으로 아주 유복한 환경에서 자랐다. 페르난도 1세와 산초 2세로 즉위한 왕자와 함

시신으로 전투에 나서는 엘 시드(좌)

께 궁정에서 성장한 것이다. 이후 카스티야 왕이 된 산초는 22세의 젊은 나이임에도 그를 국왕군 지휘관인 국왕기수 armiger regis로 임명했으며, 2년 후에는 그와 함께 사라고사로 원정했다. 그리고 로드리고의 주도적인 협상으로 사라고사를 카스티야의 속국으로 만들었다. 분명한 건, 로드리고가 이처럼 젊은 나이에 높은 지위에 오른 데에는 이미 뛰어난 군사적 능력을 인정받았음을 의미한다.

마지막 장면에도 그의 탁월한 지휘능력이 나온다. 전투에서 치명상을 입고 사경을 헤매면서도 군의 사기를 걱정하는 것이다. 그 결과, 죽은 시신으로 전투에 나섰으며 죽은 줄 알았던 로드리고가 깃발을 들고 나타나자 적은 혼비백산하며 달아났다.

여기서 그가 자신의 시신을 심리전에 활용하는 것은 사마의를 속이기 위한 제갈공명의 계책과 유사하다. 예나 지금이나 전쟁에서 심리전은 참으로 중요하다. 그래서 이순신 장군이 눈을 감는 순간에도 당부하지 않았던가. 자신의 죽음을 적에게 알리지 말라고 말이다.

영웅도 인복이 중요하다

이 영화의 안타까운 장면은 발렌시아가 위급한 상황에 처해 원군을 청했을 때, 국왕 알폰소가 거부하는 대목이다. 그럼 어째서 안 보냈을까? 더욱이 로드리고는 자신이 정복한 지역을 왕에게 바쳤는데도 말이다.

이유는 하나. 왕의 자존심이 상한 것이다. 알폰소가 형을 제거하고 왕위를 차지했을 때, 로드리고가 자신에게 충성을 거부하자 불경죄로 추방했

110

다. 그럼에도 로드리고가 정복한 영토 발렌시아를 자신에게 바친다고 한다면, 과연 왕은 기분이 좋을까. 명목상으로는 알폰소 6세를 통치권자라고 선포했으나, 실질적인 지배자는 로드리고다. 따라서 알폰소가 발렌시아 왕관을 집어던지며 "껍데기뿐인 왕은 거부하겠다."라는 대사는 단순한 영화적 표현이 아닌, 실제 카스티야 왕이라도 그런 행동을 했을 것 같다.

문제는 다음부터다. 로드리고는 중과부적의 적으로 인해 치명상을 입게 되고, 그제야 왕은 자신의 잘못을 뉘우친다. 알폰소는 자존심을 따지기에 앞서 현실적인 계산을 했어야 했다. 그는 군인이 아닌 정치인이다. 위기에 처한 발렌시아에 원군을 보내면, 나중에 자신이 직접 다스려도 명분이 된다. 그리고 그의 가장 뼈아픈 실책은 유능하고 충성스러운 인재를 잃었다는 것이다. 사업하려면 돈보다 사람이 중요하듯, 정치도 마찬가지다.

그런 점에서 로드리고의 죽음은 참으로 안타깝다. 좀 더 현명하고 너그러운 왕을 만났으면 어땠을까. 이래서 영웅도 인복이 중요하다.

111

제작 & 에피소드

주인공 역을 맡은 찰튼 헤스톤은 유독 대하사극에서 존재감을 발휘하였다.

이 작품을 비롯해 그의 최고작이자 연기의 진수를 보여 준 〈벤허〉와 〈십계〉를 들 수 있다. 이 밖에도 〈안토니우스와 클레오파트라〉 〈줄리어스 시저〉 〈대장군〉 〈아거니 앤 엑스터시〉 등을 통해 사극전문 배우 이미지를 굳힌 헤스톤. 어째서 그의 존재감은 사극에서 빛을 발할까?

답은 그의 외모와 목소리에서 찾을 수 있을 것 같다. 다소 고전적인(?) 외모에서 느껴지는 진솔한 이미지와 진지한 목소리가 관객에게 어필된다는

찰톤 헤스톤

것. 이러한 느낌은 SF물인 〈혹성탈출〉에서도 그대로 드러난다. 미래의 인류를 구하려고 애쓰는 모습이 그가 출연한 〈십계〉의 현대판 모세처럼 보인 것이다. 그가 출연한 상당수 작품에서 공통적으로 보이는 인간미 넘치고 감수성 풍부하고 사리사욕이 없는 모습.

하지만 영화 속 캐릭터와 실제 그의 노년 이미지는 너무나 대조적이다. 학교 내 총기사고로 연이어 사망자가 속출할 때마다 TV에 등장하는 헤스톤. 미국총기협회회장인 그가 장총을 들고서 환하게 웃으며 총기자유화를 유지해야 한다고 강력히 주장하는 장면이 낮설어 보인다.

영화에서 긴박감 넘치는 발렌시아 전투장면은 실제로 스페인 현지에서 촬영했다. 오늘날 웬만한 영화에는 최소 한 두 컷 이상 CG가 삽입되지만, 그러한 기술이 전혀 없던 1960년대 초에 이런 장대한 전투장면을 연출했다는 건 참으로 대단하다. 수천 개 화살이 날아가고 기사와 이슬람전사들이 기마전을 벌이는 장면은 실제 중세시대의 전투를 보는 듯하다.

TV와의 경쟁에서 살아남기 위해 70mm 와이드스크린을 활용해 스펙터클한 장면을 연출하던 그 당시, 가장 잘 어울리는 영화 중의 하나가 바로 발렌시아 전투장면이 삽입된 〈엘 시드〉다.

영화 VS. 영화 〈광녀 조앤〉(Juana La Loca, 2001)

레콩키스타를 배경으로 한 〈엘 시드〉와 〈광녀 조앤〉. 전자가 본격적인 국토통일운동을 다룬다면, 이 영화는 통일국가를 배경으로 한다.

주인공은 후아나_{타이틀은 조앤으로 표기} 페르난도 2세와 이사벨 1세 사이의 3번째 아이로, 왕위를 계승한 인물이다. 영화는 후아나와 부르고뉴공작 펠리페 1세와의 결혼생활을 중심으로 전개된다.

결혼식 전날에야 신랑과 첫대면했는데, 첫눈에 반한 후아나. 그도 그럴 것이 펠리페 1세의 별명이 '미남왕'이다. 스포츠와 사냥을 좋아해서 남성미도 있고 화술도 뛰어나니 여자들이 반할 구석은 다 갖췄다. 영화에는 두 남녀가 첫 만남에 곧장 침실로 직행하고 시간가는 줄 모르고 성적 쾌락에 빠져드는 걸로 나온다.

문제는 펠리페가 여성편력이 심하고 후아나는 그런 남편을 용납할 수 없었던 것. 그래서 그와 관계한 여성에게 톡톡히 보복을 가한다. 심지어 동네방네 "남편이 부정한 짓을 저질렀다."라고 고래고래 소리치는 후아나. 이런 그녀 모습에 질린 펠리페는 "당신은 미쳤다."라고 혀를 내두른다. 그래서 이 영화 타이틀이 〈광녀 조앤〉, 즉 '미친 여인 후아나'다.

113

그런데 악화된 부부관계를 되돌릴 사건이 벌어졌다. 그녀의 오빠와 언니가 사망해서, 후아나가 카스티야·아라곤·나폴리·시칠리아 여왕이 되고, 멕시코·페루·카리브제도의 상속자가 된 것이다. 다시금 아내에게 다정다감하게 구는 펠리페. 실은 그녀가 가진 엄청난 권력과 영토를 탐내서다. 그는 아내의 광기와 집착을 악용해서 자신이 섭정이 되려했으며, 카스티야 의회도 그를 따랐다.

영화 속 후아나(좌)와 초상화(우)

영화에는 후아나가 막판뒤집기로 그의 계략을 단숨에 제압하고, 이때의 충격으로 펠리페가 사망하는 걸로 나온다.

영화 보는 내내 마음이 불편했다. 그녀의 통치를 받는 백성이 불쌍해서다. 적들이 국토를 유린하고 백성이 굶주려도 오로지 남편의 사랑에만 집착하는 그녀를 보면 혐오감이 든다.

에필로그에는 정신착란이 심해져 나머지 인생을 성안에 감금당한 채 보낸다고 했는데, 동정은커녕 그나마 다행이라는 생각이다. 엘 시드, 페르난도 2세, 이사벨 1세가 힘들게 일군 레콩키스타를 후아나가 하마터면 말아먹을 뻔했기 때문이다.

🎥 04

성취에는
운도 따른다

정복자 1453 Fetih 1453, 2012
감독: 파룩 악소이
출연: 데브림 에빈(메흐메트 2세)
레셉 악툭(콘스탄틴 11세)

115

영화 속 역사

비잔틴제국의 멸망을 소재로 한 영화. 콘스탄티노플 함락과정을 오스만
제국의 관점에서 본다는 것이 영화의 특색이다.

무라트 2세를 이어 술탄^{이슬람 세계의 군주}이 된 메흐메트 2세. 즉위 초부터 콘스탄티노플
함락을 목표로 두지만, 재상 할릴 파샤가 사사건건 제지한다. 게다가 콘스탄틴 11세도 술
탄을 간본다. 비잔틴에 인질로 잡혀 있는 술탄의 삼촌인 오르한의 인질금을 이전보다 올
린 것. 싫은 내색 없이 제안을 받아들이는 술탄. 비잔틴 공격 전까지 적을 방심하게 한
것이다.

경시한 이유

영화 초반 술탄으로 즉위한 메흐메트 2세를 오스만 신하들은 물론이고 적국 콘스탄틴 11세도 우습게 본다. 그 이유는?

영화에도 나오듯이 메흐메트 2세는 12세에 술탄으로 즉위했다가 나이가 어리고 경험이 부족하다는이유로 신하들이 따르지 않자, 아버지 무라트 2세가 다시 복귀했다. 무라트 2세는 바르나 전투[1444]에서 헝가리–폴란드 연합군에 대승을 거두는 등, 비잔틴제국을 압박했다. 따라서 무라트의 죽음으로 다시 제위에 오른 메흐메트에 대해 선입견이 있을 수 있으며, 더욱이 그때 나이 19세에 지나지 않았다.

지상목표로 삼은 배경

메흐메트는 두 번째로 즉위하자 콘스탄틴노플 함락을 지상목표로 공언한다. 주목할 건 그가 즉위할 때가 1451년이고 콘스탄티노플 함락이 1453년이므로, 단 2년 만에 목표를 성취했다는 것.

그가 콘스탄티노플 정복에 매달린 이유는?

개인적인 이유와 국가적인 이익으로 구분된다. 그는 지난 번 경험 부족으로 술탄의 지위에서 물러난 데 대한 트라우마가 있다. 영화에서 재상 할릴에게 자신의 두 번째 즉위에 대해 어떻게 생각하는지를 묻는 장면이 이를 입증한다. 할릴은 예전에 자신을 술탄의 지위에서 몰아낸 주도자다.

그래서 그는 아버지 무라트 2세를 비롯해 선왕들이 이루지 못했던 목표를 성취하고 싶었다. 이제껏 일곱 차례 시도한 콘스탄티노플 정복을 자신이 달성해서 위대한 술탄이 되려 했다. 영화에서 자신이 선왕들과 다르다는 걸 강조하는 장면이나, 비잔틴성벽에 관한 악몽을 꾸는 장면 모두, 그가 얼마나 이 목표에 절치부심했는가를 보여 준다.

　지중해와 유럽의 교역로를 확보하고, 비잔틴과 유럽 국가들의 군사적 연계를 단절시키기 위해서도 콘스탄티노플 점령이 필요했다. 종교와 정치적인 면에서도 중요하다. 영화 도입부에서 무함마드가 예언하듯이, 비잔틴정복은 이슬람교도에겐 그야말로 영광스러운 일이었으며, 그에 따라 영토확장과 통치력 강화를 이룰 수 있다.

멸망 원인

　영화에는 비잔틴제국의 멸망 원인 중 하나가 콘스탄틴 11세의 실정^{失政}으로 나온다. 즉, 영화 속 콘스탄틴은 얕은 수를 쓰고 향락에 빠지고 백성의 안위를 생각지 않는 캐릭터다. 그러나 이런 인물설정은 공감이 가지 않는다. 국운이 쇠한 황제가 오스만제국의 술탄을 경시한다는 게 말이 안 된다.

　그보단 영화에 나오는 교황 니콜라우스 5세의 대사에서 멸망 원인을 찾을 수 있다. 교황은 비잔틴제국의 안정은 동방정교가 가톨릭의 세력하에 들어가는 길뿐이라고 공언한다. 그래야만 명분과 실리에서 바티칸과 서유럽국가의 왕들이 오스만의 침략으로부터 보호해 줄 수 있다는 것이다.

　그러나 비잔틴제국의 신하들 일부와 백성들 대다수가 반대한다. 그 이유는 과거 4차 십자군원정 당시, 십자군이 콘스탄티노플을 침공해 갖은 약탈과 살인을 저질렀기 때문이다. 영화에도 그 점을 지적한다. 비잔틴제국의 충신 노타라스는 십자군이 저지른 악행을 언급하면서 원군이 오면 국운이 끝날 수 있다고 우려하고, 백성도 가톨릭교도가 자신들을 착취할 거라고 목소리를 높였다.

　당시 콘스탄틴이 수도방어를 위해 총동원된 인원이 비잔틴인과 외국인을 합쳐 7천 명에 불과한 반면, 메흐메트 군대는 적게 어림잡아도 8만 대군이었다. 즉, 군사력과 화력에서 애초부터 상대가 되지 않았다.

성취에는 운이 따라야

"일은 사람이 하고 성취는 하늘이 한다."라는 말이 있다. 노력만 가지곤 안 되고 운도 따라야 한다는 것.

영화에는 메흐메트의 탁월한 지도력과 함께, 콘스탄티노플 함락의 직접적인 요인이 나온다. 그가 헝가리 출신 장인 우르반에게 이제까지 본 적 없는 엄청난 크기의 대포를 제작케 해 비잔틴성벽을 부수게 하는 장면이다. 또한 보스포러스에 있던 70척 이상의 군선^{軍船}을 육지로 끌어 올려 비잔틴 성벽의 약점인 금각만_{金角灣} 쪽을 공략하는 장면이다.

그리고 실제에 없는 과장된 장면도 있다. 메흐메트의 측근 하산이 오스만 깃발을 비잔틴 성루에 꽂으면서 영웅적인 희생을 하는 대목이다.

메흐메트는 위대한 업적을 이루었다. 타이틀 'Fetih'는 정복자를 의미하며, 그가 콘스탄티노플을 정복했다는 점에서 후일 그에게 주어진 칭호다.

주목할 건 그의 역량만으로 콘스탄티노플이 함락된 건 아니라는 것이다. 즉, 영국·독일·프랑스가 십자군을 보내지 않았으며, 헝가리도 원군을 보낸다고 약속했다가 취소했다. 비잔틴 시민 대다수가 가톨릭교도 원군을 반대하는 분위기도 한몫했다. 영화에는 메흐메트가 비잔틴제국에 원군이 오지 않을 거라고 예측하는데, 영국과 프랑스가 서로 전쟁^{백년전쟁과 장미전쟁} 중이고, 독일은 왕권 다툼으로 혼란스럽다고 지적한다.

이런 점에서 보면, 메흐메트는 원군이 오지 않는 행운과 기회를 놓치지 않는 추진력이 맞물려 위대한 업적을 성취한 것이다.

영화와 다른 사실

영화는 지나칠 정도로 콘스탄틴 11세를 폄하했다. 그가 자국을 위협하는 강대국 술탄을 상대로 허세와 교만을 떨 이유가 없다. 더욱이 메흐메트에게 요새 건설을 중단하지 않으면 오르한을 오스만 수도 에데르네로 보내서 왕위를 빼앗게 하겠다는 서한을 보내는 대목은 어이없는 웃음마저 나오게 한다.

견고하기로 소문난 콘스탄티노플 성벽이 무너진 이후의 콘스탄틴이 행동하는 장면도 아쉽다. 영화에는 콘스탄틴이 싸우겠다는 대사만 나오고 사라진다. 실제론 적의 밀집대 속에 뛰어들어 최후를 마쳤으며, 시신도 찾지 못했다. 그러나 영화는 이런 장면 없이 전사한 그의 시신이 나오고, 마흐메트가 비잔틴식 장례를 치르라는 호의를 베푼다. 즉, 영화는 황제의 장렬하고 비극적인 죽음마저, 술탄을 미화하기 위해 각색했다.

119

영화에서 가장 황당한 장면은 메흐메트가 하기아 소피아에 대피해 공포에 떠는 비잔틴 시민에게 하는 대사다. 그가 재산과 자유를 지켜 줄 테니 아무 걱정말라고 하자, 시민 모두가 환한 미소를 짓는다. 지금 웃음이 나올 상황인가. 분명한 사

메흐메트 2세(앞)에게 환한 미소를 짓는 비잔틴 시민들

실은 메흐메트는 이슬람관례에 따라 병사들에게 3일간의 약탈을 허용했으며, 이곳에 대피한 사람들 상당수가 학살당했다.

죽을 운명

영화에는 메흐메트가 재상 할릴 파샤에게 '스승'이라는 호칭을 사용한다. 실제로 할릴은 메흐메트의 가정교사였으며, 부왕^{무라트 2세} 때부터 2대에 걸쳐 재상이었다. 주목할 건 그가 부왕과 절친으로 신임이 두터웠다는 사실. 그래서 메흐메트를 가르치는 교사가 됐는데, 문제는 그가 메흐메트의 그릇을 신통치 않게 본 것이다.

그래서 무라트 2세에게 술탄으로 복귀해 달라는 서한을 보냈다. 심지어 메흐메트의 정복 사업을 사사건건 방해해서, 영화에는 나오지 않지만 콘스탄티노플 함락 후에 적과 내통했다는 혐의로 처형당한다.

그럼 할릴은 실제로 이적 행위를 했을까?

그걸 따지는 건 중요하지 않다. 이미 그는 괘씸죄로 찍혀, 어차피 죽을 운명이었다. 예전 무라트 2세에게 술탄으로 복귀해 달라는 서한을 보낼 때부터 그의 운명은 예정되어 있었다. 심지어 메흐메트가 자신을 재상으로 임명하는 상황에서, 그를 거스르는 일련의 행위는 스스로 죽음을 자초했다고 해도 과언이 아닐 것이다.

제작 & 에피소드

터키 역사상 최고의 흥행을 기록했다고 전하는 영화. 그러나 영화 속 내용은 흥행 여부와는 별도로 신통치 않다. CG, 편집, 카메라 구도가 매끄럽지 않아 전투장면이 사실적이기보다 투박하다는 인상이다. 배를 육지에서 금각만으로 옮기는 장면도 아쉽다. 탄성을 불러일으킬 수 있는 장대한 장면이 될 수 있는데, 스크린 속 조명과 프레임이 잘 맞지 않았다.

가장 아쉬운 부분은 개연성이 결여된 캐릭터다. 터키에서 만든 영화라서 메흐메트 2세를 찬양할 수 있지만, 지나친 미화는 거부감을 가져온다. 앞서 언급한 콘스탄틴을 폄하한 것이나 하기아 소피아의 시민 반응도 여기에 해당한다. 공격하는 측과 방어하는 측의 캐릭터도 어색하다. 영화에서 하산과 오스만 공병대가 목숨을 걸고 싸우는 표정을 보면, 대대적인 적의 침략에 맞서 방어하는 결사항전처럼 보인다.

메흐메트 2세

영화 초반의 내레이션도 실소를 나오게 한다. "메흐메트가 태어난 해에 말들이 쌍둥이를 낳고 작물은 4모작을 하고 나뭇가지들이 무거운 열매 때문에 땅 아래로 휘어졌다."라는 내용은 유치하기 그지없다.

121

영화 VS. 영화 〈전쟁의 신〉
(Guard of Sultan Mehmet: Kara Murat, 2015)

터키에서 만든 콘스탄티노플 함락을 소재로 한 〈정복자 1453〉과 〈전쟁의 신〉. 전자가 메흐메트가 주도하는 정복과정을 다루고 있다면, 이 영화는 '전쟁의 신'으로 불리는 전사의 영웅담이 펼쳐진다. 주인공 카라 무라트는 가공인물이고, 실존인물은 메흐메트 2세, 콘스탄틴, 오르한, 무라트 2세가 등장한다.

이 영화를 통해 당시의 오스만제국과 비잔틴제국을 이해하긴 어려울 것 같다. 주인공 카라 무라트를 비롯한 영화 속 거의 모든 캐릭터가 개연성이

적들과 맞서 싸우는 카라 무라트(우).
크러쉬 기법과 슬로우모션 촬영인데 다소 유치하다.

결여되었다. 주인공은 자신의 목숨을 구해 준 메흐메트를 위해 무조건적인 충성을 맹세하고, 메흐메트는 카리스마가 넘치고, 콘스탄틴은 교활하고 경박하기 그지없다. 즉, 〈정복자 1453〉과 〈전쟁의 신〉 모두 메흐메트와 콘스탄틴의 캐릭터가 극과 극이다.

영화는 곳곳에서 이해할 수 없는 장면이 나온다. 뜬금없이

비잔틴군사들이 주인공이 살고 있는 오스만제국의 영토에 들어와서 강제로 세금을 거두려하고, 콘스탄틴은 오스만군이 쳐들어와도 전혀 걱정 없다고 호기를 부린다. 그의 말인즉, 자신에게 몇 십만의 군대가 있다는 것이다.

게다가 전투장면이 유치하고 주인공의 액션 신도 어설프다. 〈300〉에 나오는 크러쉬 기법^{컬러 밸런스 조작법}과 슬로우모션 촬영을 활용했는데, 수준 차이가 역력하다. 크러쉬 기법으로 촬영할 때에는 색다른 화면인 만큼 섬세하게 묘사되어야 하는데, 어설픈 액션과 묘사로 허점이 적나라하게 노출되었다.

주인공도 투구 등 기본적인 전투장비 없이 전쟁터에 나서고 적을 향해 발차기를 하는 등 실전과는 전혀 무관한 액션을 선보이고 있다.

HISTORY IN FILM

Theme 06

절대왕정 시대

종교도 만드는 사랑의 힘

/

여자가 나서야 나라가 잘된다

/

예술이 곧 권력

🎥 01

종교도 만드는 사랑의 힘

천일의 스캔들
The Other Boleyn Girl, 2008
감독: 저스틴 채드윅
출연: 나탈리 포트만(앤 불린)
　　　스칼렛 요한슨(메리 불린)
　　　에릭 바나(헨리 8세)

영화 속 역사

　이 영화를 선택한 이유는 헨리 8세와 앤 불린의 사랑을 이전 영화들과는 다른 시각으로 접근해서다.

　왕비의 침소를 찾지 않는 헨리 8세. 이때를 틈타 앤의 가족이 왕을 초대한다. 야심 있는 앤이 왕을 유혹하지만, 정작 그를 사로잡은 이는 앤의 동생 메리. 왕은 당차고 도전적인 앤보다 순수하면서 섹시한 메리에게 빠진 것이다. 궁으로 간 메리가 임신하자 질투심에 불타는 앤. 메리가 임신으로 동침이 어려워지자, 앤은 왕을 유혹하기 시작한다.

여성편력

아서왕, 리처드왕과 함께 세간에 가장 잘 알려진 헨리 8세.

헨리 8세

헨리의 삶은 어느 드라마보다 극적인 격동의 파노라마다. 사랑이 아닌 국왕이 되려는 목적으로 여섯 살 연상의 형수 캐서린과 결혼할 때부터, 그의 여성편력은 예고되었다. 총 여섯 번 결혼하는 과정에서, 두 아내를 처형하고 세 아내와 이혼했다는 사실 만으로도 그의 냉혹하고도 변덕스러운 일면을 엿볼 수 있다.

125

아들, 아니 적자嫡子에 대한 그의 집착은 거의 병적이다. 메리훗날 메리여왕를 낳은 캐서린은 아들도 여럿 낳았다. 그런데 결혼 초에 낳은 아들은 태어난 지 8주 만에 죽고, 다른 아들들은 뒤늦게 유산 혹은 사산되었다. 결국 캐서린은 나이 마흔이 되자 아들에 대한 미련을 접을 수밖에 없었으며, 그 이면에는 왕의 주변 여성들이 상대적으로 젊고 아름다웠다.

헨리 8세의 적자는 세 번째 부인 제인 시모어로부터 얻은 에드워드 6세왕자와 거지'의 실존인물와 정부情婦 베시 블런트가 낳은 사생아가 있다. 그리고 한 명 더. 영화 속 메리 불린이 낳은 아들이 있다.

그러나 메리가 헨리의 정부라는 것은 맞지만, 실제로 그의 아이를 임신하진 않았다. 더욱이 메리는 이 영화와는 달리 실제로는 앤의 언니이다. 그러나 제작진은 메리의 극 중 비중을 높이기 위해 그리고 기존 영화들과의 차별화를 위해 자매의 위치를 바꾸어 놓았다.

죽을 운명의 앤

영국 국민과 교황의 반대를 무릅쓰고 어렵게 재혼하여 얻은 앤 불린. 그런 여인을 헨리 8세는 어째서 이혼도 모자라서 처형까지 했을까?

영화 〈천일의 앤〉[1969]에도 묘사되었듯이, 앤을 간통죄로 처형한 건 토머스 크롬웰이 제인 시모어와 결혼하고 싶어 하는 왕의 지시를 받아 꾸민 일로 추측된다. 그럼 앤은 어떤 이유로 그토록 철저하게 왕으로부터 버림받았을까? 고대했던 아들을 낳지 못해서였을까? 물론 헨리가 아들을 무척이나 염원했다는 건 누구나 공감하는 사실이다. 그러나 단지 아들을 낳지 못해서 버림받았을 것이라는 추론은 너무 단순하다.

그보다는 헨리의 화려한 여성편력에서 해답을 찾아야 할 것 같다. 즉, 헨리가 캐서린을 버리고 시녀에 지나지 않은 앤 불린과 결혼을 결심한 건 그녀가 수청을 거절해서다.

〈천일의 스캔들〉에서 헨리가 아내와 이혼하고 교황으로부터 파문당했음에도 앤이 몸을 허락하지 않자, 거칠게 범하는 장면이 있다. 그것은 '사랑'이라기 보단 '욕정'에 가깝다. 앤은 왕의 애간장을 녹여 왕비의 자리까지 차지했지만, 그때는 이미 헨리가 그녀에게 성적 흥미를 잃어버린 후였다.

주목할 점은 교황의 파문에 맞서 영국국교회의 수장까지 된 헨리가 앤 불린에게 쩔쩔맸다는 것이다. 궁중의 어느 여자가 수청을 들라는 왕명을 감히 거절할 수 있을까. 분명 앤 불린은 '올인', 즉 목숨을 건 베팅을 했으며, 일단 성공했다.

그러나 그녀는 또 다른 운명의 변수는 예측하지 못한 것 같다. 불같은 사랑 뒤에 더욱 빨리 찾아오게 마련인 회한悔恨 말이다. 영국 국민으로부터 존경을 한 몸에 받던 캐서린이 내쫓길 때 겪었을 참담함이 자신에게도 찾아올 것이라는 예감 말이다.

더욱이 헨리가 지독한 바람둥이라는 걸 누구보다 잘 아는 그녀였지만, 자신에게 다가온 비극을 피하려 할 때에는 이미 너무 늦은 시점이었다.

수장령

재혼을 위한 이혼을 반대한 교황 클레멘스 7세와 단절하고 영국국교회 수장령을 선포한 왕의 행동을 무모했다고 볼 수도 있다. 그러나 그 이면에는 영국을 교황권의 속박으로부터 벗어나게 해야 한다는 정치적 판단도 있었다. 교황에 대한 금품납부를 법으로 폐지하고 교황이 정치적·종교적으로 영국에서 권한을 행사하는 걸 법으로 금한 것이 그 한 예다.

그러나 그가 만들었을 당시의 영국국교회와 가톨릭의 교리적 차이점은 별로 없으며, 국교회의 교리가 바뀐 건 그의 자녀인 에드워드 6세와 엘리자베스 1세 때였다. 그리고 에필로그에도 나왔듯이, 헨리는 국가의 안정을 위해서 필히 아들이 왕위를 이어야 한다고 판단했다.

하지만 영국을 세계 최강의 해상왕국으로 떠오르게 한 이는 앤 불린의 딸 엘리자베스였다. 이래서 일은 사람이 하고, 성사는 하늘이 한다고 했던가. 이 영화를 통해 다시금 역사의 아이러니를 확인한다.

127

제작 & 에피소드

헨리 8세, 앤, 메리의 삼각관계를 소재로 한 역사드라마.

필리파 그레고리의 동명소설을 원작으로 한 이 영화의 특징은 타이틀 '또 다른 불린 가(家) 여인'이 상징하듯, 앤과 메리 두 여성을 서로 대비되는 성격과 갈등의 축으로 극을 전개시켰다. 즉, 기존의 영화들은 헨리 8세와

매리 불린(좌)과 앤 불린(우)

앤 불린 두 남녀를 집중적으로 조명하고 있는 데 비해, 〈천일의 스캔들〉에서는 메리가 앤과 똑같은 비중을 차지하고 있다.

바로 이 점이 앤 불린을 소재로 한 여타 영화와 구별되는, 이 영화만의 독특한 맛이다. "한 남자를 사랑한 두 자매 중에서, 한 여성은 처형장으로 끌려가고 다른 여성은 버림을 받았다."는 홍보문구야 말로 영화의 흥행코드를 어디에 맞추고 있는지 짐작케 한다.

그리고 그 예상은 들어맞았다. 이미 앤 불린을 소재로 한 몇 편의 영화와 TV 드라마를 봤음에도, 식상한 기분이 전혀 들지 않았다. 그 이유는?

요부에 가까운 이미지의 나탈리 포트만과 '순수함'과 '정열'을 함께 간직한 스칼렛 요한슨의 열연도 한몫했고, 사실을 기초로 한 시나리오가 관객의 공감대를 가져왔다고 생각한다.

그럼 주인공 캐릭터는 어떤 느낌일까?

헨리 8세 역의 에릭 바나는 이제껏 본 헨리 8세를 연기한 배우 중에서 가장 잘 생겼다. 관객에게 각인된 그의 이미지는 〈트로이〉와 〈시간 여행자의 아내〉에서 보여 준 로맨틱 가이 혹은 훈남 캐릭터가 강하게 남아 있어서, 실제로 마초적이고 카리스마 넘치는 영국왕의 모습과는 거리가 멀다. 전작들과의 차별화를 위해서였을 수 있지만, 세간에 알려진 헨리 8세 이미지와는 차이가 있다.

나탈리 포트만이 연기한 앤 불린은 나쁘진 않았으나, 관객을 몰입케 할 정도는 아닌 것 같다. 이러한 배경에는 그녀의 연기를 평하기에 앞서 전작

〈천일의 앤〉에서 주느비에브 뷔졸드가 보인 앤 연기가 너무나 뛰어났기 때문이다.

메리 불린 역의 스칼렛 요한슨 연기는 에릭 바나의 인터뷰로 대신할까 한다. "스칼렛 안에는 서로 다른 두 명이 있는 것 같아요. 세계적인 배우로 성장한 의지 강한 여인과 테디 베어를 끌어안은 어린 소녀." 즉, 순수함과 대범함 그리고 열정이 한데 어우러진 영화 속 캐릭터가 잘 어울렸다는 것이다. 단지 그녀의 연기력과는 상관없이 자신을 끊임없이 괴롭힌 언니 앤에게 지나칠 정도의 관용과 애정을 베푸는 모습이 가슴에 와 닿지 않았다.

자매애가 참으로 대단한 건지, 세상이 하도 각박해서 공감대가 잘 느껴지지 않는 건지, 그 해답은 영화를 본 관객의 판단에 달려 있다.

영화 VS. 영화 〈사계절의 사나이〉
(A Man for All Seasons, 1966)

헨리 8세와 앤 불린과의 결혼문제를 소재로 한 〈천일의 스캔들〉과 〈사계절의 사나이〉.

전자가 불린 자매와 왕과의 삼각관계를 다루었다면, 이 영화는 대법관 토머스 모어와 왕과의 자존심 대결이다. 세간에선 『유토피아』의 저자로 유명하고, 당시 영국에선 도덕적이고 양심적으로 소문난 토머스 모어. 영화에도 그런 강직한 모습이 곳곳에 드러난다.

주목할 건 그의 이런 성품이 목숨을 재촉했다는 것. 그가 대법관으로 임명될 때부터 그의 운명은 예정돼 있었다. 그를 임명한 이는 헨리 8세다. 그럼 그를 임명한 이유는?

영화 속 왕의 대사에 나온다. "자네가 정직했다고 알려졌기 때문이야."

헨리 8세(좌)와 토머스 모어(우)

즉, 평판이 좋기로 소문난 그를 대법관으로 임명해서 자신의 이혼문제를 처리해주면 뒷말이 없을 것 같아서다.

그러나 모어는 왕의 부탁을 거절하고, 대법관직을 사임한다. 자존심이 상한 왕은 자신의 재혼을 지지하는 서명을 요구한다. 여기에는 비단 주인공 모어뿐만 아니라, 공직자 모두 포함된다. 이 상황에서 그는 서명을 거부하면서, 왕의 재혼을 반대하는 건 아니라고 단서를 붙인다. 즉, 법적 논리를 내세우면서 자신의 지조를 지키려 한 건데, 왕의 입장에선 이만저만 불쾌한 일이 아니다. 더욱이 헨리 8세가 어떤 인물인가. 재혼을 위해 가톨릭과 단절하고, 두 명의 왕비를 처형한 왕이다.

그런 왕을 상대로 자존심 대결을 벌인 건 강직한 게 아니라 무모한 행동이다. 영화에서 토머스 하워드노퍽 공작가 모어를 구하려고 설득하는 장면이 있다. 재혼의 합법성 여부를 따지지 말고, 자기처럼 명단에 서명을 하고 동료로서 잘 지내자는 것이다. 그러나 모어는 이런 제안을 거부하고 끝내 참형을 당한다.

에필로그에는 그의 죽음을 주도한 토머스 크롬웰도 5년 후에 똑같이 대역죄로 참수당하고, 토머스 하워드도 대역죄로 처형당한 것 같다고 했다. 부연하면, 크롬웰은 사사건건 왕이 나서기 껄끄러운 궂은일을 맡아하다가 무리수를 둬서 목숨을 잃었고, 하워드는 실제로 처형당하지 않았다.

토머스 모어 역의 폴 스코필드는 이성적이며 강직한 이미지를 잘 표현했다. 그러나 주인공보다 훨씬 강렬한 인상을 끼친 배우가 로버트 쇼다. 그가

130

연기한 헨리 8세는 〈죠스〉의 마초적인 포경업자 퀸트와 〈스팅〉의 섬뜩한 마피아 보스 로네건의 이미지가 섞여 있다.

이래서 같은 배역이라도 배우에 따라 이미지가 확연히 달라진다. 〈천일의 스캔들〉에서 감성적인 모습을 보여 준 왕이 〈사계절의 사나이〉에선 신하들은 물론이고 관객마저 긴장하게 만드니 말이다. 상대를 무섭게 쏘아보다가 갑자기 웃는 그의 모습은 말 그대로 언제 어디로 튈지 모른다. 실제로 가까이 하고 싶지 않은 인물의 전형, 바로 로버트 쇼가 연기한 헨리 8세 캐릭터다.

131

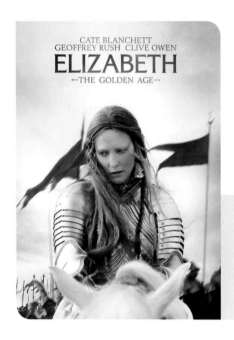

CATE BLANCHETT
GEOFFREY RUSH CLIVE OWEN
ELIZABETH
-THE GOLDEN AGE-

02

여자가 나서야
나라가 잘된다

골든 에이지
Elizabeth: The Golden Age, 2007
감독: 세자르 카푸르
출연: 케이트 블란쳇(엘리자베스 1세)
클라이브 오웬(월터 롤리)
제프리 러쉬(프란시스 월싱엄)

132

영화 속 역사

엘리자베스 1세의 통치를 소재로 한 작품. 영국이 해상왕국으로 나서는 데 발판이 된 칼레해전을 다루었다는 것이 영화를 선택한 이유다.

여자로서 사랑받는 삶과 여왕의 길 사이에서 고민할 무렵, 영국 점령을 꾀하는 필리페 2세는 메리 스튜어트를 꼬드겨 엘리자베스를 암살할 계획을 꾸민다. 그러나 천행으로 여왕이 목숨을 구하고 참수당하는 메리. 필리페가 메리의 죽음을 빌미로 영국과의 전쟁을 선포하자, 엘리자베스도 이에 당당히 맞선다.

롤리 & 드레이크

여왕의 연인이자 충신으로 나오는 월터 롤리. 실존인물인 그는 영화에 나오듯이 탐험가였으며, 감자와 담배를 아메리카 대륙으로부터 가져왔다. 또한 담배에 얽힌 유명한 일화가 전해지고 있다. 이제껏 한 번도 담배를 본 적이 없던 하인이 그가 담배 피우는 걸 보고 몸에 불이 붙었다고 착각해 물통의 물을 퍼부은 것이다.

그러나 영화 장면과 달리, 그는 스페인과의 전쟁에 참전하지 않았다. 여기서 추가할 인물이 있다. 바로 프랜시스 드레이크다. 엘리자베스의 명을 받아 스페인과 칼레해전을 벌여 압승을 거둔 이가 드레이크다. 더욱이 그는 이 전쟁에 나서기 훨씬 전부터 스페인에 증오심을 갖고 있었다. 젊었을 때 그의 배가 스페인군의 공격을 받아 자신의 선원들이 다수 사망한 것이다. 영화에서 롤리가 여왕에게 필리페 2세에게 적개심을 갖고 있다는 대사가 나오는데, 드레이크가 겪은 이 일을 언급한 것 같다.

이후 여왕으로부터 항해 실력을 인정받은 그는 큰 손해를 입히라는 명령을 받고 스페인 지배하에 있던 각지를 약탈하였다. 이러한 배경에는 스페인이 적대국이자 당시 식민지 개발 투자에 나선 여왕의 입장에선 반드시 넘어야 할 경쟁국이었던 것. 어쨌든 그의 활약으로 영국은 큰 이익을 본 반면, 스페인은 국립은행이 파산하는 등 엄청난 피해를 보았다.

영화 속 월터 롤리(좌)와 초상화(우)

133

결국 영화 속 월터 롤리는 본인과 프랜시스 드레이크 두 사람을 합성한 캐릭터다.

칼레해전

스페인과 영국의 한판 승부는 이미 예고된 일이었다. 가톨릭국가인 스페인에서 탄압받던 신교도들이 영국으로 몰려왔고, 영국은 반反스페인운동을 전개한 네덜란드를 원조했다. 1580년대에는 영국 국내에 있던 구교도들이 많이 처형되었다. 영화에도 나왔듯이 드레이크가 스페인 배를 약탈한 데 대해 스페인 대사가 여왕에게 항의하자, 오히려 드레이크를 두둔했다. 게다가 '배빙턴 음모사건'^{배빙턴을 중심으로 여왕을 암살하고 메리를 영국여왕으로 추대하여 가톨릭 세력을 만회하려고 시도했으나 사전에 발각되어 실패}이 일어나서 이 사건에 연루된 메리가 처형당했다.

결국 양국관계가 더욱 악화되어 전쟁으로 치닫게 된 것이다. 여왕으로부터 전권을 부여받은 드레이크는 카디스항을 기습 공격했다. 그 이유는 그곳에 무적함대에 사용될 화물과 보급품이 적재돼 있었다. 이 공격으로 스페인은 영국침공 함대의 발진을 1년이나 미룰 수밖에 없었다. 다음 해 7월에는 칼레에 있던 스페인 함대를 화공선^{火攻船}을 동원하여 공격했는데, 때마

칼레해전

134

침 강풍마저 불어 대승을 거두었다. 스페인 함대는 이 패배로 1만 5천 명이 사망하고 총 130척 중 겨우 60척의 배가 스페인으로 돌아갔다.

칼레해전은 항해 중에 대포를 동원해서 싸운 최초의 해전이자 대포의 성능이 전투에서 얼마나 중요한지를 입증하였다. 그만큼 영국 대포가 스페인 대포보다 성능이 월등했다. 그러나 아쉽게도 역사적으로 중요한 이 해전이 영화에선 너무나 간단히 처리되었다. 영화의 하이라이트이자 라스트신인데도 말이다.

죽을 운명의 메리

엘리자베스를 언급할 때마다 빠질 수 없는 이가 메리 스튜어트다. 헨리 7세 적손, 프랑스 왕비, 스코틀랜드 여왕이란 메리의 이력은 엘리자베스에게 부담스러웠다. 생전에 서출이라고 선언된 그녀보다는 아무래도 왕위계승 요건이 메리가 유리했다. 더욱이 메리가 자신의 문장^{紋章}에 잉글랜드 왕관을 그려 넣은 일은 엘리자베스에게 더할 수 없는 모욕이었다.

그렇지만 세상사 한치 앞을 알 수 없다. 프랑스 왕비가 된 지 1년 만에 남편이 사망해서 스코틀랜드 여왕 한 자리만 남았다. 격정적인 성격인 그녀는 스코틀랜드로 돌아와서 새로 맞이한 남편을 살해한 보스웰과 결혼해 스스로 무덤을 팠다. 남편 살해 음모에 가담해 돌이킬 수 없는 결과를 초래한 것이다. 자국 병사들에게 잡혀 처형당할 위기에 몰린 그녀는 영국으로 도망쳤다.

런던탑에 유폐된 그녀는 겉으로는 엘리자베스에게 충성을 맹세하면서 다른 한편으로 배빙턴 음모사건에 가담해 여왕을 암살하고 자신이 여왕으로 즉위하려 했다. 결국 재판에 회부되어 처형당했으며, 후일 그녀의 아들이 영국 왕위를 계승한다. 불꽃처럼 살다간 여인의 정치적 욕망이 아들 제

135

임스 1세에게 이어져 잉글랜드와 스코틀랜드를 통합한 것이다.

전작과의 시차時差

엘리자베스 1세는 40여 년간 집권하며 영국을 세계를 주도하는 국가로 탈바꿈하는 기반을 마련했다. 그에 따라 그녀를 주인공으로 한 두 영화, 〈엘리자베스〉와 〈골든 에이지〉의 시점에 관심이 간다.

엘리자베스가 여왕으로 등극할 때가 1558년 11월 17일이고, 스페인 무적함대가 격파되는 해가 1588년이므로, 〈엘리자베스〉와 〈골든 에이지〉는 30년의 시차를 두고 있다. 그리고 그녀가 1533년생이므로 〈골든 에이지〉에서는 53세 내지 54세쯤에 해당된다.

여왕의 집권기간을 언급하는 이유는 전작 〈엘리자베스〉와 이 영화에서 보이는 여왕의 모습이 별반 차이가 없어서다. 영화적 각색을 위해 설정한 게 아니라면, 장구한 세월의 흔적을 여왕의 모습에서 보여 주는 것이 낫지 않을까. 평론가가 아닌 역사학자 관점에서 피력한 것이다.

제작 & 에피소드

〈엘리자베스〉에 이어 10년 후 제작된 속편 〈골든 에이지〉. 전작이 여왕이 아닌, 여인으로서 고독한 결정을 내리는 데 중점을 두었다면, 이 영화는 여인이 아닌 여왕, 즉 통치권자로서 당시 세계 최강 스페인을 상대로 전쟁을 할 수밖에 없는 고뇌가 담겨 있다.

그럼에도 이 영화는 전작과 유사한 분위기로 진행된다. 그 이유는 주인공 역의 케이트 블란쳇과 월싱엄 역의 제프리 러쉬 등 주요 배역진이 그대로 등장해서가 아니다. 평범한 여자로 사랑받는 삶과 여왕의 길 사이의 갈등, 치밀하게 진행되는 여왕 암살사건, 종국에 가서 권위와 존경을 한 몸에 받는 여왕의 모습이라는 극의 구도가 전작과 비슷하기 때문이다. 물론 롤리 역의 클라이브 오웬이 새롭게 등장해 여왕과 핑크빛 무드를 조성하고 권위의식으로 똘똘 뭉친 필리페 2세가 영국과의 전쟁 불사를 외치며 극의 긴장감을 고조시키지만 말이다.

이 영화에서 두고두고 아쉬운 건 스페인 무적함대와 벌인 최후의 결전이 너무 싱겁다는 것. 타이틀 '황금시대'는 해상왕국으로 도약하는 영국을 상징하며, 그 전환점은 스페인 무적함대를 격파했을 때였다. 게다가 갑옷을 입은 여왕의 모습이 포스터 전면에 등장한다면, 영화의 하이라이트가 해상 전투 장면이라고 연상할 수 있다.

그러나 영화는 여왕과 스페인왕의 긴장된 모습을 대비시키며 일촉즉발의 변죽만 올릴 뿐, 정작 해전 장면은 별 내용이 없다. 양국이 어떤 작전으로 임하고 영국군이 승리한 요인이 무엇인지 나오지 않는다. 단지 울먹이는 필리페 2세와 의기양양한 여왕의 모습으로, 이 전쟁이 일방적인 승리였다는 걸 짐작하게 할 뿐이다.

주인공 역의 케이트 블란쳇 연기는 빛을 발한다. 그녀 이외에 엘리자베스 역에 적합한 배우가 떠오르지 않을 정도다. 이러한 배경에는 연기력과 함께 그녀에게 풍기는 이미지가 카리스마와 기품으로 대변되는 엘리자베스 1세와 어울리기 때문이다.

〈로빈 후드〉에서 청소년민병대를 이끌고 전투에 나서는 마리온 역도 그렇고 〈에비에이터〉의 캐서린 헵번 역도, 〈인디아나 존스 4〉에서 존스박사를 뒤쫓는 소련 특수부대 장교 역을 맡았을 때도, 스크린에 비쳐진 그녀에겐 남성들이 쉽게 접근하기 어려운 기품과 두둑한 배짱이 느껴진다.

137

영화 VS. 영화 〈제독: 미힐 드 로이테르〉
(Admiral, Michiel de Ruyter, 2015)

재해권^{制海權}을 배경으로 한 〈골든 에이지〉와 〈제독: 미힐 드 로이테르〉. 전자의 시점이 영국과 스페인 간의 칼레해전이라면, 이 영화는 영국-네 덜란드전쟁이다. 주인공은 네덜란드의 전설적인 제독 로이테르. 영화는 그가 제독으로 임명된 후의 전투를 중심으로 전개된다. 제2~3차 영국-네덜란드전쟁 1665~1667, 1672~1674, 최후의 전투였던 1676년 시칠리아해전

그럼 그가 해상왕국 영국과 대국 프랑스를 상대로 연승을 거둔 이유는?

영화에도 나오듯이, 효과적인 전투 체계를 확립했다. 세분화한 깃발신호 체계로 전투 중의 혼란을 최소화했고, 함선의 이동과 포의 장착을 민첩하 게 하는 데 중점적으로 훈련했다. 특히 적의 심리와 바다의 지형을 이용한 텍셀 전투는 그가 얼마나 탁월한 지휘관인지를 입증한다. 전력상 훨씬 앞 선 영불연합함대를 흘수선^{吃水線: 선박과 수면이 만나는 선}으로 유인해 격퇴하는 장면 이 나오는데, 프랑스 함선이 꼼짝 못한 채 일방적으로 당한다. 게다가 시시 각각 변하는 풍향에 맞는 전술을 운용했다.

영화에서 자신이 창설한 해병대를 이끌고 채텀에 정박해 있는 영국 함대 를 격파하는 장면도 놀랍다. 방 어에 급급한 약소국 군대가 해 상왕국 심장부에 몰래 들어가 함대를 불태운다는 건 참으로 대담한 작전이다.

그러나 이처럼 적의 침공은 물 리쳤지만, 권력을 둘러싼 분쟁

영화 속 미힐 드 로이테르(좌)와 초상화(우)

138

은 어쩌지 못하는 로이테르. 권력에 사심없는 진정한 군인이기 때문이다. 친분이 있던 정치인 드 비트 형제가 폭도들에게 참혹한 죽음을 당할 때에도 그는 무력했다. 더욱이 권력자들은 그가 위기에 처한 국가를 구했어도 국민에게 인기높은 정적으로 간주했다. 그래서 빌렘 3세는 그를 사지^{死地}로 내몰아 전사하게 만든다. 즉, 로이테르는 자국의 왕에게 살해당했다.

라스트신은 그의 성대한 장례식. 빌렘 3세는 가장 아름다운 무덤을 만들어 주라면서 생색내지만, 허탈한 기분을 지울 수 없다. 그의 죽음과 함께 강대국 네덜란드의 위상도 사라졌기 때문이다.

예술이 곧 권력

왕의 춤 Le roi danse, 2000
감독: 제라르 코르비오
출연: 브누아 마지멜(루이 14세)
보리스 테랄(룰리)
체키 카료(몰리에르)

영화 속 역사

태양왕이라 불릴 정도로 강력한 왕권을 성립한 루이 14세를 소재로 한 영화. 세간에 알려진 그의 모습과는 다른 방식으로 프랑스 절대왕정을 묘사했다는 점이 특색이다.

섭정하는 어머니와 재상 마자랭으로 인해 기죽은 어린 왕. 그에게 유일한 위안거리는 춤과 음악이다. 바이올린 연주자 룰리가 선사한 금빛장식 신발을 신고 어머니와 재상 앞에서 춤을 추는 루이. 그로부터 8년이 지나 마자랭이 사망하자 친정(親政)을 선언하는 루이 14세. 그와 함께 룰리도 왕실악단 지휘자로 신분이 상승한다.

예술이 곧 권력

권력투쟁을 소재로 한 영화는 권모술수나 피비린내 나는 장면이 나온다. 그러나 이 영화는 다르다.

젊은 시절의 루이 14세

권력 확장을 위해 프랑스–네덜란드전쟁과 스페인 왕위계승전쟁 등 숱한 전쟁을 일으킨 그였지만, 영화에는 왕이 전선에 나가 있는 장면으로 간단히 처리했다. 대신 우아하고 아름다운 음악과 춤으로 권력의 분위기를 보여 준다. 따라서 스크린에 비쳐지는 아름다운 선율과 발레 몸동작은 단지 외피에 불과할 뿐, 그 내면은 절대왕권을 유지하려는 왕의 강한 의지가 담겨 있다.

그런 점에서 프랑스 역사상 '예술'이라는 문화 콘텐츠를 권력강화 수단으로 사용하는 데 탁월한 감각을 지닌 이가 루이 14세다. 독일 역사상 '영화'라는 영상 콘텐츠를 선전수단으로 활용한 이는 히틀러다 영화에도 나왔듯이, 그는 룰리에게 전폭적인 지원을 했다. 그 결과, 룰리는 프랑스 오페라의 기초를 확립시켰으며, 장 라신, 라 퐁텐, 클로드 페로 등 예술가들이 왕으로부터 지원금을 받고 왕실을 찬양하는 작품을 썼다.

건축예술도 그에게는 권력강화 수단이다. 루이 14세의 권력과 위상을 상징하는 대표적 건물이 베르사유 궁전이

141

베르사유궁전 건설 장면

다. 영화에는 젊은 루이가 베르사유 허허벌판에 가서 궁전 건축을 명하고 그 와중에 목숨을 잃을 뻔한 상황이 나온다. 그만큼 그가 권력을 지향했고 이 궁전을 권력의 상징으로 간주했다. 무려 24년이 걸려 준공된 베르사유 궁전. 유럽 궁정생활의 절정이라고 불릴 정도로 화려하고 장엄하지만, 하나 추가할 게 있다. 바로 이 곳에서 룰리와 몰리에르가 공연을 했으며, 수많은 귀족들이 궁전으로 초대받기 위해 온갖 로비를 벌였다.

룰리와 몰리에르

영화 속 왕의 측근, 룰리와 몰리에르. 두 사람은 협력자면서 경쟁자다. 단지 룰리가 몰리에르보다 훨씬 교활하고 시기심이 강한 캐릭터로 나온다. 몰리에르는 코미디발레로 왕을 즐겁게 하는 반면, 룰리는 왕을 설득해 몰리에르를 배제하고 혼자서 프랑스판 오페라를 만든다. 몰리에르와의 공동작품들도 단독으로 만든 것처럼 꾸며 몰리에르를 철저히 배척한다.

안타까운 장면은 룰리의 이런 술수를 몰리에르가 전혀 눈치채지 못했다는 것. "적은 혼노지에 있다"^{적은 내부에 있다}는 일본식 격언이 여기서도 통용된 것이다.

룰리는 이탈리아 태생으로, 궁중악단 바이올린연주자로 출발해서 궁중발레를 위한 음악을 작곡하고 새로이 악단을 조직했다. 그래서 영화 초반에 왕이 춤을 추고 룰리의 지휘하에 악단이 연주하는 장면이 나온 것이다. 그리고 몰리에르와 함께 〈강제결혼〉〈엘리드왕비〉〈서민귀족〉 등을 제작하여 왕의 권위를 드높이고 자신의 입지를 강화했다. 오페라 제작 독점권을 얻어내, 프랑스 어느 곳에서도 그의 허가 없인 오페라를 공연할 수 없게 했다.

따라서 영화에서 왕을 연모하고 음악에 대한 열정이 지나쳐 광기에 사로

잡힌 예술가와는 다소 거리가 있다. 실제가 영화보다 훨씬 탐욕적인 인물이다.

한편 영화에서 룰리의 음모로 내쳐진 몰리에르는 파리 태생으로 자신의 극단이 국왕 전속극단이 되면서 큰 인기를 누렸다. 대표작으로는 〈타르튀프〉와 〈서민귀족〉을 들 수 있는데, 두 작품 모두 성직자와 귀족의 위선을 풍자한 작품이다.

영화에는 루이 14세가 성직자와 귀족을 견제하기 위해 몰리에르에게 특권계급을 신랄하게 풍자하는 희극을 공연하게 한다. 그러나 모후를 비롯해 성직자들의 반발이 심해지자, 몰리에르와 거리를 둔다. 이득은 왕이 챙기고 그는 희생양이 된 것이다.

이때를 기점으로 불운이 밀려드는 몰리에르. 과로로 폐결핵이 발병하고 연인 마들렌 베자르와 차남이 사망하고 룰리에게 국왕의 총애를 빼앗긴다. 영화에서 상연 중 무대에서 쓰러져 사망하는 장면이 나오는데, 실제 사실이다. 당시 상영작이 희극 〈상상병 환자〉였다.

영화에는 몰리에르가 왕이 참석하기를 애타게 기다리다 숨을 거두는 비극적인 상황으로 묘사하고 있지만, 달리 해석할 수도 있다. 예술가가 무대 위에서 생을 마감하는 것도 명예로운 일이 아닐까.

예술을 표현하고 인식하는 데 있어서 너무나 대조적인 룰리와 몰리에르. 만일 두 사람 중에 어느 한쪽 예술을 감상하겠냐고 묻는다면 이렇게 답할 것 같다. 진지하고 무거운 것보다는 편안하고 가벼운 걸 느끼고 싶다고.

마자랭

영화 초반, 어린 왕이 실권자인 마자랭 때문에 아무 일도 할 수 없다며 힘겨워하는 장면이 있다. 그러나 실제의 마자랭은 전임자 리슐리에 추기

경과 마찬가지로 절대군주제를 성립시키는 데 심혈을 기울였다. 예를 들어, 지방총감제를 실시하여 각 지방총감이 각자의 관할구역 내에서 왕권을 대표하는 최고 권력자가 되게 했다. 이 조치로 지방귀족의 세력은 크게 약화되었다. 따라서 루이 14세가 왕권신수설을 신봉하고 '짐이 곧 국가'라는 주장을 할 정도로 왕권이 강화된 배경에는 마자랭의 탁월한 정치적 수완이 있었다.

영화에서 궁전에 있는 귀족들이 하인처럼 왕의 발을 씻으면서 감격에 겨워하는 장면이 나온다. 놀라운 건 이 장면이 영화적 장치가 아닌 실제 사실이다. 그만큼 루이 14세 권위가 절대적이었다는 것.

그럼 귀족들이 어째서 그런 행동을 했을까?

그건 왕에 대한 아부가 아닌 귀족 자신의 지위와 생계를 위해서였다. 한 예로 콩데공작의 손자인 라 브뤼이에르도 그런 귀족 부류 중의 하나였는데, 자신의 심정을 이렇게 피력했다. "귀족이 자기 고향에서 살면 마음은 편한데 먹고 살 길이 없다. 반대로 궁정에 출입하면 먹을거리 걱정은 안 해도 되지만 종의 신분으로 전락한다."

제작 & 에피소드

감독 제라르 코르비오가 전작 〈가면 속의 아리아〉와 〈파리넬리〉에서 예술노래로 인간의 욕망과 고통을 그렸다면, 〈왕의 춤〉에선 예술음악과 춤이 권력 강화의 수단이 될 수 있다는 걸 보여 주었다. 즉, 루이 14세가 절대왕권을 세우는 과정에 예술이 어떤 역할을 했는지 아주 섬세하게 나타나 있다.

주목할 점은 17세기 궁정 음악과 무용을 거의 완벽하게 재현했다는 것. 륄리의 대표작 〈밤의 발레〉를 비롯해서 미공개 음악까지 발굴해 라인하르트 괴벨의 지휘하에 최대한 원작에 가깝게 재현해 냈고, 남성적인 힘과 상징성이 돋보이던 당시 궁중무용까지 소개했다.

특히 영화의 백미는 온몸을 황금빛으로 치장하고 카리스마 넘치는 춤을 추는 루이 14세의 모습이다. 세간에 잘 알려진 근엄한 표정으로 서 있는 초상화나 말을 탄 동상이 아닌, 온갖 치장을 한 젊은 왕이 역동적인 춤을 추는 모습은 이채롭다 못해 낯설기까지 하다. 그러나 이 장면은 영화적 각색이 아닌 실제 사실이며, 관객에게 클래식 음악으로 예술사의 새로운 이면을 보여 주는 것이 그의 영화표현 방식이다.

전작 〈파리넬리〉에서 거세의 고통을 감내하고 인기 절정의 '카스트라토'로 거듭난 카를로 브로스키와 〈왕의 춤〉에서 왕에게 버림받은 자괴감에 목숨을 잃는 룰리, 두 사람에겐 공통점이 있다. 예술을 천직으로 여길 때, 예술은 즐거움이 아닌 고통의 결과물이라는 것을.

145

루이 14세 역의 브누아 마지멜과 룰리 역의 보리스 테랄의 연기는 주목할 만하다. 마지멜은 미카엘 하네케 감독의 〈피아니스트〉^{로만 폴란스키의 〈피아니스트〉와 구별}로 제54회 칸영화제에서 최연소 남우주연상을 수상한 연기파 배우이자 줄리엣 비노쉬의 남편으로 잘 알려졌다. 이 영화에서 그는 격한 감정을 억제하려는 절제된 연기를 했는데, 오히려 이러한 내면연기가 태양왕의 카리스마를 한껏 풍기게 했다.

그리고 열정적인 천재음악가 역을 맡은 보리스는 광기에 사로잡힌 눈빛 연기로 찬사를 받지만, 다소 오버된 연기라는 지적도 있다.

영화 VS. 영화 〈바텔〉(Vatel, 2000)

루이 14세 시대를 배경으로 한 〈왕의 춤〉과 〈바텔〉. 전자가 권력의 수단
으로 춤이 나온다면, 이 영화에선 음식으로 승부한다. 감독 롤랑 조페는 실
화를 바탕으로 프랑스 왕실의 암투와 술수를 화려함의 극치인 연회장과 음
식으로 묘사했다.

콩데 공작의 명을 받아 루이 14세를 위한 3일간의 연회를 준비하는 바텔
제라르 드빠르디유. 주목할 건 이 연회가 의례적인 자리가 아니라는 것. 국왕이 콩
데에게 네덜란드와의 전쟁 지휘권을 맡겨도 되는지 알아보려 하고, 콩데는
지휘권을 맡아야 막대한 채무를 청산하고, 바텔은 국왕이 흡족할 만한 연
회를 마련해야 한다.

음식, 실내장식, 무대장치, 심지어 공연일체를 감독하는 바텔. 형형색색
의 폭죽까지 터지는 환상적인 연회에, 국왕이 탄성을 내지를 정도다. 이제
남은 하루 연회만 잘 마무리하면 되는 셈.

그런데 예상치 않은 일이 벌어진다. 연회에 사용할 생선이 턱없이 부족
하다. 연회가 실패로 끝날 거라는 낭패감에
휩싸인 그는 연모한 여인 안느로부터 충격적
인 말도 듣는다. 충심으로 모신 콩데가 국왕
과의 도박에서 자신을 내기로 걸었다는 것이
다. 결국 그는 자기 칼로 자결한다. 바텔은 어
째서 죽음을 택했을까?

영화에는 존재감 상실로 나온다. 자신이 연
회의 집행자가 아닌, 국왕과 공작이 벌인 놀
이판에 한낱 노예에 지나지 않았다는 걸 뒤

프랑소아 바텔

늦게 깨달았기 때문이다. 여기에는 연회를 준비하는 과정에서 목숨을 잃은 평민과 국왕의 수청을 들 수밖에 없는 안느^{우마 서먼}도 포함된다. 다음으로 연회에 쓸 충분한 생선을 준비하지 못한 자책감과 초조감에 사로잡혀 죽음을 택할 수도 있다.

이 영화는 볼거리가 많다. 특히 연회장에서 터지는 다양한 폭죽과 공연 무대장치가 변화무쌍하게 바뀌는 장면은 지금도 눈에 선하다. 그러나 화려한 연회 모습 뒤로 평민의 고통이 보이고, 국왕과 공작의 눈 밖에 나지 않으려는 바텔의 중압감도 느껴진다.

끝으로, 영화 속 평민이 고통받고 착취당하는 장면들이 후일 프랑스혁명이 일어나는 계기로 작용하게 된다.

147

Theme 07

혁명 시대

인기 없는 혁명가

/

정의란 무엇인가

풍운아 크롬웰 Cromwell, 1970
감독: 켄 휴즈
출연: 리처드 해리스(올리버 크롬웰)
알렉 기네스(찰스 1세)

영화 속 역사

청교도혁명을 소재로 한 영화. 혁명의 주도자 크롬웰을 정면으로 다루
고 당시 의회와 국왕의 갈등을 디테일하게 표현했다는 특색이 있다.

무장군인을 대동하고 의원들을 잡으러 의회에 난입한 국왕 찰스. 다른 의원들은 몸을
피했으나, 유일하게 자리를 지키는 크롬웰. 무고한 시민을 체포하는 것이 오히려 반역이
며, 이일로 내전이 일어나면 그 책임이 왕에게 있다고 일갈한다. 국왕과 의회의 물러설
수 없는 한판 승부. 전투 경험이 없는 무능한 사령관에 실망한 크롬웰은 철기군을 조직
하고 자신이 총사령관으로 나서 국왕군과 대적한다.

혁명의 원인

청교도혁명은 국왕 찰스가 장로교를 믿는 스코틀랜드인에게 영국국교회를 강요하고 이에 반발하여 전쟁이 일어난 것이 계기가 되었다. 예상치 않게 패배해 거액의 배상금을 약속한 이후, 그의 행로는 실정失政의 연속이었다.

배상금 때문에 의회를 소집하자, 의원들이 국왕을 비판하고 국왕의 편에서 전쟁을 부추겼던 귀족들을 처형하였다. 여기에는 영화에서 기세등등하게 왕에게 의원들을 체포하라고 충동질한 스트라포드 백작도 포함된다. 이후 의회의 강한 압박에 위기를 느낀 왕이 반대세력을 체포하려 했으나 실패하게 되자, 군사를 일으키려고 런던을 떠난다.

영화는 크롬웰을 부각시키려고 체포를 피하지 않고 당당히 자리를 지킨 유일한 의원으로 묘사하고 있으나, 실제는 그렇지 않다. 크롬웰과 존 핌 등 5명의 의원이 자리를 피했다가 그 다음날 의회에 다시 출석했다. 더욱이 크롬웰은 당시 국왕의 타겟에 들 만큼 두각을 나타낸 존재가 아니며, 그의 위상이 올라간 건 내전이 일어난 후다.

151

크롬웰의 전투 방식

영화에서는 크롬웰이 무능한 사령관 맨체스터에 실망해 자신이 직접 철기군鐵騎軍을 조직해 맹훈련을 시키고, 네이즈비 전투[1645]에서 국왕군과 일전을 벌인다. 여기서 철기군은 적의 기선을 제압하고 전투를 승리로 이끄는데, 실제로 그랬다. 그의 철기군은 이후에도 눈부시게 활약했는데, 이러한 배경에는 철

크롬웰이 철기군을 이끌고 전투에 나서는 장면

저한 훈련과 엄격한 군기, 특히 정기 급료가 지급되는 등 좋은 대우가 있었
다. 더욱이 내전이 끝나고도 이 조직을 계속 유지함으로써, 크롬웰의 위상
을 공고히 했다.

독립파, 수평파, 장로파의 갈등

국왕파와 의회파의 내전은 양자대결 구도지만, 실은 그 이상으로 복잡한
성격의 전쟁이었다. 의회가 각기 3파로 나눠져 딴 목소리를 내고 있어서였
다. 즉, 크롬웰이 속한 독립파, 존 릴번으로 대변되는 수평파, 보수적인 장
로파로 분리되어 전쟁 내내 각기 다른 입장을 내세워 갈등이 일어났다. 영
화에는 크롬웰이 의회에서 장로파인 맨체스터와 갈등을 일으키는 장면만
두 차례 나오는데, 실제로 크롬웰을 가장 위협한 이는 수평파 영화에는 나오지 않음
였다.

특히 독립파와 수평파의 대립이 가장 크게 나타난 건 선거권 논쟁이다.
수평파가 모든 주민이 선거에서 평등한 발언권을 가져야 한다고 본 반면,
독립파는 재산과 직업 등을 고려해 선거권을 주려했다. 이러한 이견 차이
는 국왕의 처형과정에서도 드러난다.

장로파는 국왕과 타협하려 했고, 독립파는 국왕의 비타협적인 태도에 반
발해 군주제 폐지를, 수평파는 군주제 폐지와 함께 국왕 처형도 요구한 것
이다. 그런데 문제는 의회에선 장로파가, 군대에선 독립파가, 도시에서는
수평파가 힘이 세서, 쉽사리 힘의 추가 어느 한쪽으로 기울지 않았다. 이러
한 상황에서 독립파가 무력으로 장로파 의원들을 체포해 의회를 독점한 상
태에서, 국왕 처형에 대한 문제를 논의했다.

여기서 영화에서처럼 의회군 총수인 페어팩스는 국왕의 처형을 반대한
반면, 크롬웰은 국왕의 처형을 신의 뜻으로 미루었다. 영화에는 크롬웰이

"국왕은 이제 영국인이 아니고, 영국은 국왕 자체가 아니다."라며 주도적으로 왕의 처형을 실행한 것으로 나오지만, 실제 그렇지 않다.

오히려 크롬웰의 단호한 면은 왕의 처형보다는 정적政敵 수평파 척결에 있었다. 직접적인 계기는 수평파가 독립파의 독재체제를 비난하고 아일랜드 원정을 거부하면서 반란을 일으킨 것이다. 이에 크롬웰은 즉시 릴번을 비롯한 반란 주동자들을 총살형에 처했으며, 조직 전체를 와해시켰다. 이처럼 국내 반대 세력을 완전히 분쇄한 후에 아일랜드로 원정했다.

더블린, 드로이다, 웩스퍼드 등을 삽시간에 유린하고, 그 과정에서 일반 시민과 가톨릭 성직자들도 무차별 학살했다. 이후 스코틀랜드마저 군사적으로 제압한 그는 하원에서 의원들을 강제로 축출하고 잉글랜드, 스코틀랜드, 아일랜드 세 나라를 통치하는 호국경에 취임했다.

본래 호국경은 왕권이 미약할 때, 왕을 섭정하던 귀족에게 붙이던 호칭이었다. 그러나 크롬웰은 섭정이 아니라, 말 그대로 '호국경의 독재정권'을 세운 것이다.

크롬웰에 대한 평가

독실한 청교도이면서 의회의원이고 군인이었던 크롬웰. 국왕과의 내전을 시작으로 호국경에 오르기까지의 그의 인생역정을 보면, '종교적 신념에 투철하고 탁월한 지휘능력을 지닌 군인'이다. 그렇다. 그는 정치가보단 군인이며, 왕은 아니지만 독재자다.

그렇다면 올리버 크롬웰에 대한 세간의 평가는?

그가 영국을 부강하게 만든 건 누구나 인정한다. 그는 항해조례를 시행하여 해상왕국의 발판을 공고히 하고 스페인과 싸워 자메이카를 얻었다.

153

아일랜드와 스코틀랜드를 군사적으로 제압하여 영국의 발아래 두었다.

국내 정치에 관한 평가는 엇갈린다. 그는 민주정치를 위해 왕과 일전을 불사르고 심지어 왕의 처형까지 가결했다. 그러나 수평파를 척결함으로써 민주주의의 싹을 제거했다. 독실한 청교도지만, 아일랜드에선 민간인과 가톨릭 성직자들을 무참하게 학살했다.

그럼에도 영화는 타이틀이 '크롬웰'이라 그런지 찬양일색이다. 왕이 참수된 후 의원들이 그에게 왕위를 제안하지만 단호히 거부하고 부패에 찌든 의원을 몰아내는 장면이 나온다. 엔딩 자막에는 크롬웰의 통치로 영국은 민주적인 국가로 발전했다고 나와 있다. 과연 영화처럼 실제로 그의 통치로 인해 민주적인 국가로 발전했을까?

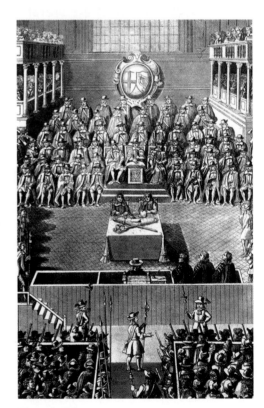

아니다. 정치적으로 진일보했더라도, 그건 통치에 걸림돌이 되지 않았을 경우다. 자신의 의도나 종교적 신념에 조금이라도 거슬리면 가차 없이 행동에 나선 이가 크롬웰이다.

영화에서 토마스 페어팩스가 왕을 처형한 게 잘못된 일이라고 크롬웰에게 강조한 것처럼, 오늘날에도 찰스 1세를 처형한 일 만큼은 부정적 인식이 많다. 이는 프랑스혁명에서 루이 16세를 처형한 로베스피에르에 대한 세간의 평가와

찰스 1세 재판

는 다르다. 분명한 건 똑같이 왕을 처형했지만, 로베스피에르보다 크롬웰의 행동을 상대적으로 좋지 않게 본다는 것.

아마도 행위 자체보다는 양국의 국민성과 연관되는 것 같다. 왕을 처형했음에도 다시금 그의 아들 찰스 2세를 옹립하는 정치사를 보더라도 영국 국민이 극단적인 정책을 결코 선호하지 않는다는 걸 짐작할 수 있다.

더욱이 예수가 12월 25일에 태어났다는 확증이 없다는 이유로 성탄절을 금지한 크롬웰을 보면 독실한 청교도는 인정되지만, 정치 감각이 확실히 없는 것 같다. 종교적 원리주의에 철저한 사람치고 인기있는 정치인이 별로 없다. 누가 그랬던가. 정치는 생물이라고.

영국을 해상왕국으로 굳건히 하고 왕을 처형하면서까지 영국 민주주의 발전의 초석을 마련한 크롬웰. 그러나 그에 관한 기록을 보면 존경이나 인간미가 아닌 무미건조함이 느껴진다. 유능하지만 인간미 없고, 과단성 있지만 융통성이 결여된 '인기 없는 혁명가'가 바로 크롬웰이다.

155

제작 & 에피소드

주인공 역을 맡은 리처드 해리스의 연기는 평단으로부터 찬사를 받았다. 올리버 크롬웰의 역사적 이미지인 독실한 청교도의 신념과 군인 신분의 용맹함과 열정이 묘하게 어우러져서다. 왕에게 어떤 죄목을 내려야 할지 재판부가 갈팡질팡하는 모습에 답답해서 이리저리 발걸음을 재촉하다가 눈을 번뜩이며 일갈하는 장면은 리처드 해리스의 필모그래피 중에서 가장 인상적인 연기로 손꼽힐 만하다.

거침없고 열정적인 크롬웰과는 대조적인 이미지의 국왕 찰스 역을 보여준 알렉 기네스. 자타가 인정하는 연기파 배우인 그는 〈콰이강의 다리〉로 남우주연상과 아카데미 평생공로상을 수상했으며, 〈닥터 지바고〉〈아라비아의 로렌스〉〈로마제국의 멸망〉 등 주옥같은 고전영화에 가장 많이 출연한 배우로도 유명하다. 심지어 미국의 국민영화라 일컫는 스타워즈 시리즈 1편 〈새로운 희망〉[1977]에서 다스 베이더의 스승 케노비 역으로 젊은 영화팬들에게도 잘 알려졌다.

공교롭게도 그가 맡은 배역들은 대개 유약한 듯 보이지만 신념이 강한 인물이며, 이 영화에도 그런 면이 보이고 있다. 실제로 찰스가 차분한 어조로 재판정에 임하고 담담한 태도로 처형당했는지 알 수 없지만, 알렉 기네스가 연기한 캐릭터라면 충분히 그럴 수 있을 것 같다.

비록 신하에게 죽음을 당해 비참한 기분이 들겠지만, 명색이 국왕이다. 최소한의 왕으로서의 위엄은 갖추었을 것 같다. 하긴 알렉 기네스도 기사 작위를 받은 배우다.

영화 VS. 영화 〈투 킬 어 킹〉(To Kill a King, 2003)

청교도혁명을 소재로 한 〈풍운아 크롬웰〉과 〈투 킬 어 킹〉. 〈풍운아 크롬웰〉이 주인공을 미화했다면, 〈투 킬 어 킹〉은 크롬웰과 페어팩스 두 관점으로 극이 진행된다. 그만큼 크롬웰에 관한 평가도 다르다.

전작과 큰 차이는 찰스 1세 처형을 결정하는 장면이다. 영화에는 크롬웰의 주도로 국왕의 처형이 결정되는데, 유일하게 페어팩스만 반대하고 나선다. 실제로 그는 국왕을 처형하려는 위원회에 참가하기를 거부했다.

페어팩스가 국왕 처형을 반대한 이유는 정치관이 다른 것도 있지만, 그보단 진정으로 크롬웰을 위해서였다. 그만큼 두 사람은 막역한 사이였다. 영화에는 페어팩스 아내가 현재 망명해 있는 찰스 2세가 훗날 보복할까 우려하는 대사가 나오는데, 실제 현실이 됐다. 크롬웰 사후死後 집권한 찰스 2세가 크롬웰을 부관참시한 것이다. 라스트신에서 교수대에 걸려 있는 그의 시신을 보고 페어팩스가 착잡한 표정을 짓는 것도 친구로서의 진정성이 느껴진다.

영화에는 나오지 않았으나, 찰스 2세를 영국 국왕에 추대한 이가 페어팩스다. 그러나 찰스 2세가 크롬웰의 시신을 모독하자 격분했다. 부연하여 영화에는 그가 크롬웰을 암살하려다 중도에 그

교수대에 걸려 있는 크롬웰의 시신을 보고 허탈해하는 페어팩스

만두고 정계를 은퇴하는 걸로 나오지만, 그렇지 않다. 크롬웰의 스코틀랜드 침공 계획에 항의하여 사임한 것이다.

감독 마이크 베이커는 크롬웰을 어떻게 평가할까?

영화 속 페어팩스의 시각이 감독의 역사관이다. 그런 점에서 페어팩스가 크롬웰에게 한 대사는 의미가 있다. "호국경은 왕이며, 자넨 또 다른 폭군이야! 자비롭게 행동하길 바라지만, 그러기엔 너무나 많은 피를 흘린 것 같군." 결국 감독은 민주주의를 위해 국왕을 처형한 크롬웰 역시 독재자에 지나지 않는다고 냉소적 평가를 내렸다.

끝으로, 크롬웰 역의 팀 로스와 페어팩스 역의 더그레이 스콧, 두 배우의 연기호흡이 좋다. 특히 전작의 리처드 해리스와는 또 다른 크롬웰 캐릭터를 보여 준 팀 로스. 거침없이 밀어붙이다가도 갈등에 사로잡혀 힘들어하는 크롬웰의 모습에서 권력의 무상함을 새삼 확인하게 된다.

157

정의란 무엇인가

당통 Danton, 1983

감독: 안제이 바이다

출연: 제라르 드빠르디유(당통)

보이체흐 스조니악(로베스피에르)

158

영화 속 역사

프랑스혁명을 소재로 한 영화. 로베스피에르와 당통의 정치노선 갈등이 실감나게 전개된다는 점이 이 영화의 매력이다.

공포정치를 놓고서 갈등을 빚는 로베스피에르와 당통. 인민을 위한 조치라는 로베스피에르에 맞서, 당통은 방해 세력을 제거하기 위한 수단이라고 일갈한다. 결국 대립의 골만 확인하게 된 자리. 이후 사태는 긴박하게 돌아간다.

혁명이 과격하게 된 배경

처음부터 과격한 성격을 띠진 않았다. 혁명 초기는 로베스피에르 같은 급진적 성향이 아닌, 입헌군주제를 지지하는 온건파가 주도하였다. 그런데 예상치 않은 일이 벌어졌다. 루이 16세가 외국 군대를 불러들이고, 국외로 탈출하다가 붙잡힌 것이다. 왕이 국외로 도망가려 하고 외국 군대를 불러들였을 때, 국민이 느끼는 자괴감은 얼마나 클까.

이제 그는 국왕이 아닌 '공공의 적'으로 전락했다. 더욱이 개전 초기 프랑스군을 지휘한 장교가 특권계급 출신으로 연전연패했을 때, 혁명 주도세력이 느끼는 위기감이 얼마나 클지 공감이 간다. 이런 상황에서 온건파의 주장이 국민에게 먹힐 수 있을까? 아마 그랬다간 그 역시 반反혁명세력으로 몰려 살해당했을 것이 틀림없다.

159

당시 당통은 프랑스 전역의 반反혁명 용의자를 체포하고 약식재판을 통해 많은 사람을 처형했다. 절대 위기에서의 수습책은 충격 요법이 되기 마련이다. 즉, 루이 16세를 처형하기 전인 그때부터 이미 공포정치의 전조가 시작되었다.

그리고 국왕의 죽음을 둘러싸고 공포정치에 책임을 전가해선 안 된다. 그런 급진주의 성향이 혁명을 주도

처형 직전의 루이 16세

하게 빌미를 준 건 국왕 자신이기 때문이다.

공포정치를 지속해야 했나

공포정치의 지속 여부, 이것이 당통과 로베스피에르가 첨예하게 대립한 문제다. 당통은 국내가 안정을 찾은 상황에서 이젠 내실과 화합이 필요하다고 보았다. 그래서 관용파라는 그룹을 결성해 공포정치의 폐지와 함께 반혁명주의자 석방을 추진하려 했다. 그러나 로베스피에르는 달랐다. 아직도 혁명의 와중이므로 공포정치를 더욱 급진적으로 지속시키려 했다. 과연 두 사람 중, 어느 쪽 주장이 설득력이 있을까?

영화 속 당통(좌)과 초상화(우)

분명한 건 당통도 로베스피에르처럼 국왕의 처형에 찬성했으며, 약식재판을 통해 많은 사람들을 처형했다. 앞서 언급했듯이, 외국 군대가 쳐들어오고 치안이 극도로 불안정한 상태에선 공포정치 같은 충격요법이 필요했던 것이다. 그러나 이젠 상황이 달라졌다고 보았다. 더욱이 충격요법을 계속하면 내성이 생기듯, 공포정치도 오래 지속하면 사람을 피폐하게 한다.

영화 속 분위기도 이와 비슷하다. 즉, 로베스피에르 일파를 제외한 모든 등장인물의 표정이 공포정치의 후유증으로 어둡고 지쳐 있는 게 역력하다.

결국 로베스피에르는 당통을 처형하기 위해 재판에 넘기는데, 영화 속 그의 대사가 마음에 와 닿는다. "당통의 재판은 딜레마야. 우리가 재판에서 지면 혁명이 패배하는 거고, 우리가 이겨도 마찬가지야." 이제까지 혁명과정에서 당통이 한 지대한 역할로 곤혹스러워하는 장면이다.

160

그럼 당통이 그토록 반대했던 로베스피에르의 공포정치[1793. 9. 5.-1794. 7. 27.]로 얼마나 많은 사람들이 처형되었을까? 파리에서만 1,400명이, 프랑스 전체로는 약 2만 명이 처형당했다. 그리고 정식재판 없이 사형당하거나 옥중사도 많아 최소한 4만 명 이상 목숨을 잃었을 것으로 추산한다.

영화에서 남편이 처형당하는 광경을 지켜보던 데물랭의 아내 뤼실 뒤플레시스 역시 단두대의 이슬로 사라졌다. 이 밖에도 시인 앙드레 세니와 천문학자이자 혁명 초기 국민의회의장을 지낸 장 실뱅 바이도 처형당했다. 바리백작부인은 부자라는 이유만으로 단두대로 보내졌고 프랑스 최고의 과학자로 손꼽히던 앙투안 라부아지에는 심리가 끝나지 않은 상태에서 "공화국은 학자를 필요로 하지 않는다."라는 이유로 처형되었다.

공포정치 당시 얼마나 신속하게 처형했는지를 잘 알려 주는 기록이 있다. 1793년 10월 30일 지롱드파 20명을 단두대에서 처형한 시간이 불과 38분밖에 걸리지 않았다고 전한다.

따라서 로베스피에르는 고립을 자초할 수밖에 없다. 어느 누구도 그를 향해 쓴 소린커녕 눈길조차 마주하기 두려울 테니까. 영화에도 나왔듯이, 실제로 당통은 자신의 뒤를 이어 로베스피에르가 단두대에 오를 것이라고 외쳤다. 그 예측은 적중했다.

정의란 무엇인가

장기간 지속되는 공포정치에 모두 지쳐 갈 때, 로베스피에르는 국민공회에서 반反혁명파를 숙청하겠다고 선언했다. 이에 비요 바렌과 장랑베르 탈리앵 등이 반혁명파의 이름을 밝히라고 했지만, 그는 대답하지 않았다. 반혁명파가 누구인지 거론하지 않은 상황에서, 그 자리에 있던 사람들은 자신이 희생자가 될지 모른다고 두려워했으며, 그 다음날 로베스피에르가 반역죄로 체포됐다. 그리고 바로 다음날 로베스피에르는 생 쥐스트, 쿠통, 오 귀스탱을 포함한 동료들과 함께 처형당함으로써 공포정치가 막을 내리게 되었다.

참으로 어처구니없이 끝나버린 공포정치. 그 후 프랑스혁명을 논할 때마 다 로베스피에르에 대해서 다양한 평가가 내려졌다. 혁명의 완성을 위해선 불가피한 조치였다는 견해도 있고, '인권선언'을 휴지조각으로 만든 독재 자라는 평도 있다.

그리고 이런 상반된 평가 속에서 언제나 떠오르는 의문이 있다. 그렇게 많은 사람을 죽일 필요가 있을까? 로베스피에르에게 그런 권한이 있는가? 혁명의 완수를 위해선 불가피하게 숙청해야 한다고 했지만, 정작 그가 단두 대에 오를 때 거의 모두 그를 외면했다. 과연 정의란 무엇일까.

제작 & 에피소드

안제이 바이다는 국내 영화팬들에겐 다소 낯선 이름이지만, 전후戰後 폴 란드영화를 대표하는 감독이다. 16세 때 레지스탕스 활동에 참가할 정도 로 애국심이 남달랐던 그는 유난히 폴란드 현대사의 질곡을 담아낸 작품을 많이 연출했다. 폴란드 레지스탕스를 소재로 한 데뷔작 〈세대〉[1955]부터 이 어지는 그의 역사영화는 단지 역사를 재현하는 데 머무르지 않고 그 안에 서 발생하는 인간의 갈등과 투쟁에 초점을 맞추었다.

예를 들어, 제2차 세계대전 중 독일 치하에서 레지스탕스 대원들이 겪는 고뇌를 담아내거나 스탈린 압제를 정면으로 비판했다. 더욱이 그의 영화는 사회개혁적인 의미가 담겨 있는데, 〈대리석 인간〉과 〈철의 인간〉은 폴란 드 공산정권을 붕괴시키는 기폭제 역할을 했다.

폴란드인으로서 이례적으로 아카데미평생공로상을 수상[2000]한 안제이. 그가 폴란드 역사가 아닌 프랑스혁명을 소재로 영화를 만들었다는 건 주목할 만하다. 1981년 당시 군사계엄령이 내려진 폴란드를 떠나 프랑스에서 만든 이 작품에서 극의 중심 구도는 로베스피에르와 당통 간의 갈등이다. 그리고 그는 두 혁명지도자 중 한쪽 편을 지지하면서 극을 전개하고 있다. 과연 그러한 연출방식이 프랑스 관객에게 어떤 반응을 불러일으켰는지 알 수 없지만, 프랑스혁명에 관한 감독의 역사관은 짐작할 수 있다.

제라르 드빠르디유는 프랑스 국민배우로서, 성질 급하고 감성이 풍부한 당통 역을 잘 소화했다. 영화에서 특유의 거침없는 논리로 법정을 좌지우지하는 장면을 보면, 그가 〈마틴 기어의 귀향〉에서 연기한 아누드의 법정 진술 장면이 연상된다.

분명히 각기 다른 시대와 상황임에도 두 영화가 떠오르는 이유가 단지 유사한 억양과 몸짓의 법정 진술 연기라서 그런지 아니면 두 사람 모두 처형을 당하는 상황 설정 때문인지 알 순 없다.

로베스피에르 역의 보이체흐 스조니악은 유대계 폴란드 배우로서, 금욕적이고 원칙적이고 냉정하다 못해 괴팍해 보이는 혁명가 캐릭터를 잘 보여주고 있다. 한 가지 아쉬운 건 로베스피에르 모습이 지나치게 경직되고 권위적이어서, 연기력과는 상관없이 프랑스혁명을 주도한 그의 이미지가 부정적으로 비쳐질 정도다.

163

영화 VS. 영화 〈마리 앙투아네트〉(Marie-Antoinette, 2006)

루이 16세에 이어 단두대의 이슬로 사라진 왕비. 바로 그녀 이름을 그대로 딴 타이틀 〈마리 앙투아네트〉. 실제 베르사유궁전을 로케이션하고 커스틴 던스트를 비롯한 연기파배우들을 캐스팅해 세간의 관심을 끈 작품.

하지만 영화에는 프랑스혁명의 긴박한 분위기가 느껴지지 않는다. 혁명의 직접적 원인인 미국 독립혁명에 루이 16세가 개입하는 내용과 바스티유 감옥 습격에 관한 대사가 나오고 국왕 부부의 비극을 예고했지만 말이다. 특히 영화에는 어째서 그녀가 비극의 여주인공이 되어야 하는지 알 수가 없다.

그녀는 오스트리아 공주 신분으로 프랑스 황태자에게 시집와서 성(性)에 무지하고 무관심한 남편으로 인해 오랫동안 아이를 갖지 못해 속앓이를 한다. 천신만고 끝에 아이를 갖지만 소심한 남편의 성격과 무료한 생활에 힘들어한다. 결국 도박과 호화로운 파티, 바람둥이 청년과의 밀애로 일탈하다가 주변 사람들의 냉랭한 기운이 느껴지면서 혁명의 소용돌이에 휘말린다는 걸 예고하고 있다. 즉, 영화는 한 여성의 심리묘사에 초점을 맞추었을 뿐, 혁명의 분위기가 좀처럼 느껴지지 않는다.

그러나 그녀의 이름은 프랑스혁명을 언급할 때 루이 16세와 함께 떠오른

영화 속 앙투아네트(좌)와 초상화(우)

164

다. 루이 16세의 뒤를 이어 비참한 최후를 맞이하였고, 국왕 이상으로 프랑스 국민으로부터 증오의 대상이 되었기 때문이다. 문제는 이 영화 장면만으로는 그녀가 어째서 지탄받게 되었는지 알 수 없다. 단지 아기를 늦게 낳고 도박과 파티를 즐겼기 때문에 국민의 원성怨聲을 들은 건 아니다. 더불어 영화에는 국왕 몰래 다른 남성을 만나는 장면이 나오지만, 실제로는 확인되지 않고 소문에 지나지 않는다.

그럼 프랑스 국민이 앙투아네트를 증오한 이유는?

그녀에게서 결코 국모國母의 인상이 느껴지지 않아서다. 오스트리아인을 왕비로 모신다는 것부터 탐탁지 않은데다가, 그녀가 프랑스로 시집왔을 때가 열네 살 소녀로 거의 불어를 모르는 상태였다. 그러나 영화는 영어 대사로 이루어져, 실제 그녀가 겪었을 심적 고통이 나오지 않는다.

이러한 점에서 영어가 아닌 불어 대사를 하고 커스틴 던스트보다 훨씬 앳돼 보이는 여배우를 캐스팅했으면, 극적 분위기나 사실감이 더하지 않았을까 하는 아쉬움이 든다.

165

HISTORY
IN
FILM

Theme 08

내셔널리즘과 시민사회

그림으로 보는 역사

/

자기 이름을 유행시킨 여왕

/

영국판 도금사회

고야의 유령 Goya's Ghosts, 2006
감독: 밀로스 포만
출연: 하비에르 바르뎀(로렌조)
　　　나탈리 포트만(아이네스/앨리시아)
　　　스텔란 스카스가드(프란시스코 고야)

01

그림으로 보는 역사

영화 속 역사

　유럽 근대의 굵직한 사건들이 파노라마처럼 나오는 작품. 스페인 재판소
의 마녀사냥, 프랑스혁명, 나폴레옹의 스페인 침공 등이 쉴 틈 없이 펼쳐진
다. 이런 격동의 역사를 당시 고야의 그림을 통해 재연했다는 것이 특징이다.

　　궁중화가 고야의 모델 아이네스가 누명을 쓰고 종교재판소에 갇힌다. 성직자 로렌조
를 통해 딸이 모진 고문으로 허위자백했다고 항변하는 토마스. 고문을 통한 자백도 진실
이라고 우기는 로렌조를 똑같은 방법으로 고문해 딸을 구하게 한다. 아이네스를 구하러
갔으나, 욕망에 사로잡혀 그녀를 겁탈하고 자신의 아이까지 낳게 만드는 로렌조. 이 일
로 그는 스페인에서 추방되고 그녀는 기약 없이 갇히게 된다.

종교재판소의 전횡

영화에서 로렌조와 아이네스가 악연을 맺게 된 종교재판소. 아이네스가 유대교도라는 누명을 쓰고 종교재판소로 끌려가는 순간, 그녀의 운명은 이미 결정된 것이나 다름없다. 혐의가 없다는 증거를 내밀어도 소용없고 그러한 증거 역시 혹독한 고문으로 언제든지 뒤집을 수 있어서다. 아이네스의 가련한 신세는 단지 영화 속 모습이 아닌, 실제 역사다. 마녀사냥이라는 미명 아래 무려 30만 명의 무고한 목숨을 앗아간 비극의 역사가 있지 않은가.

영화 속 스페인을 비롯해, 종교재판소는 신앙을 명분으로 자신의 권위를 지키려고 공포의 판결을 내렸다. 이단 혹은 마귀와 내통한 자를 색출하는, 이 재판의 결정 요건은 허점투성이였다.

예를 들어, 두 명의 증인만 있으면 마귀와 내통한 자로 몰려 재판을 받는다. 영화에서 돼지고기를 먹기 싫어한다는 아이네스의 말을 꼬투리 잡아 유대교도로 몰듯이, 이단을 가리는 기준도 우습기 짝이 없다. 더욱이 고문을 통한 자백도 증거로 인정되는 상황에서, 종교재판소에 피고로 서게 된 이상 빠져나올 방법은 없다.

종교재판소가 명백한 과오를 저질렀다고 해도, 이를 인정할 리 없다. 잘못을 시인하는 건 곧 종교재판의 존립 기반인 권위와 기득권에 대한 상실을 의미하니까.

혹독한 고문을 당해 폐인으로 변한 아이네스

169

프랑스혁명의 여파

로렌조가 추방된 지 20년 만에 스페인으로 돌아오면서 극이 다시 진행된다. 그가 추방된 기간 동안 프랑스는 소용돌이에 휩싸였다. 루이 16세가 처형되고 공포정치가 들어서고 테르미도르 반동이 일어나고 나폴레옹이 집권한 것이다.

로렌조가 추방된 기간 동안 스페인 정세는 어땠을까?

영화는 20년 기간을 훌쩍 뛰어넘어 설명이 없지만, 스페인은 안팎으로 불안하였다. 프랑스에서 루이 16세와 마리 앙투아네트를 비롯해 수많은 귀족이 처형되는 상황이 남의 일 같지 않았던 것이다. 전형적인 절대군주제였던 스페인 왕실은 프랑스혁명의 여파가 자국에까지 미치지 않도록 보안을 강화했다. 그 결과, 일부 소요는 있었지만 프랑스에서와 같은 혁명사태 내지 사회개혁이 일어나지 않았다.

그러나 세상사 한 치 앞을 알 수 없다고 했던가. 황제로 등극한 나폴레옹이 스페인을 침공[1807]하여 당시 국왕 페르난도 7세를 내쫓고 자신의 형 조지프를 스페인의 호세 1세로 앉혔다.

사실 유럽의 부르주아지와 민중은 자기 나라를 침공하는 프랑스군을 오히려 혁명군으로 환영하였다. 이제까지 절대왕권을 휘두른 왕실과 기득권층 귀족에게 억눌렸던 상황이 개선되기를 기대한 것이다.

영화 속 무대인 스페인도 포함된다. 굴욕을 당한 채 추방된 로렌조가 나폴레옹 정권의 핵심 간부가 되어 의기양양하게 돌아온 것이다. 그는 예전 자신을 내쫓은 종교재판소를 기소하고, 종교재판으로 억울하게 갇혀 있던 사람들을 자유의 몸이 되게 한다. 문제는 그 사람들 중에 자신으로 인해 신세를 망친 아이네스도 포함되고, 그녀가 감옥에서 낳은 딸 앨리시아는 매춘부가 되었다는 사실을 알게 된다.

분명한 건 앨리시아가 아이네스의 딸이지만, 로렌조의 딸이기도 하다. 그렇다면 자신이 아버지라는 걸 알게 된다면 딸을 어떻게 해야 할까. 물을 필요 없는 질문이다. 그러나 로렌조는 딸의 존재가 자신의 정치적 야망을 실현하는 데 걸림돌이 될 것을 우려해, 다른 매춘부들과 함께 해외로 추방하려 했다. 그의 이러한 행동은 단지 로렌조의 개인사에 국한되지 않는다.

스페인을 침공한 나폴레옹도 마찬가지다. 그는 스페인을 비롯한 점령 지역에 만민의 법 앞에서의 평등, 종교와 경제활동의 자유 등 근대적인 가치관을 도입한 법 집행을 실시했다. 영화에서 로렌조가 종교재판소의 위선과 횡포를 통렬히 비판하고 종교재판으로 감옥에 갇혀 있는 사람들을 풀어 준 것도 나폴레옹법전과 관련이 있다.

그러나 이러한 민주적인 법 집행과는 대조적으로 나폴레옹은 점차 지배자라는 본색을 드러냈다. 스페인국왕을 내쫓고 자기 형을 앉힌 이유가 단지 지배를 위해서였고, 프랑스군의 갖은 횡포로 민중의 거센 저항이 뒤따른 것이다.

171

민중의 저항

스페인 민중은 프랑스군을 환영했다가 점령군이라는 걸 깨닫고 격렬히 저항했다. 프랑스군도 극단적인 탄압책으로 맞섰는데, 당시 스페인 민중이 프랑스군에게 살해당하는 장면을 적나라하게 묘사한 그림이 〈1808년 5월 3일〉이다.

고야가 그린 이 그림은 인간성을 상실한 프랑스군과 희생자인 스페인 사람들 간의 충돌을 자극적이고도 감성적으로 표현하고 있다. 전쟁이 얼마나 잔인한지를 상징적으로 보여 주는 이 작품은 단 한 번만 봐도 결코 잊혀지지 않을 정도의 여운을 남긴다.

고야의 〈1808년 5월 3일〉

영화에는 고야가 등장인물로 나와 이 그림을 비롯하여 당시 스페인 민중이 겪은 참상을 여러 화폭에 담고 있다.

그럼 그림 제목인 '1808년 5월 3일' 스페인에선 어떤 일이 일어났을까?

당시 마드리드에 있던 왕실 가족은 나폴레옹의 명령으로 바욘^{프랑스와 스페인 국경 근처 도시}으로 처소를 옮기게 되었는데, 민중들이 왕자들을 구출하려고 궁궐 진입을 시도했다. 이에 프랑스군이 유혈진압으로 대응해서 약 100여 명의 스페인 사람들이 목숨을 잃었다. 그림 속 뒷배경은 프린시페 피오 언덕으로, 진압작전을 지휘하던 프랑스 뮈라장군의 지휘 본부가 근처에 있었다.

당시 고야가 그림의 소재인 이 처형현장을 실제로 목격했는지 확인할 수 없다. 다만, 그가 이 그림을 그렸을 때가 학살사건을 기준으로 6년 후였다.

이후 프랑스군이 물러가고 페르난도 7세가 마드리드에 입성하자, 군중은 승리감에 환호성을 질렀다. 그러나 기쁨도 잠시, 다시금 과거의 정치로 회귀하면서 분위기는 확연히 달라졌다.

영화에서처럼 악명 높은 종교재판이 부활하고, 언론의 자유도 축소되었다. 정부의 감시는 더욱 심해지고 산업과 경제 분야의 근대화도 지체되었다. 결국 스페인 사람들은 프랑스군에 승리함으로써 조국은 찾았지만, 자유와 민주주의라는 열매는 사라지고 말았다.

만일 조국과 자유 둘 중에서 어느 한쪽을 택하라면, 어떤 것을 선택해야할까? 그 답은 독자의 가치관에 달려 있을 것 같다.

제작 & 에피소드

영화의 가장 큰 특징은 격동의 역사를 당시 살았던 고야의 그림들을 통해서 재연했다는 것. 전작 〈아마데우스〉가 모차르트와 살리에르 간의 개인적 갈등을 음악으로 표현했다면, 이 영화는 하비에르 바르뎀과 나탈리 포트만이라는 두 주인공을 내세워 그 시대의 아픔을 영상과 그림으로 묘사했다. 즉, '영화로 보는 역사'이자 '그림으로 보는 역사'가 〈고야의 유령〉이다.

영화에서 로렌조 역의 하비에르 바르뎀은 인간이 가진 다양한 감성을 잘 표현했다. 위선, 욕망, 권위, 분노, 번뇌 등 급변하는 자신의 처지에 따라 바뀌는 그의 감정선은 인간이 얼마나 나약한 존재인지를 새삼 확인하게 한다. 개인적으로는 아카데미 남우조연상을 수상한 〈노인을 위한 나라는 없다〉에서의 섬뜩한 악인 연기보다, 로렌조 역에 점수를 더 주고 싶다.

173

아이네스와 앨리시아 1인 2역을 한 나탈리 포트만의 연기도 좋다. 모녀가 동일한 배우라는 선입감이 들지 않을 정도로 캐릭터를 확실히 구분시켰고, 발가벗긴 채 고문당하는 장면과 남루하고 핏기없는 초췌한 모습으로 감옥을 나오는 장면도 인상적이다. 참고로, 그녀가 할리우드 스타보다는 연기파 배우라는 인식이 들게 한 계기도 이 영화를 통해서였다.

영화 VS. 영화 〈마스터 앤드 커맨더〉
(Master and Commander: The Far Side of the World, 2003)

나폴레옹의 유럽 침략을 배경으로 한 〈고야의 유령〉과 〈마스터 앤드 커맨더〉. 전자가 당시 살았던 고야의 그림을 통해 역사를 재연했다면, 이 영화는 작가 패트릭 오브라이언의 소설을 원작으로 한 해양물 블록버스터다.

"1805년 4월 유럽을 제패한 나폴레옹의 유일한 적수는 영국해군 함대였다."라는 프롤로그만 봐도 극 전개방향을 짐작할 수 있다. 즉, 영국과 프랑스 전함이 승부를 펼친다. 영국 서프라이즈호 함장 잭 오브리^{러셀 크로우}가 프랑스 민간 함선 아케론호를 나포 혹은 격침하라는 정부의 명령을 수행하는 것이다.

주목할 건 아케론호의 이미지다. 명색이 프랑스 함선인데, 전함이라기보단 해적선에 가깝다. 그 이유는 이 전함이 사략선^{私掠船}이기 때문이다. 앞서 〈캐리비안의 해적 4: 낯선 조류〉에서도 언급했듯이, 사략선은 교전국의 선박을 공격할 수 있는 권한을 정부로부터 인정받은 민간 소유의 무장선으로, 대표적인 사략선 선장으로는 영국 엘리자베스 여왕의 두터운 신임을 받으며 칼레해전을 승리로 이끈 프랜시스 드레이크를 꼽을 수 있다. 그는 특히 스페인 상선을 약탈하고 영국에게 큰 부를 안겼다. 정부의 입장에선 체면상 차마 할 수 없는 해적질을 사략선이라는 비공식 경로를 통해서 국익도 챙기고 적의 기세도 꺾은 것이다.

흥미로운 건 사략선은 역사적으로 영국이 유명하지만, 이 영화에선 프랑스 사략선이 등장한다. 유령선이라는 별명을 지닐 정도로 신출귀몰한 아케론호는 영화 초반에는 서프라이즈호를 선제공격하기도 한다. 또한 함장 잭 오브리는 아케론호를 유인하기 위해 자신의 함선을 포경선으로 위장한다.

이 영화는 피터 위어 감독이 촬영 당시, "우리는 다큐멘터리를 찍는다."라고 인터뷰를 할 정도로 아주 사실적으로 연출했다. 영화 장면 대다수가 당시 영국 해군의 전투 방식과 전함에서의 생활을 사실적으로 묘사하고 있다. 서프라이즈호의 외양과 대포의 문 수^數, 군인들의 의상, 식사 장면, 특히 디테일한 전투 장면 모두 역사적 고증에 얼마나 심혈을 기울였는지 잘 드러나고 있다.

단지 주인공이 지휘하는 전함과 맞서는 프랑스 사략선의 이미지가 부정적인 것만 빼고 말이다. 더욱이 서프라이즈호와 아케론호가 처절한 전투를 벌이는 하이라이트에서, 아케

아케론호와 서프라이즈호가 서로 대포를 쏘는 장면

론호 함장이 죽어가면서 자기 칼을 어째서 적장인 잭 오브리에게 주는 지 이해할 수 없었다. 자신을 이긴 영국 함장의 위신을 높여주는 건데, 작위적 설정이라는 느낌이 들었다. 그러나 이런 생각도 잠시, 극적반전을 통해 영화는 끝날 때까지 긴장감을 늦추지 않는다.

175

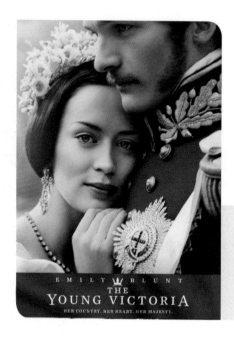

02

자기 이름을
유행시킨 여왕

영 빅토리아 The Young Victoria, 2009
감독: 장 마크 발레
출연: 에밀리 블런트(빅토리아 여왕)
   루퍼트 프렌드(알버트 대공)

영화 속 역사

대영제국 최전성기의 왕, 빅토리아. 그녀의 인생이 화려해 보이지만 실상은 그렇지 않다. 영화는 여왕으로 등극하는 과정과 알버트와의 운명적인 사랑을 잔잔하게 그린다.

차기 여왕으로 내정된 빅토리아를 통해 권력을 휘두르려는 어머니 켄트공작부인과 콘로이. 어머니는 딸에게 '콘로이를 빅토리아의 개인비서로 임명한다.'라는 내용의 계약서에 강제로 서명케 하려 한다. 이를 단호히 거부하는 빅토리아. 곧이어 여왕으로 등극한 그녀에게 구혼자들이 물망에 오른다.

여왕 등극하기까지

빅토리아 여왕에겐 몇 개의 수식어가 따라 다닌다. 영국 역사상 가장 오랜 기간 통치한 왕[1837~1901], 대영제국 최전성기의 왕 그리고 영국 도덕주의의 상징으로 불린다. 이렇게 보면 그녀의 인생이 무척이나 화려한 것 같지만 그렇지 않다.

그녀가 태어난 이듬해 아버지가 세상을 떠나고, 어머니 켄트공작부인은 장차 딸이 즉위하면 섭정을 할 야심을 품고서 딸을 옥죄기 시작했다. 더욱이 어머니는 비서이자 연인인 콘로이와 함께 딸을 철저히 통제했다. 미끄러져서 넘어지면 다칠까 봐 계단을 오르내리는 것도 빅토리아 혼자서는 못하게 하고 소꿉친구까지 간섭할 정도였다.

따라서 콘로이가 그녀에게 계약서에 서명하라고 강요하는 장면도 이런 그녀의 성장배경을 고려하면 이해할 수 있다.

빅토리아는 왕위계승과 거리가 멀었다. 그러나 할아버지 조지 3세의 직계혈통 중 유일한 적통인 샬럿 오거스타 공주가 사망함으로써 그와 가장 가까운 친척인 그녀가 추정상속인이 된 것이다. 그러자 콘로이는 빅토리아를 친가 쪽 사람들과 어울리지 못하도록 고립시키고 그녀를 자신의 영향력 아래 두려 하였다.

영화에서 콘로이가 왕을 만나러 윈저궁으로 가는 그녀에게 친가 쪽 사람들을 비방하면서 가지 말기를 권유하는 장면이 여기에 해당한다. 게다가 어머니마저 섭정에 지나치게 집착함으로써, 영화에서처럼 빅토리아가 여왕으로 등극하고 나서 철저하게 따돌림을 당했다.

빅토리아가 여왕으로 등극할 때 재밌는 일화가 전해지는데, 윌리엄 4세가 섭정에 야심을 드러낸 켄트공작부인 면전에 대고 일갈한 내용이다. "짐은 빅토리아가 성인이 될 때까지 살아서 그대가 섭정이 되는 꼴은 결코 보

177

지 않게 할 거요."

놀라운 건 실제로 그런 일이 벌어졌다는 것. 윌리엄 4세는 빅토리아가 18번째 생일을 맞아 성인이 된 지 26일 후에 세상을 떠남으로써, 끝내 켄트공작부인은 섭정을 못하게 된 것이다.

운명적인 사랑

빅토리아와 결혼한 알버트 대공은 그녀 인생에 가장 큰 영향을 끼친 인물이다. 그는 모범적인 가장인 동시에 여왕의 훌륭한 정치적 조언자 역할을 했다. 20년의 부부생활 동안 4남 5녀의 자녀를 둔 것 역시, 두 사람의 행복한 결혼생활을 증명한다. 더욱이 대부분의 자녀들이 영국, 스페인, 독일, 러시아, 스웨덴, 그리스 등의 왕족이 됨으로써 빅토리아는 말년에 '유럽의 할머니'로 불리기도 했다.

분명한 건 빅토리아가 여왕으로서 국민에게 사랑과 존경심을 받게 하는 데 가장 큰 조력자가 남편이라는 사실이다. 더욱이 알버트는 빅토리아와 그녀 어머니 켄트공작부인과의 냉랭한 사이도 화목하게 만들었다. 여왕으로 등극한 후에 처음에는 어머니에게 버킹엄궁의 구석진 방에 격리하여 살게 했는데, 이젠 따뜻한 모녀관계가 된 것이다.

과거의 왕이건 오늘날의 대통령이건 간에, 지도자로서 충분한 역량을 발휘하게 하는 기반은 역시 배우자의

빅토리아 여왕과 알버트 대공

역할에 달려 있다.

한편 빅토리아 여왕이 영국 도덕주의의 상징으로 불리게 된 데에는 그녀의 정숙하고 모성애 넘치는 성품 때문이다. 그녀가 낳은 9명의 자녀는 모성애를, 남편 사후에 검은 옷만 주로 입고 평생 동안 남편을 그리워한 건 부부애의 상징처럼 보인다.

영화 속 빅토리아 여왕과 알버트 대공

여왕은 군사대국이자 경찰국 가로 군림하기 위해선 국민이 건강해야 하고, 이를 위해 성욕을 자제해야 한다는 신념을 갖고 있었다. 심지어 부도덕한 성 관념과 방탕한 행동을 억압하기 위한 윤리강령을 만들기도 했다. 그리고 이런 왕가의 분위기가 귀족이나 평민에게도 파급되어, 당시 영국사회 윤리를 빅토리아풍 혹은 빅토리아 관념으로 부른다.

179

침실 위기

여왕이 된 후 처음으로 겪은 정치적 위기다. '침실 위기'로 불리는 이유는? 1839년 5월, 수상에 오른 토리당 당수 로버트 필이 휘그당원 일색인 빅토리아 여왕의 시녀들이 여왕의 침실 근처에 있는 한 공정한 정치가 이루어질 수 없다면서 모두 쫓아내라고 주장한 데서 비롯된다. 이러한 배경은 멜버른이 휘그당 출신이며, 사실 여왕도 친^親토리적 경향을 띠고 있었다.

그러나 그녀는 멜버른의 격려를 받아 이 요구를 거부하였으며, 필이 내각을 구성하지 못함에 따라 멜버른이 다시 수상에 올랐다. 영화에는 멜버른이 여왕에게 정치적인 문제뿐만 아니라, 부부관계에 관한 조언을 하는 장면도 여러 차례 나온다.

제작 & 에피소드

영국 왕실을 소재로 한 영화를 볼 때, 공통적으로 느껴지는 게 있다. 느린 대사와 느긋한 행동 그리고 빠르지 않은 장면 전환이다. 이러한 예는 〈영 빅토리아〉를 비롯해서 〈더 퀸〉과 〈킹스 스피치〉에도 그대로 적용된다. 물론 〈킹스 스피치〉의 조지 6세는 원래 지독한 말더듬이라서 예외가 되겠지만 말이다. 그리고 이런 유형의 영화는 극의 재미를 느끼려면 조금 시간이 걸린다.

그래서일까? 〈영 빅토리아〉에 대한 몇몇 리뷰는 내용이나 스타일이 진부하다고 평하고 있다. 하지만 필자의 생각은 다르다. 요즘 세대가 좋아하는 스타일로 영국 왕실을 묘사할 수도 있지만, 지나칠 경우에는 대영제국 특유의 왕실 분위기를 못 느낄 수 있다.

그 한 예가 프랑스혁명을 배경으로 한 〈마리 앙투아네트〉다. 이 영화는 빠른 장면 전환과 랩을 비롯한 경쾌한 음악을 배경으로 왕실을 묘사하고 있다. 그러나 이런 영화장치가 절대왕정의 전형이라고 할 프랑스 왕실다운 분위기가 느껴지지 않아, 오히려 극적 긴장감을 약하게 만들었다.

극적 반전이나 긴장감을 고조시키는 장면은 없지만, 잔잔한 재미를 느끼게 하는 〈영 빅토리아〉.

아카데미 의상상을 수상한 이 영화에서 가장 인상적인 연기를 보여 준 이는 주인공 역의 에밀리 블런트다. 그녀는 당차고 자존심 강한 빅토리아 역을 자연스럽게 연기했으며, 왕실복장이 참으로 잘 어울렸다.

180

영화 VS. 영화 〈서프러제트〉(Suffragette, 2015)

20세기 초 영국 여성을 두 가지 유형으로 구분하면, 빅토리아풍 여성과 그렇지 않은 여성이다.

빅토리아풍 여성은 〈영 빅토리아〉의 주인공 빅토리아 여왕의 생활습관과 가치관을 따른다. 즉, 아내의 가장 중요한 의무는 출산과 양육이며, 활동영역은 집안과 교회로 국한되었다. 그에 따라 여성이 정치에 참여한다는 건 생각조차 할 수 없다.

그러나 〈서프러제트〉에도 나오듯이, 당시 여성이 모두 빅토리아식 관념을 갖진 않았다. 여성참정권을 주장한 여성도 있고, 주인공 모드 와츠^{캐리 멀리건}처럼 평범한 여성에서 참정권운동자로 바뀐 경우도 있다. 영화에도 나오듯이, 당시 남성 정치인은 여성의 참정권 요구를 무마하기 위해 다양한 주장을 쏟아냈다. 한 예로, 글래드 스턴 수상은 "정치란 매우 더럽고 지저분한 것으로, 우아한 여성을 이런 곳으로 끌어들여선 안 된다."라고 했다.

181

흥미로운 건 주인공을 제외한 주변 인물이 실존했다는 것.

당시 여성사회정치연합을 이끌었던 에멀린 팽크허스트^{메릴 스트립}와 더비경마대회에서 자신의 죽음으로 여성참정권을 요구한 에밀리 와일딩 데이비슨^{마이클 데이겐}을 두고 한 말이다. 영화에는 데이비슨의 장례식을 엔딩신으로 하고 당시 실제 필름을 삽입해 여성운동의

1913년 6월 4일 런던 남부 엡섬 다운스 더비경마대회에서 사망한 에밀리 와일딩 데이비슨(왼쪽에 넘어져 있는 여성)

기폭제 역할을 강조하고 있으나, 당시 이 사건이 벌어졌을 때 기사는 전혀 달랐다. 기사에는 여성의 죽음은 무시하고 조지 5세의 말이 다쳤다는 내용만 들어 있었다.

　이 영화는 단지 여성참정권만 언급한 건 아니다. 열악한 노동 조건과 양육권 등의 사회 문제도 밀도있게 접근하고 있다.

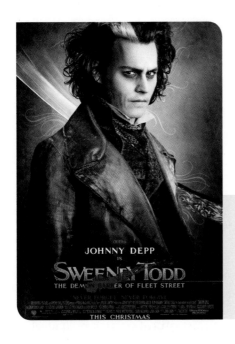

03

영국판 도급사회

스위니 토드 Sweeney Todd: The Demon
Barber of Fleet Street Anastasia, 2007
감독: 팀 버튼
출연: 조니 뎁(벤자민 바커/스위니 토드)
　　　헬레나 본햄 카터(러빗)
　　　이안 릭먼(터핀)

영화 속 역사

영화에는 런던이라는 지명만 나올 뿐, 그 밖의 상황은 언급이 없다. 그럼
에도 영화 속 장면과 분위기를 통해 그 시대를 추론할 수 있다.

분노를 억누르며 런던으로 돌아온 스위니 토드. 더 이상 잃을 게 없는 사람보다 무서
운 사람은 없다. 아무 죄 없이 15년을 옥살이하고 사랑하는 아내와 딸을 잃은 그의 유일
한 삶의 목적은 '복수'다. 그는 이 불행을 가져온 장본인 터핀 판사를 살해하려 했으나,
아내가 파티장에서 겁탈당하고 자살했다는 말을 듣고 복수의 대상이 수정된다. 아내가
당할 때 제지하지 않고 방관한 사람들도 공범이 된 것이다.

영광 뒤의 그늘

감독 팀 버튼은 인터뷰에서 이 영화의 시대배경을 빅토리아 여왕 때라고 밝혔다. 그리고 영화에 나오는 런던이라는 지명을 합하면, 빅토리아 여왕 시대의 런던이 된다. '빅토리아 여왕 시대' 하면 떠오르는 말이 영국 역사상 최고의 번영기다. 오죽하면 빅토리아 여왕이 등극한 기간을 팍스-브리태니카 Pax Britannica: 영국에 의한 무장평화라고 부를 정도다.

그런데 영화 속 런던의 모습이 음침하기 그지없다. 살인, 강도, 강간 등 강력범죄가 들끓고 온갖 불법이 판을 친다. 심지어 이런 범죄와 불법을 타파해야 할 판사터핀가 남토드의 아내를 겁탈하고 그 남편을 살인범으로 몰고 그 딸과 결혼하려 한다. 런던에 대한 묘사도 부정적 일색이다.

"벌레들이 우글거리고 정의가 사라진 곳이 런던이고, 극소수 가진 자들이 서민의 등골을 빼먹는다."

"런던은 악마들로 가득찬 세상!"

184

빅토리아시대 런던 슬럼가

그럼 영화 속 런던에 관한 묘사가 실제 그랬을까?

그렇다. 겉으로 보이는 영광과는 대조적으로 사회는 심각한 문제에 직면하고 있었다. 생각해 보라. '해가 지지 않는 나라'라는 별명을 지닐 정도로 많은 식민지를 가지고 있던 세계 최강 영국의 수도 런던에서, 태어난 지 1년이 안 된 영아 사망률이 90%에 달했다는 통계가 있을 정도다.

그리고 이런 극단적인 상황은 유물론을 창시한 마르크스에게도 닥쳤다. 그가 파리로부터 추방된 후 최종 정착지로 런던을 선택했는데, 그곳에서 사랑하는 자식들을 잃었다. 더욱이 영양실조가 사인^{死因}이고 아이를 매장하기 위한 관조차 살 돈이 없을 때, 런던은 어떤 곳으로 비쳐질까.

그럼 이런 비극적인 상황이 벌어진 원인은? 급속한 산업화와 도시화가 지역 간, 계층 간의 빈부격차를 가져오고 정부는 수수방관했기 때문이다. 물론, 급속한 성장과 발전의 이면에는 어두운 그늘이 있게 마련이다.

그러나 당시 런던은 그 정도가 너무 심했다. 죄수들이 너무 많아 런던에서 멀리 떨어져 있는 호주에까지 교도소를 세운 것도 그 한 예다. 더욱이 주인공 토드가 누명을 쓰고 15년간이나 복역한 곳이 호주라면, 영화는 단순한 설정이 아닌 실제 그 시대 분위기를 전하고 있다.

185

스위니 토드는 실존인물일까

결론부터 말해서 확인된 건 없고 소문만 무성하다. 영화처럼 이발사가 연쇄살인을 저지르고 특수장치로 시신을 보관하고, 그의 연인이자 공범이 시신 일부를 고기파이로 만들어 손님들에게 먹였다는 이야기, 모두 소문이다. 그리고 이 영화의 원작도 토마스 프레스켓 프레스트의 소설 『진주목걸이: 로맨스』다. 따라서 스위니 토드를 실존인물로 보긴 어려우며, 다만 빅토리아 여왕 시대 런던에서 일어난 희대의 연쇄살인범 '잭 더 리퍼'를 주인공 캐릭터에 덧붙인 것 같다.

주목할 점은 토드가 가공인물일지라도, 이런 소문이 돌았다는 자체가 그 시대 분위기가 어땠는지 짐작케 한다는 것. 영화에서 러빗부인의 대사도 이런 소문이 돌 수밖에 없는 상황을 이해하게 한다. "고깃값이 너무 올라 근처 식당들이 떠돌이 고양이를 식재료로 사용해 비용을 줄이고 있어요."

당시 물가가 엄청 높았다는 대사로, 영화 속 러빗부인은 고양이가 아닌 사람으로 바꿨을 뿐이다.

제작 & 에피소드

이 영화를 볼 때, 떠오르는 작품이 있다. 희대의 연쇄살인범 '잭 더 리퍼'를 소재로 한 〈프롬 헬〉[2001]. 날카로운 면도칼로 난자하는 살해 방식도 비슷하지만, 주목할 건 이 영화의 주인공도 조니 뎁이다. 즉, 〈프롬 헬〉에선 연쇄살인범을 쫓는 수사관으로 나오지만, 이 영화에선 범인에 해당된다는 점이 흥미롭다. 실제 역사의 상반된 캐릭터가 모두 잘 어울리는 건 역시 그의 연기력을 손꼽아야 할 듯.

"너무나 잔인하지만 걸작이다!"라는 『뉴욕타임즈』의 평가처럼, 이 영화는 핏빛으로 가득 차 있으면서 탄탄한 극적 구성과 훌륭한 연기가 버무려져 있다.

언제나 관객에게 예상치 못한 비주얼과 엔딩을 제공하는 팀 버튼. 멋진 세트 디자인으로 극찬을 받아 온 그는 이 영화에서도 역시 새로운 모습의 런던을 창조했다. 모든 색이 결여된 듯한 명암구도와 밝은 채도의 황량하면서도 단색적인 세트와 조명으로 재현된 19세기 런던의 모습은 역시 팀 버튼답다는 생각을 떠올리게 한다.

피의 비극이지만 아름답게 보이고, 잔인하지만 유쾌한 웃음을 짓게 만드는 이러한 부조화 속에서도 매끄럽게 극이 진행되는 것은 연출력과 함께 그의 페르소나로 불리는 조니 뎁의 출중한 내면 연기의 공이 크다.

그래서일까? 〈스위니 토드〉가 골든글로브 뮤지컬 부문에서 남우주연상과 작품상을 수상했다는 소식은 새롭기보다 당연한 결과로 보인다.

잭 더 리퍼의 정체

범인이 잡히지 않아 영원한 미스터리로 남을 것 같았던 사건, 잭 더 리퍼.

1888년 9월부터 11월 사이 런던에서 5명의 매춘부를 난자한 이 사건으로 당시 영국 전역을 공포로 몰아넣었다. '잭 더 리퍼'란 일반적인 남성(잭, Jack)에 칼잡이(Ripper)를 합친 건데, 수많은 경찰병력이 동원됐지만 범인의 정체조차 알 수 없었다. 그래서 연쇄살인미제사건을 다룰 때마다, 이 사건이 언급되곤 했다.

잭 더 리퍼로 밝혀진 아론 코스민스키

특히 소름끼치는 살해방식과 범인이 잡히지 않아 미스터리로 남았다는 점이 화제가 되어 영화와 뮤지컬의 소재로도 나왔다. 앞서 언급한 〈프롬 헬〉을 비롯해서 히치콕의 〈하숙인〉, 데이비드 위키스의 〈광란자 잭〉, 동명의 타이틀 〈잭 더 리퍼〉 뮤지컬 등이다.

그러나 사건이 일어난 지 126년만인 2014년. 드디어 범인의 정체가 밝혀졌다. 바로 폴란드 출신의 아론 코스민스키. 잭 더 리퍼 연구가 러셀 에드워즈가 희생자에게 남아 있던 범인의 DNA를 채취하여 기적처럼 밝혀낸 것이다.

흥미로운 건 코스민스키도 스위니 토드처럼 똑같이 이발사라는 사실. 역시 두 사람 간에는 확실히 공통분모가 있는 것 같다.

영화 VS. 영화 〈셜록 홈즈: 그림자 게임〉
(Sherlock Holmes: A Game of Shadows, 2011)

빅토리아 여왕 시대 런던을 소재로 한 〈스위니 토드〉와 〈셜록 홈즈〉. 흥미로운 건 두 영화 모두 그 밖의 상황이 언급이 없고, 주인공도 가공인물이다. 그래서일까? 〈셜록 홈즈〉는 영화에서 실제 역사가 어떻게 각색되었는지를 살펴보는 게 아니라, 다른 방식으로 접근하려 한다. 즉, 영화의 시대배경이 언제인지를 알아보자는 것. 그리고 주인공 셜록 홈즈가 탐정이듯이, 마치 탐정이 된 기분으로 추리기법을 적용할까 한다.

그럼 영화 속 시대를 어떻게 추정할 수 있을까?

간단한 방법은 영화에 나오는 건축물 형태와 등장인물의 대사로 나타난다. 그런 점에서 세 가지 증거가 있는데, 두 가지가 주인공 홈즈와 악당 블랙우드의 대사다. 우선 홈즈는 포도주를 마시면서 그 술이 도나티 혜성이 나타난 해에 양조되었다고 비유하는데, 이 혜성은 '지오반니 도나티'가 1858년에 발견한 혜성으로 궤도주기가 1950년이다. 따라서 이 영화의 시점이 1858년 이후가 된다.

블랙우드는 "미국이 남북전쟁으로 국력이 약화됐고, 미국 정부도 부패하고 나약해서 다시 되찾자."라는 말을 꺼낸다. 이 대사에 국한하면, 영화의 시점이 남북전쟁¹⁸⁶¹⁻¹⁸⁶⁵ 중이거나 재건시대¹⁸⁶⁵⁻¹⁸⁷⁷가 될 수 있다. 아무래도 전쟁과 전후^{戰後} 남북갈등을 수습하는 데 국력을 소진할 수 있어서다.

그리고 악당이 말한 대사에 모순이 있다. 미국이 남북전쟁으로 국력이 약화되었다는 부분인데, 전쟁 기간이라면 당연히 국력이 약화될 수밖에 없지만, 분명 미국은 남북전쟁 이후 급속한 산업발전을 했다. 전쟁이 끝난 지 30년도 지나지 않아 세계 최대 철강 생산국가가 된 것이다.

세 번째 증거는 건축물로 시대를 추정할 수 있다. 라스트신에서 홈즈가 악당과 결투를 하는 곳이 '타워브리지'다. 이 다리는 1886년 착공해서 1894년 완공되는데, 영화 속 타워브리지는 완공 전의 상황이다. 기초공사는 이미 했고 다리 위 양쪽 상판부를 공사 중인 걸로 봐서, 1890년 이후 1892년 이전이 된다.

그럼 영화의 시점을 1890~1892년으로 추정하면, 앞서 블랙우드의 대사와 시간적으로 맞지 않는다. 즉, 1890년대 미국은 국력이 약화된 상태가 아닌, 세계적인 강대국의 발판을 세워놓은 때다. 그럼 블랙우드는 어째서 미국이 약해졌다는 말을 꺼냈을까?

1891년 당시 공사 중인 타워브리지

답은 이 영화를 만든 곳이 할리우드 제작사라는 것. 영화에 등장하는 악인 중에서 미국을 좋게 말한 경우는 없다. 그리고 그 악인이 라스트신에서 잘된 경우도 없다.

189

Theme 09

제1차 세계대전과 러시아 혁명

음악의 힘!

/

죽음보다 슬픈 사랑

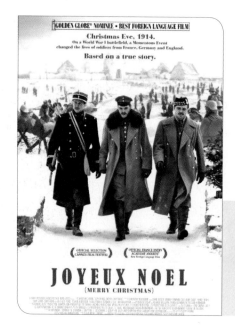

메리 크리스마스 Joyeux Noël, 2005
감독: 크리스티앙 카리옹
출연: 다이앤 크루거(안나 소렌슨)
　　　벤노 퓨어만(니콜라스 슈프링크)
　　　기욤 까네(오드베르)

영화 속 역사

　노래 한 곡이 긴장감으로 팽팽한 전장의 병사들을 참호에서 나오게 하고 적들과 얼싸안고 술파티를 벌이는 축제의 현장으로 바꾸었다면, 과연 믿을 수 있을까. 말 그대로 '영화 같은 실화'라는 점이 이 작품을 선택한 키워드다.

　독일군 진지에 크리스마스 장식물이 설치되자, 연합군도 낭만적인 기분에 젖는다. 연합군이 고향 노래를 부르자, 따라 부르는 독일군 슈프링크. 이어서 양측 병사들이 참호를 나와 성탄절 이브 술 파티를 벌인다.

동화 같은 이야기

1914년 성탄절 이브, 프랑스 북부의 독일 점령 지역에서 실제 있었던 사건을 소재로 한 영화 〈메리 크리스마스〉. 영화처럼 독일 가수가 프랑스군을 위해 노래를 불렀고 프랑스, 영국, 독일의 군대 기록보관실에는 양측 병사들이 함께 찍은 사진과 서신이 남아 있다. 당시 『데일리 미러』를 비롯한 영국 일간지가 기사 1면에 실을 정도로 신선한 충격을 준 동화 같은 이야기.

하지만 이런 낭만적인 장면은 제1차 세계대전 전투 중에서 전무후무한 에피소드일 뿐, 전쟁의 전반적인 양상은 영화와 너무나 달랐다. 과거 어느 전쟁보다 참혹했고 엄청나게 많은 인명이 희생되었다.

제1차 세계대전 원인

흔히 오스트리아-헝가리 제국의 황태자 부부가 암살당한 사건을 거론하지만, 설사 그런 일이 벌어지지 않았어도 세계대전의 전조는 예전부터 있었다. 계속해서 세계경제의 주도권을 유지하려는 영국과 프랑스에 맞서 신흥 강국 독일이 첨예하게 대립했고, 대*세르비아주의와 범게르만주의 등 유럽 각국에서 일어난 민족주의 운동이 화약고 역할을 했던 것. 따라서 황태자 부부의 암살사건은 세계대전의

오스트리아-헝가리 제국의
황태자 부부 저격 장면, 일명 사라예보 사건

193

원인이라기보단 촉매제에 가깝다.

전쟁은 독일군이 벨기에 국경을 넘어 프랑스로 침공한 것부터 시작한다. 1914년 8월 14일부터 9월 6일까지 벌어진 이 전투에는 양측 군대를 합쳐 2백만 명이 넘게 참전했다. 이후 프랑스군은 로렌 지방의 모랑주-사르부르 전투에서 패배하고 9월 초에 프랑스 정부는 보르도로 피난했다.

영화에서 적과 대치하던 젊은 프랑스 장교가 자기 고향의 가족의 안위를 걱정하는 장면이 나오는데, 바로 모랑주-사르부르 전투로 그의 고향이 적의 수중에 들어갔기 때문이다. 곧이어 영국군의 지원을 받은 프랑스군의 반격이 시작되고, 영화 속 참호전이 본격적으로 등장한다.

어째서 참호전으로 싸웠을까

결론부터 말해서 수비하는 측보다 공격하는 측의 무기가 상대적으로 약했다. 당시 육전의 주요 무기인 기관총과 속사야포로는 수비하는 측을 제압하기 어려워, 그에 따라 공격이나 기동성보다는 우선 자기방어를 위해 구덩이를 파고 전투하는 방식을 택했다. 참호 안에는 사격 발판으로 불리는 전방의 돋우어진 발판에 사격 위치가 있으며, 바닥에는 디딜 판자들이 깔려 있다. 구덩이에서 파낸 흙은 참호의 앞뒤 양쪽으로 흉벽을 쌓는 데 이용되었으며, 이러한 전투방식이 전쟁 막바지인 1917년까지 계속되었다.

그리고 정면공격에 동원할 수 있는 병력이 없어서, 정면공격 대신 병력을 옆으로 전개하여 적군의 측면을 에워싸는 것이 유일한 대안임을 알아차렸다. 그에 따라 양측은 참호망을 길게 늘였는데, 길이가 20km가 넘는 경우도 있었다.

하지만 이런 전투방식은 양측 병사들에게 견디기 어려운 고통을 주었다. 제대로 싸우지도 않고 적의 기관총에 표적이 될까 봐 고개 한 번 제대로 들

지 못한 상태에서, 수개월 동안이나
적과 대치하는 건 인내심의 차원을
넘어 고문이다.

찰리 채플린 주연의 영화 〈어깨
총〉에는 주인공이 지루함을 벗어나
려고 물이 고여 있는 참호 안 웅덩
이에 종이배를 띄우는 장면이 나오
는데, 그건 실상 웃긴 장면이 아니
다. 그만큼 당시 참호에서 지내는

참호 안에 있는 병사들. 바닥이 진흙탕이다.

군인들이 겪었을 정신적인 피폐함이 얼마나 심각했는지를 상징한다. 게다
가 씻지 못하고 배급도 제때 이뤄지지 않아 상한 음식을 먹을 수밖에 없는
상황은 적이 아닌, 나 자신과의 전투를 의미하는 것이다.

195

이후 적의 기관총 공격에도 끄떡없이 참호를 넘어갈 수 있는 탱크가 개
발되고 나서야, 참호전은 더 이상 전술적으로 효과가 없게 되었다.

제작 & 에피소드

성탄절을 앞두고 개봉된다면 흥행에 청신호가 될 게 틀림없는 작품 〈메
리 크리스마스〉. 게다가 아카데미 외국어영화상 후보에 올랐다는 점에서
작품성까지 인정받았다.

이 작품은 음악영화의 장르에 들어가진 않지만, 극 중에서 음악이 차지
하는 비중이 아주 크다. 음악을 통해 참혹한 전장 속에 휴머니즘을 불러일
으켜 기적 같은 일을 이뤄냈기 때문이다. 성탄절이면 흥겹게 부르는 '고요
한 밤 거룩한 밤'이 이 영화에서 숭고하게까지 느껴지는 건, 노래를 부른 장

소 때문이다.

상상해 보라. 조금 전까지 핏발 선 눈으로 적을 죽이기 위해 방아쇠를 당겼던 양측 군인들이 서로 어깨동무한 채 목청 높여 크리스마스 캐롤을 부르는 상황을. 더욱이 그 장면이 실제 사실이라면 그보다 더한 감동도 없을 것이다. 참고로, 음악감독 필립 롬비가 작곡한 'I'm Dreaming of Home'도 이 영화 개봉 이후 꾸준한 인기를 얻고 있다.

교전 중이던 양측 병사가 친구처럼 교감을 나눈다는 내용은 우리에게도 낯익은 영화가 떠오른다. 바로 한국전쟁을 배경으로 한 〈고지전〉과 〈웰컴투 동막골〉 그리고 휴전 상황까지 고려하면 〈공동경비구역 JSA〉도 포함될 것이다.

196

영화 VS. 영화 〈워터 디바이너〉(The Water Diviner, 2014)

〈메리 크리스마스〉가 참호전을 소재로 감동의 휴머니즘을 선사했다면, 〈워터 디바이너〉는 참호전이 인간의 목숨을 얼마나 하찮게 여기는지를 적나라하게 보여 주었다.

러셀 크로우의 감독 데뷔작이기도 한 이 작품에서 그는 실존 인물 '조슈아 코너'로 분하여 제1차 세계대전 중에서 가장 격렬한 전투로 유명했던 갈리폴리 전투의 참상과 종전 후의 복잡다단한 국제정세의 이해관계를 섬세하게 표현했다.

영화는 갈리폴리 전투에 참전해 모두 전사한 세 아들의 시신을 찾기 위하여, 호주로부터 14,000km 떨어진 터키의 여정에서 본격적으로 극이 전개된다. 영화는 갈리폴리 전투를 짧은 회상신으로 대체했지만, 실제 이 전투로 호주군이 몰살당할 정도로 처절했다.

그럼 어째서 이러한 참상이 벌어졌을까? 이러한 배경에는 세 가지 이유, 즉 갈리폴리의 전략적 중요성, 연합군의 작전실수 그리고 영국군 수뇌부가 호주 병사의 목숨을 하찮게 여겼기 때문이다.

갈리폴리는 터키 북서부, 다르다넬스 해협 북안의 반도에 위치한다. 다르다넬스 해협은 지중해에서 이스탄불과 흑해로 들어가는 관문으로, 군사적 경제적으로 매우 중요한 곳이다.

그래서 고대 페르시아의 크세르크세스와 마케도니아의 알렉산더도 이 해협을 건넜으며, 이 영화의 시대배경인 제1차 세계대전 때에도 주요한 전략적 거점이 되었다. 당시 연합군 측으로 참전한 러시아가 적국인 독일에 의해 봉쇄되어 서방 쪽으로 군수물자를 공급받는 보급로를 찾기 위해 흑해에서 지중해로 빠지는 길을 선택하는데, 바로 이 해협을 거쳐야 했다.

문제는 이 길목을 후일 터키의 국부로 존경받는 케말 파샤의 군대가 지키고 있었으며, 영국, 호주, 뉴질랜드 연합군이 이곳을 탈환하려고 대대적인 공격에 나섰다.

다음으로, 참호전에선 공격할 때 적의 기관총을 피하기 위해 포 사격이 전제되어야 하는데, 영국군 함포사격이 늦었다. 더욱이 함포의 탄착점이 터키군 진지에 닿지도 못했다. 결국 지원 사격 없이 무모하게 공격한 이 전투 하나로 호주군 전 병력의 90%를 잃었으며, 그 비극의 현장에 코너의 세 아들도 포함되었다.

갈리폴리에서 참호전을 벌이는 장면

마지막으로, 영화에서 영국군 고위급 장교가 코너를 고압적으로 대하고 강제출국시키려 했듯이, 갈리폴리 전투 때 영국군 수뇌부도 영국을 위해 싸우러 온 호주 젊은이들의 목숨을 가볍게 여겼다. 이러한 배경에는 호주가 여타 영국 연방과는 다른 역사를 지닌 것도 하나의 요인이었다. 〈스위니 토드〉 영화 속 역사 참조

이 영화가 갈리폴리 전투를 소재로 한 다른 작품들, 〈갈리폴리: 최악의 상륙작전〉[2012]과 멜 깁슨 주연의 〈갈리폴리〉[1981]와 초점이 다른 건 호주군과 터키군을 패자와 승자가 아닌, 쌍방 피해자로 간주했다는 것이다.

그래서일까? 이 영화에서 세 아들을 잃은 코너의 슬픔보다 갈리폴리 전투를 승리로 이끈 터키군 사령관 핫산 소령의 대사가 마음에 더 와 닿는다. "내가 당신 아들을 죽인 게 아니라, 당신 아들이 우릴 침략한 거요. 호주군이 이곳에서 만 명을 잃었습니까. 우린 7만 명을 잃었소. 내게 이곳은 거대한 무덤이외다."

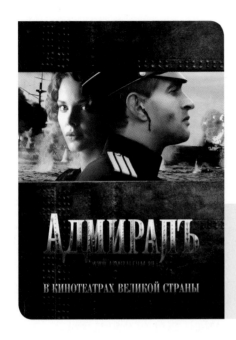

$\underset{\text{🎥}}{}$ 02

죽음보다 슬픈 사랑

제독의 연인 Admiral, Адмиралъ, 2008
감독: 안드레이 크라프추크
출연: 콘스탄틴 카벤스키(알렉산드르 콜차크)
엘리자베타 보야르스카야
(안나 티미료프)

199

영화 속 역사

제1차 세계대전 중 독일과의 해전을 실감나게 묘사한 작품. 바로 이 점이 이 영화의 가장 큰 매력이다. 그리고 러시아 혁명 초기 볼세비키 반대세력이 어떻게 패배하는지를 두 연인의 시선에서 전개하고 있다.

1964년 모스필름 스튜디오. 어수선한 영화촬영 현장 속 늙은 안나의 눈을 비추던 카메라가 갑자기 과거로 돌아간다. 제1차 세계대전 중 발트해에서 일전을 벌이는 러시아와 독일. 성능과 화력이 월등한 적함을 기뢰밭으로 유인하는 함장 콜차크. 러시아 전함은 빠져나온 반면 적함은 기뢰에 부딪쳐 침몰한다. 대승을 거두고 자축연을 여는 그 앞에 등장한 안나. 첫눈에 서로 사랑에 빠졌으나 각자 배우자가 있는 처지라 조심스럽다.

혁명에 대한 콜차크 입장

영화에는 혁명단원들이 제독이나 장군과 같은 상급장교를 집단살해하는 장면이 나온다. 상급장교는 실력과 상관없이 귀족이라는 이유만으로 승진했고, 절대왕정 치하의 특권계급으로 간주됐기 때문이다.

그러나 알렉산드르 콜차크는 예외였다. 그는 출신과 상관없이 우수한 장군이자 존경받는 인물이었다. 그래서 혁명이 발발했을 때 처음에는 무장해제 당하지만, 혁명정부로부터 전쟁부장관을 맡아 달라는 제의도 받았다.

그럼 콜차크가 어째서 제안을 거절하고 후일 볼셰비키 혁명세력과 싸웠을까?

아쉽게도 영화에는 그의 입장이 정확히 나오지 않는다. 영화에서 니콜라이 2세가 하야했다는 전보를 받는 장면부터, 그의 입장은 모호하다. 그는 절대왕정 체제가 무너졌다는 말만 할 뿐, 이에 대한 자신의 견해를 밝히지 않았다. 분명 황제의 두터운 신임 속에서 승승장구했지만, 막상 왕정이 붕괴한 후에는 제3자적 태도를 취한 것이다. 그러한 행동이 "군인은 정치에 개입해선 안 된다."라는 의미인 건지 그렇지 않으면 안개 낀 정국 속에서 입조심을 한 건지 알 수 없다.

그가 혁명정부를 상대로 목숨 건 전쟁을 한 계기는 1917년 6월 압력을 받아 사임한 뒤 미국으로 추방되고 나서였다. 그는 귀국해서 황제를 지지하는 백^白군 지도자로서, 레닌 주도의 공산주의 혁명세력이라는 적^赤군을 상대로 전쟁^{러시아내전}을 벌였다.

콜차크가 패배한 원인

영화에는 콜차크가 잔넨이 이끄는 체코군과 함께 적^赤군과 교전하지만

안나가 콜차크를 만나기 위해 간호사로 전장에 나선 장면

전황이 불리해지는 장면이 나온다. 결국 옴스크로부터 철수 명령을 내리는 콜차크. 그가 이 전쟁에서 패배한 이유는?

영화에는 탄약이 없다는 등의 물자 부족을 거론하고 있지만, 정말로 중요한 요인이 있다. 그건 전쟁의 명분과 비전이 약하다는 것.

영화에서 콜차크는 "조국을 위해 목숨을 걸고 싸우자."라고 병사들을 독려하지만, 그가 말한 조국은 절대왕정 체제를 의미한다. 즉, 자신에겐 이상적인 체제일지 모르지만, 일반 민중은 결코 동조할 수 없는 것이다. 그래서 개전 초에는 상대적으로 엉성한 군대인 적赤군에게 승리했으나 농민과 노동자들이 백군에 등을 돌리면서 전세가 바뀌었다.

계속되는 후퇴 속에 잔넨이 있는 이르쿠츠크에서 체포되는 콜차크. 잔넨이 혁명세력의 협박으로 그를 넘긴 것이다. 이후 혁명세력은 서둘러 콜차크를 처형하고, 1922년부턴 백군 세력이 러시아로부터 완전히 밀려나 패망하게 된다.

죽음보다 슬픈 사랑

영화에서 콜차크와 안나의 사랑은 비극적이다 못해 '죽음보다 슬픈 사랑'처럼 보인다. 두 연인이 만난 기간은 1915년부터 콜차크가 처형당한 1920년까지 만 5년이지만, 실제로 두 사람이 함께 보낸 건 단 2년이다. 그 짧은 기간의 사랑이 그녀 나머지 인생 전체를 지배한 것이다. 그녀는 반역

201

콜차크(좌)와 안나(우)

자의 연인이라는 죄목으로 무려 30여 년이나 수감되었다.

안나는 신념이 아주 강한 여성이다. 만일 그녀가 평범한 여성이었다면, 연인이 총살당한 상태에서 그토록 오랜 기간 수감생활을 견딜 수 있었을까. 극도의 외로움과 좌절감으로 자살하거나 혹은 정신을 놓아버릴 수 있다.

그러나 그녀는 장구한 세월 동안 그 침침하고 음습한 장소에 갇혀 있음에도 연인을 추모하는 편지와 시를 썼으며, 출감해서도 그를 그리워하며 생을 마쳤다. 그녀가 생전의 콜차크에게 보낸 총 53통의 연애편지가 러시아 해군함대 보관소에 남아 있는데, 그 편지 내용이 세상에 알려져 이 영화 제작의 모티브로 작용했다는 뒷이야기도 가슴 찡하게 한다.

하지만 영화 속 사랑이 운명적이라 할지라도 아름답게만 봐 줄 순 없을 것 같다. 콜차크의 아내 소피아와 안나의 남편 세르게이를 두고 한 말이다. 소피아와 세르게이 두 사람 모두 가정을 지키려 애썼으나 아무런 잘못도 없이 배우자를 빼앗겼다. 아이까지 있는 상황에서 남편 없이 홀로 지내는 소피아나, 아내가 평소 존경하던 상관과 바람이 나서 남편을 거들떠보지 않았을 때의 좌절감과 분노를 생각해 보라.

역사는 승자 중심으로 서술되는데, 사랑도 마찬가지다. 두 주인공과 달리, 평생토록 한이 맺힐 소피아와 세르게이를 위한 영화장면은 조금 밖에 나오지 않으니 말이다.

제작 & 에피소드

영화의 관람 포인트는 거대한 스케일의 전투장면이다. 초반부 해전부터 후반부 적군과 백군의 육상전에 이르기까지, 전투장면은 매우 생생하며 박진감 넘친다. 러시아 블록버스터의 신기원을 열었던 〈나이트 워치〉와 〈데이 워치〉의 기술적 진보를 한 단계 업그레이드한 〈제독의 연인〉.

이 영화가 러시아에서 할리우드 대작 〈이글 아이〉를 꺾고 3주 연속 박스오피스 정상을 차지한 건 앞서 언급한 화려한 볼거리 외에 또 다른 요소가 있어서다. 바로 주인공 알렉산드르 콜차크라는 인물에 대한 러시아 국민의 인식이다. 영화에서 그를 진정한 애국자이자 지도자로 묘사하는 것만 봐도 잘 알 수 있다.

203

영화에는 당시 집권한 푸틴 대통령의 슬로건 '강한 러시아'라는 이미지가 반영되어 있다. 17세기 폴란드와 러시아의 전쟁을 다룬 〈1612〉나 13세기 스웨덴과 러시아가 펼친 격전을 담은 〈알렉산더: 네바의 전투〉처럼, 이 영화도 러시아의 민족적 자긍심을 고취하겠다는 이데올로기적 사명감으로 가득하다.

그래서 『버라이어티』도 이러한 점을 논평했다. "지금 러시아의 호전적이고 애국주의적 분위기를 고려할 때, 이 영화가 러시아에서 흥행대박을 이룬 건 놀라운 일이 아니다."

영화촬영에 관한 이야깃거리가 많다. 제1차 세계대전과 러시아내전을 사실적으로 묘사하기 위해 박물관에 보관되어 있던 총기류와 대포를 촬영에 사용했다. 의상도 세심한 고증을 통해 재현했는데, 계절과 지위에 따라 다른 군복을 준비하는 과정에서 박물관에 전시된 의상을 참고하고 개인수집가들에게 빌리기도 했다.

또한 깜짝 게스트 두 사람이 출연한다. 영화의 맨 처음과 마지막에 등장하는 노인이 바로 실존인물 안나 티미료프이며, 그녀와 함께 나오는 영화 촬영 현장이 러시아 영화사상 최고의 제작비를 들여 아카데미 외국어영화상을 수상했던 〈전쟁과 평화〉의 로케이션이다. 실제로 안나는 귀족들의 에티켓에 대한 자문을 맡아 〈전쟁과 평화〉 제작에 참여했다. 그리고 이 영화에서 영화 속 감독으로 등장한 표도르 본다르추크는 〈전쟁과 평화〉의 감독 세르게이 본다르추크의 아들로서, 아들이 자신의 아버지 역할을 연기했다.

영화를 통해 실제 역사뿐만 아니라 러시아 영화사의 한 단면을 볼 수 있는 작품이 바로 〈제독의 연인〉이다.

생생한 전투장면과 실제 있었던 운명적인 사랑에 매료되어 강추한 영화. 하지만 학생들 반응이 신통치 않았다. 지고지순한 사랑이 답답해 보이고 콜차크의 무뚝뚝한 태도가 짜증났다고 했다. 실제로 콜차크는 포커페이스라는 별명을 지닐 정도로 무뚝뚝했다 아마도 이런 반응이 나온 것은 할리우드영화에 너무 익숙해서 그런 게 아닐까라는 생각도 들었다. 만일 이 영화가 미국에서 만들어졌다면 필히 정사신 혹은 농도짙은 스킨십이 나왔을 것이다.

그러나 이 영화는 러시아에서 제작했고, 배우 또한 러시아인이다. 격동의 시대를 다룬 역사영화이자 러시아의 성문화와 러시아식의 인간관계가 자연스럽게 녹아든 문화영화인 것이다.

영화 VS. 영화 〈아나스타샤〉(Anastasia, 1997)

러시아 혁명으로 니콜라이 2세 일가가 몰살당했을 때, 막내딸 아나스타샤가 살아있다는 소문이 돌았다. 그 소문을 바탕으로 이십세기폭스사가 첫

장편 애니메이션으로 제작한 〈아나스타샤〉.

영화에는 아나스타샤가 시련을 겪게 되는 배경인 혁명이 일어난 이유와 니콜라이 2세 일가를 살해한 볼셰비키 세력에 관해서 언급이 없다. 단지 라스푸틴의 저주로 러시아에서 혁명이 일어나고 아나스타샤 일가족이 살해당한 걸로 나온다.

혁명이 일어난 1917년은 그녀 나이 17세. 황제 일가는 볼셰비키 세력에 감금된 채 시베리아로 이송되는 도중 우랄지방 예카테린부르크^{지금의 스베르들로}^{프스크}에서 총살당했다. 〈제독의 연인〉에도 나왔듯이, 절대왕정 체제를 무너뜨리기 위해선 황제나 그를 지지하는 주도자^{알렉산드르 콜차크}를 제거해야 했다.

제1차 세계대전이 끝난 후 각지에서 자신이 아나스타샤라고 나섰다. 거의 모두 가짜로 판명되었지만 단 한 사람, '안나 앤더슨'만큼은 진짜일지 모른다는 논란이 일어났다. 러시아 황실 법도를 잘 알고 어릴 적 아나스타샤와 닮아서였다. 결국 진위 여부를 가리는 소송이 벌어졌는데, 그녀는 패소했음에도 자신이 분명 아나스타샤라고 공언했다. 심지어 그녀는 자신의 묘에 생년월일을 아나스타샤와 똑같이 새겼다.

이런 내용을 소재로 제작한 영화가 잉그리드 버그만 주연의 〈아나스타샤〉¹⁹⁵⁶인데, 그 후 앤더슨의 주장이 새빨간 거짓말로 탄로났다. 1991년 발견된 아나스타샤의 남동생 알렉세이의 유골을 바탕으로 이미 사망한 그녀의 치아와 머리카락을 이용한 DNA 분석 결과, 가짜임이 밝혀진 것이다.

그럼 어째서 그녀는 죽을 때까지 러시아공주 행세를 했을까?

러시아 황실이 남긴 막대한 유산이 탐났을 수도 있고, 그야말로 공주처럼 살고 싶었을 수도 있다. 그러나 어떤 이유에서건 그녀는 희대의 사기꾼이며, 잉그리드 버그만은 사기꾼 공주를 연기해서 아카데미 여우주연상을 수상했다.

한편 영화 속 라스푸틴 이미지는 실제 모습과 유사하다. 그는 젊었을 때

205

실제 라스푸틴(좌)과 영화 속 이미지(우)

부터 떠돌아다니며 방탕한 생활을 했으며, '라스푸틴'이란 성(姓)도 '방탕한 사
람'을 의미한다. 그가 러시아 황실과 가까워진 계기는 혈우병 환자인 알렉
세이의 병세를 호전시켰기 때문인데, 이로 인하여 황후의 총애를 받았다.

제1차 세계대전 중 황제가 전방부대로 떠난 사이 황후의 고문으로 임명
된 그는 자신이 직접 각료를 선출하는 등 국정을 혼란시켰다. 그 후 '공공의
적'이 된 그는 황제의 조카사위 펠릭스 유수포프에 의해 살해당한다.

영화에는 라스푸틴이 얼음에 빠져 죽는 걸로 나오는데, 일부는 사실이다.
유수포프의 집에 초대되어 독약이 든 음식을 먹고도 죽지 않아 총을 맞았
고, 그래도 죽지 않아 꽁꽁 묶어서 얼음구멍에 쳐 넣어 익사시켰다. 영화와
실제 역사에서 똑같이 기괴한 능력의 소유자이자 악인이 라스푸틴이다.

Theme 10
제2차 세계대전

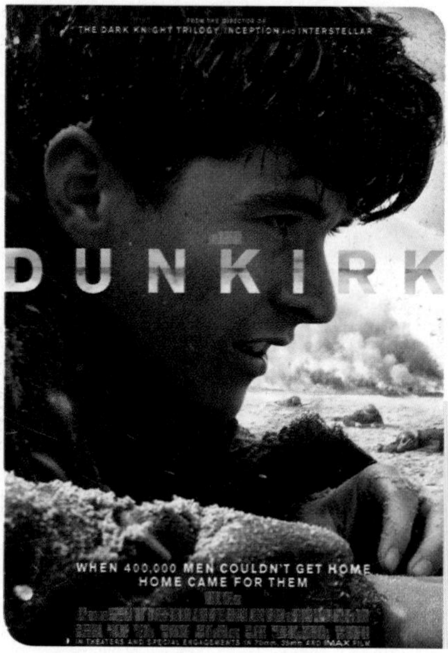

01

살리기 위한 전투

덩케르크 Dunkirk, 2017
감독: 크리스토퍼 놀란
출연: 톰 하디(파리어)
마크 라이런스(도슨)
케네스 브래너(볼튼)

영화 속 역사

제2차 세계대전의 승패를 결정짓는 사건들 중 하나를 소재로 한 영화. 이 작전을 육 · 해 · 공으로 구분해 사실적으로 묘사한 점이 특색이다.

해안가에서 배를 기다리는 영국 병사들. 갑자기 적기가 나타나 많은 병사들을 살상시킨다. 심지어 병사들을 가득 실은 함선도 폭격으로 침몰한다. 이런 위급한 상황에서 적기를 격추시키는 영국 전투기. 민간선들도 목숨 걸고 병사를 구하러 해안으로 몰려든다.

덩케르크에 고립된 이유

영국 원정군이 덩케르크에 고립된 이유는?

프랑스군과 동맹하여 독일군에 맞섰으나, 아르덴^{벨기에와 국경을 이룬 지역}을 통해 넘어온 독일기갑사단에게 기습당했다. 그래서 해안가로 밀려난 건데, 철수작전을 펼치기에는 덩케르크보다 칼레가 지리적으로 좋았다. 그러나 영화에도 나왔듯이, 칼레가 독일군에게 함락된 상황이었다.

덩케르크 해변에 모인 영·프 연합군

1940년 5월, 덩케르크에 고립된 영국군과 프랑스군은 40여만 명. 아무런 은폐물도 없는 상황에서 길게 줄을 선 병사들의 모습은 여느 전쟁영화와는 다른 낯선 장면이다. 그러나 생경한 그 장면이 곧 비극으로 바뀐다. 갑자기 나타난 적기^{메사 슈미트}가 폭탄을 투하하자 피할 곳 없는 병사들이 그 자리에서 폭사한 것이다.

급강하 폭격기의 위력

영화에도 나오듯이, 속수무책으로 당했다. 만일 함선이 덩케르크항 가까이 얕은 여울 부근에 있다면 속도를 올릴 수 없었으며, 폭격을 피하기 위해 지그재그로 항해할 수도 없었다. 만일 급강하폭격이나 포격을 피하기 위해 속도를 너무 올리면 좌초할 수 있으며, 그 함선이 뒤에서 오는 선체에게 위험한 장애물이 되었다.

그래서 함선들이 침몰하고 무방비상태로 죽음을 맞이하는 병사들은 자국 전투기가 전혀 나타나지 않는 데 대해 분통을 터뜨린다. "염병할! 공군은 어딨어!"

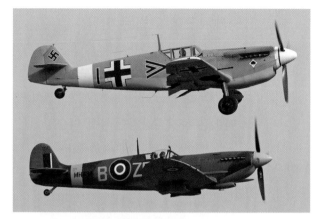

매사 슈미트(상) 대(對) 스피트파이어(하)

숨은 공로자

영화에는 총 4대의 영국 전투기^{스피트파이어}가 등장하며, 적기와의 공중전은 주인공 파리어^{톰 하디}가 혼자 도맡다시피 한다. 그래서 하늘에 거의 적기들만 나타난 데 대해, 병사들은 분노한 것이다.

그러나 덩케르크 철수작전^{1940. 5. 26.–6. 4.}의 숨은 공로자는 영국 전투기다.

영화와 달리, 많은 영국 전투기들이 작전에 나섰는데 병사들이 보지 못한 것이다. 이유는 안개가 짙어 식별이 되지 않은 것. 주목할 건 이 작전에서 독일기가 132대, 영국기는 무려 474대를 잃었다. 그만큼 공군의 희생이 컸다.

영화에서 조종사 파리어가 연료가 떨어질 때까지 적기를 격추하는 장면이나, 육군병사로부터 비난을 들은 조종사를 위로하는 민간인 도슨^{마크 라이런스}의 대사가 이를 입증한다. "신경쓰지 말게. 우린 알고 있지 않은가."

독일군이 진격하지 않은 이유

덩케르크 철수작전에서 가장 큰 수수께끼다. 독일군은 덩케르크를 20여

km 정도 앞둔 곳에서, 3일 동안 진격을 멈추었다. 만일 독일 기갑부대의 진격이 하루만 더 계속 됐다면, 영국 원정군 최후의 출구를 막을 수 있었다. 어째서 히틀러는 진격을 중지시켰을까?

가장 가능성 높은 이유는 기갑부대를 온존해 두고 싶었다. 즉, 히틀러는 프랑스와 벨기에를 가로질러 전개된 기동작전으로, 기갑부대의 길게 뻗은 옆구리가 적의 반격으로 손실을 당할 걸 우려했다. 이미 승리가 확정적인 상황에서 기갑부대를 서둘러 보낼 필요가 없었다. 그보다는 보다 큰 전투를 위해 아끼자는 것이다.

분명한 건 히틀러의 목적지는 수도 파리이지 항구도시 덩케르크가 아니다. 파리를 수중에 넣는 일에 비하면, 영국군이 해협을 건너 도망치려 하는 건 대단한 게 아니다.

다음으로 공군만으로도 연합군을 괴멸시킬 수 있다는 괴링의 의견을 받아들였다. 실제로 공격 효과에서 탱크보단 폭격기가 훨씬 타격을 가할 수 있다. 영화에도 나오듯이, 급강하폭격기의 공격에 연합군은 일방적으로 당했다.

그러나 결과적으로 적시에 덩케르크로 진격하지 않은 건 독일군이 서부전선에서 행한 최대 실수 중 하나다.

철수작전의 의의

만일 덩케르크 구출작전이 없었다면, 전황은 달라졌을 것이다. 많은 영국군이 포로가 됨으로써, 영국 본토가 침략을 당할 수도 있다. 그리고 이 작전에 민간인들이 나서서 군인들을 구출한 것도 의미가 크다. 전쟁의 사기를 진작시키는 건 군인뿐만 아니라 민간인도 해당된다.

덩케르크 철수작전의 성공은 영국 국민에게 자긍심을 심어 주었고, 처칠

211

은 대국민연설에서 '기적'으로 평가했다. 이때 생겨난 '덩케르크 정신'이란 단어가 지금도 '역경을 이겨내는 불굴의 의지'로 사용될 정도다.

이 작전으로 구조된 병사들은 총 338,226명이며, 영국을 비롯해 프랑스·벨기에·네덜란드 병사들이다. 마지막 철수는 독일군이 덩케르크 시가에 진입했을 때, 프랑스 군의관을 비롯한 13명의 병사가 구명정을 타고 독일군의 기관총사격을 피해 군함의 구조를 받았다.

제작 & 에피소드

크리스토퍼 놀란이 처음으로 만든 전쟁 영화. 이 작품의 가장 큰 특색은 구출작전을 육·해·공으로 구분했다는 것. 해안에서의 일주일, 바다 위의 하루, 하늘 위의 한 시간이라는 각기 다른 시간의 특성을 하나로 구성했다. 그만큼 이 영화는 편집의 묘미가 있다. 각기 다른 배경 속 캐릭터들이 스크린에서 매끄럽게 연결돼서다.

또 다른 특성은 액션신에서 디지털 효과나 CGI^{컴퓨터합성영상기법}를 가급적 사용하지 않았다는 것. 이에 대해 크리스토퍼 놀란은 특수효과보단 실물과 진짜 사람들이 등장해야 관객이 감성적으로 영화에 몰입하는 효과가 크기 때문이라고 밝혔다.

감독의 이런 의도는 이 작품을 65mm와 IMAX 카메라로 촬영한 것과도 연관된다. 이러한 촬영방식이 큰 스케일의 액션과 광대한 전경을 표현하는 데 적합해서다. 광활한 해안선에 길게 늘어서 있는 병사들의 모습과 폭격으로 함선이 침몰하는 광경은 IMAX 필름의 진수를 보여 준다.

실제 영국 전투기와 덩케르크 작전에 동원된 선박이 스크린에 나온다는 것도 화제. 게다가 당시 군복과 동일하게 보이도록 수천 벌의 의상을 직접

제작하기도 했다. 그만큼 영화의 현실감을 더하기 위해 고증에 얼마나 노력을 기울였는지를 확인하게 하는 대목이다.

영화 VS. 영화 〈아름다운 날들〉(Their Finest, 2016)

덩케르크 철수작전을 소재로 한 〈덩케르크〉와 〈아름다운 날들〉. 〈덩케르크〉가 구출작전을 육·해·공 세 부문으로 구분한다면, 〈아름다운 날들〉은 주인공, 영화인, 정부의 시선으로 극이 진행된다.

독일군의 계속된 공습으로 영국인의 삶이 피폐해져 가던 시기. 주인공 카트린이 정부가 후원하는 국책 영화 제작에 시나리오작가로 참여한다. 국책 영화 소재는 덩케르크 철수작전. 민간인들이 목숨 걸고 나서서 장병들을 구하는 내용이다.

그런데 영화기획 때부터 갈등이 일어난다. 정부관계자는 작품성은 고려하지 않고 자신들의 요구사항을 모두 넣으라고 강요한다. 배우는 캐릭터가 마음에 안 들고 대사량이 적다고 불평한다. 카트린도 신경이 예민해졌다. 영화 속 여성 등장인물을 수동적으로 묘사하려는 데 대해 이의를 제기한 것이다. 게다가 현재 진행되는 전쟁의 양상에 따라 시나리오도 수시로 바뀐다.

드디어 제작이 끝나고 개봉된 영화가 흥행대박을 친다. 정부의 의도와 관객 반응, 모두 성공한 것이다. 그러나 이런 값진 결실이 쉽게 얻어진 건 아니다. 촬영 중 독일

213

영화 제작현장의 카트린(좌)

군 공습으로 배우가 사망해서 재촬영하는 가하면, 그녀의 연인이 제작현장에서 사고로 목숨을 잃는 아픔도 있었다. 이래서 인간사 한 치 앞을 알 수 없다고 했던가.

주목할 건 이 영화에 여러 의미가 담겨 있다는 것. 영화가 어떻게 국책홍보수단이 될 수 있는지, '덩케르크 철수작전'이라는 사실^{史實}이 어떻게 각색되는지를 이해할 수 있다. 즉, 이 작품을 통해 영화제작의 실상을 접할 수 있다. 배우와 시나리오작가가 촬영현장에서 겪는 고통도 십분 이해할 수 있다. 당시 여성 노동자들이 겪는 성차별과 여성의 위치도 주인공 카트린을 통해 알 수 있다. 더욱이 독일군 공습이 영국인에게 끼친 영향도 영화에 잘 나타나고 있다.

그래서 서울국제여성영화제²⁰¹⁷에서 이 작품이 상영되었을 때, 참으로 반가웠다. 역사, 영화사^{映畵史}, 페미니즘 등 다양한 학문 분야를 한 편의 영화로 감상할 수 있어서다. 마치 종합선물세트 같은 영화, 바로 〈아름다운 날들〉을 두고 한 말 같다.

214

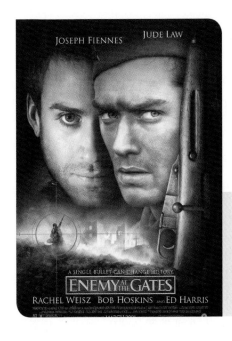

02

승패의 분수령

에너미 앳 더 게이트
Enemy at the Gates, 2001

감독: 장 자크 아노
출연: 주드 로(바실리 자이체프)
레이첼 와이즈(타냐 체르노바)
에드 해리스(메이저 코니히)

215

영화 속 역사

제2차 세계대전에서 단일전투로는 가장 큰 희생을 치르고 전쟁의 승부령이 된 스탈린그라드 전투. 바로 이 전투를 소재로 했다는 점이 이 영화를 선택한 이유다.

스탈린그라드 전장. 막강한 화력의 독일군 공격에 저항 한 번 못하는 소련군. 바로 그때 바실리가 뛰어난 사격 솜씨로 수십 명 독일 장교를 사살한다. 심리전이 승패에 얼마나 중요한지 절감한 독일군 수뇌부. 결국 바실리를 제거하기 위해 독일 최고 저격수 코니히 대령을 투입한다. 드디어 두 명사수 간의 용호상박 대결이 벌어진 것이다.

같은 전투, 다른 느낌

영화는 스탈린그라드 전투를 두 방향으로 묘사한다. 하나는 독일군과 소련군 집단대결이며, 다른 하나는 저격수끼리 개인대결이다. 즉, 소련과 독일 양측의 최고 저격수인 바실리와 코니히가 맞섰다.

영화에는 폭탄을 투하하고 기관총을 쏘는 전투기에 많은 사람들이 희생되고 바실리의 연인 타냐가 폭탄 파편에 맞아 중상을 입는 장면이 나와도 여느 작품처럼 참혹하다고 느껴지지 않았다. 그건 영화의 초점이 전쟁의 참상이 아닌, 바실리와 코니히 간의 일대일 대결이기 때문이다.

그래서 잔인한 장면이 여러 번 나와도 두 사람 결투를 긴장감 넘치게 하는 무대배경 같다. 그런 점에서 이 영화는 제2차 세계대전에서 가장 참혹한 전투로 기록되는 스탈린그라드 전투를 소재로 했음에도, 현대판 서부극 같은 느낌이 들게 한다.

바실리 자이체프

주인공 바실리 자이체프(1915~1991)는 실존인물이다. 그는 1942년 11월 10일부터 12월 17일까지 약 40일 동안의 스탈린그라드 전투에서 225명의 독일군과 추축군 장교와 병사를 사살했는데, 여기에는 독일군 저격수 11명도 포함되었다. 그러나 애드 해리스가 분한 코니히는 그가 사살한 저격수 명단과는 상관없는 가공인물로 여겨진다.

동부전선이 치열했던 이유

이 전투[1942. 8. 21.~1943. 2. 2.]로 소련과 독일 양측에서 약 2백만 명이 죽거나 다쳤다. 주목할 건 이 전쟁으로 희생된 독일군 중 2/3가 스탈린그라드 전투가 있던 동부전선에서 사망했다는 것. 이와는 대조적으로 서부전선은 영국이 40만 명, 미국은 태평양전쟁을 포함해 26만 명이 전사했다.

그럼 동부전선과 서부전선 희생자 수가 어째서 차이가 날까? 바꿔 말해서 스탈린그라드 전투를 비롯해 지옥 같다던 동부전선과 달리, 서부전선이 상대적으로 전투가 없는 이유는?

이에 대해 소련은 영국과 미국이 의도적으로 독일과 소련이 막대한 희생이 나오도록 서부전선에서 반격의 시기를 지연시켰다고 비난했다. 그러나 그보다는 히틀러가 소련을 보는 시각이 동부전선을 참혹한 전쟁터로 만든 요인 같다. 즉, 히틀러는 볼셰비즘과는 결코 타협할 수 없는 반드시 제거해야 할 적으로 간주했다. 그래서 일반적인 전쟁으로 여긴 서부전선과 달리, 동부전선은 독일 민족의 자존심과 사활을 건 전쟁으로 판단했다.

217

이러한 점은 독일 군장교의 대사에도 나온다. "스탈린그라드는 잿더미에 불과한데도 총통은 고집을 꺾지 않습니다. 스탈린과 자신의 사적인 문제로 만들어 버렸어요."

독일이 동부전선에서 패배한 요인

우선 히틀러와 군 수뇌부가 소련의 군사력을 과소평가했다. 소련과의 개전 초기는 마치 무풍지대처럼 공격의 속도가 빨랐으나, 스탈린이 1941년 7월부터 군수공장을 우크라이나, 모스크바, 레닌그라드에서 우랄, 시베리아, 중앙아시아 방면으로 옮기면서부터 상황이 달라졌다. 스탈린은 물자가 적의 수중에 들어가지 않도록 후퇴 시에는 모두 파괴했으며, 이러한 소련의 대응에 독일 참모총장 프란츠 할더는 자신의 일기에 소련의 전력을 얕잡아 봤다는 걸 시인했다.

다음으로 예상보다 훨씬 빨리 겨울이 닥쳤다. 영하 30도 이상 되는 소련의 겨울에 충분히 대비를 못한 독일군은 동상에 걸린 병사가 속출했으며, 그 수가 전투에 의한 손실을 넘어섰다. 결국 혹독한 추위가 히틀러로 하여금 동부전선 전체에 공격을 중지하고 방어하라는 명령을 하게 만들었다.

그러나 독일은 다시금 동부전선에서 공격을 강화하는데, 이러한 배경이 미국의 참전이다. 히틀러는 시간이 경과할수록 미국의 군비가 강화되어 서부전선에서 미국과 영국의 공세가 심해질 거라고 판단했으며, 그런 상황이 오기 전에 소련을 점령하려 했다. 그리고 스탈린그라드를 공격목표로 삼았는데, 그곳이 카스피해와 북부 러시아를 잇는 수송로인 볼가강의 주요 산업도시였기 때문이다. 또한 그 도시를 점령하면 코카서스 유전지대로 전진하는 독일군 좌익의 안전을 확보할 수 있었다.

영화에도 나오듯이 스탈린그라드 시내까지 진입하는 데에는 성공했지만, 병력을 많이 잃었다. 게다가 병참선이 너무 길어서 전력 차질이 생기자, 할더는 이 작전을 중지하자고 의견을 내놓았다. 그러나 히틀러는 할더를 파면하고 후임에 쿠르트 차이츨러를 임명했다. 이후 치열한 시가전이 전개되어 스탈린그라드는 폐허가 되고, 독일군은 대부분의 지역을 점령했다. 그러나 전략적으로 스탈린그라드의 완전 점령은 시급한 문제가 아닌, 단지 히틀러 자신의 위신을 중시한 결정이었다.

한편 스탈린 이름이 붙은 도시를 점령하면 심리적으로 소련에 큰 타격을 입힐 수 있다는 계산도 있었다. 스탈린 역시 이 점을 잘 알고서, 영화에도 나오듯이, 수많은 젊은이들을 총도 지급하지 않은 채 스탈린그라드 전장으로 보냈다. 즉, 두 지도자의 자존심 대결로 수많은 사람들의 목숨이 덧없이 희생된 것이다.

이후 소련군이 반격을 개시하여 스탈린그라드를 포위하자, 참모총장 차이츨러와 최정예부대인 제6군 총사령관 파울루스는 급히 탈출작전을 건

218

의했으나 히틀러가 거부했다. 대신 포위당한 상태에서 수송기로 물자를 보내기로 했는데, 효과가 거의 없었다. 수송기가 격추되고 독일군이 확보하고 있던 비행장마저 소련군에게 넘어갔기 때문이다.

스탈린그라드 전투에서 포로가 된 파울루스 장군(앞)

게다가 추위까지 심해지는 상황에서, 히틀러는 스탈린그라드 사수명령을 내렸다. 즉, 있던 자리에서 모두 죽으라고 명한 것이다. 그러나 히틀러의 기대와는 달리, 파울루스를 포함한 22명의 장성과 병사를 합해 9만 1천 명이 항복했다.

219

제작 & 에피소드

　장 자크 아노는 어느 특정 장르에 국한되지 않는 감독으로 유명하다. 〈불을 찾아서〉로 인류의 진화를 독특한 영상미로 구현하는가 하면, 동물을 주인공으로 한 〈베어〉와 〈투 브라더스〉를 통해 가족애와 휴머니즘을 섬세하게 묘사했다. 〈티베트에서의 7년〉에서 중국 소수민족의 인권을 정면으로 다루는가 하면, 〈연인〉에서는 외설시비가 나올 정도로 적나라한 베드신으로 화제가 되었다. 그런 그가 〈에너미 앳 더 게이트〉를 통해 제2차 세계대전 중에서 가장 치열했던 전투를 영상에 담았다.

　영화에서 바실리는 주인공이지만 극을 주도할 만한 존재감이 느껴지지 않는다. 그 이유는 극의 긴장감을 고조시키는 요인이 '저격수'가 안고 있는 심리적인 고통인데, 저격수 바실리의 내면의 모습을 배우 주드 로에게서 찾을 수 없기 때문이다. 차분하다 못해 평온해 보이는 그의 이미지는 저격수라기 보단 세상을 달관한 사람처럼 보인다.

오히려 미친 존재감을 발휘하는 배우는 독일군 저격수 코니히 역의 에드 해리스다. 전투 장면과 상관없이 그가 스크린에 모습을 드러내는 것만으로 극적 긴장감이 고조되는 것은 그의 연기에서 진정한 저격수의 이미지가 느껴지기 때문이다.

영화 VS. 영화 〈스탈린그라드〉(Stalingrad, 1993)

똑같이 스탈린그라드 전투를 소재로 했으면서도 마치 다른 전투를 보는 듯한 느낌의 영화. 그 이유는 〈에너미 앳 더 게이트〉가 소련인의 관점에서 극이 진행된 반면, 〈스탈린그라드〉는 독일인의 시각에서 전쟁을 묘사했기 때문이다.

즉, 〈에너미 앳 더 게이트〉에선 주인공 바실리를 비롯한 소련군 모두 조국을 구하겠다는 일념으로 전장에 나선 반면, 독일군 코니히는 조국을 위해서가 아닌 냉혹한 승부사 기질로 스탈린그라드에 온 것처럼 보인다. 따라서 권선징악이라는 구도 속에서, 관객은 주인공 바실리가 어떻게 승리할지에 관심을 가진다.

이와는 달리 독일군 관점에서 극이 진행되는 〈스탈린그라드〉는 독일군이 침략자라기보다, 어쩔 수 없이 전쟁에 나선 제2의 피해자 같은 느낌이 든다. 이러한 배경은 주인공 한스를 비롯한 몇 명의 군인이 소련군 포로를 학대하는 독일군 병사를 제지하고 자신을 도와준 소련의 청소년을 사살하라는 상관의 명령을 거부하는 장면에서 드러난다. 심지어 여군 포로 이리나를 인간적으로 대우해줘서, 그녀 스스로 길잡이가 되어 스탈린그라드를 탈출하려고 한다.

한편 이리나는 '히비'라고 불리는 소련군 출신 독일 부역자로서, 어느 쪽에도 설 수 없는 입장이다. 목숨을 부지하기 위해 강제노역을 했어도, 예외없이 죽음을 당하기 때문이다.

이리나가 소련군의 총에 사살당하는 장면

결국 그녀는 삶의 기로에서 조국인 소련이 아닌 적국인 독일로 향하며, 소련군의 총에 의해 사살된다. 한스를 비롯한 양심적인 독일군 일행도 자살하거나 동사하는 비극으로 끝난다.

이 영화는 독일군에게 더 없는 비극이자 전쟁의 참상을 생생하게 묘사한 작품이다. 그러나 스크린에서 펼쳐지는 그들이 겪는 극심한 고통을 이해하면서도 공감이 가지 않는다. 이 비극의 원인 제공자가 독일군이고 히틀러의 명령으로 전장에 나섰다고 하더라도, 수백만의 소련인이 무참히 학살되었기 때문이다.

어느 전쟁영화 못지않게 사실적으로 표현했지만 제작진의 입장에 동조할 수 없는 작품, 〈스탈린그라드〉. 사실적인 묘사 이상으로 역사적 평형감각이 중요하다는 걸 이 영화가 새삼 일깨워 준다.

221

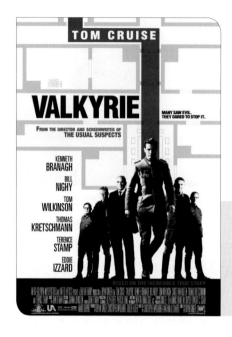

🎥 **03**

누가 애국자인가

작전명 발키리 Balkiri, 2008

감독: 브라이언 싱어

출연: 톰 크루즈(슈타우펜베르크)

　　　빌 나이(프리드리히 올브리히트)

　　　톰 윌킨슨(프리드리히 프롬)

영화 속 역사

　히틀러 암살 시도들 중에서 가장 가능성이 높았던 발키리 작전. 만일 이 거사가 성공했다면 역사가 바뀌었을 것이다. 전쟁의 양상은 물론이고 전후^{戰後} 역사마저 바뀔 수 있었다는 점이, 이 영화를 선택한 이유다.

　　더 이상의 무모한 희생을 막기 위해선 히틀러 암살만이 독일을 구하는 길이라고 결심한 슈타우펜베르크. 히틀러가 주관하는 회의에 참석해 시한폭탄을 설치하고 자리를 빠져나온다. 예정대로 폭탄은 터지고 발키리 작전에 나선다.

발키리 작전이 주목받는 이유

이 거사에 가담한 인물들이 나치정권 최고 중심부에 있어서다. 그만큼 확률도 높았고 실제로 거의 성공할 뻔했다. 이런 점에서 이 작전을 주도한 슈타우펜베르크 대령은 제2차 세계대전 관련 독일인 중, 히틀러, 롬멜, 힘러와 함께 중요한 인물로 꼽을 수 있다.

언제부터 히틀러를 제거하려 했나

제2차 세계대전이 일어나기 전부터 일부 장교들이 전쟁을 막기 위해 히틀러 타도를 계획했다. 그러나 전쟁이 발발하고 초반에 연승하면서 이러한 시도가 사라지는 듯하다가, 스탈린그라드 전투를 전환점으로 다시금 반反나치장교들을 결집시켰다. 영화에는 나오지 않았으나, 슈타우펜베르크 일행만이 전세가 기울어졌다고 판단하진 않았다. '사막의 여우'라는 별명으로 연합군에게까지 존경을 받던 롬멜 장군도 히틀러에게 승리할 가능성이 없다고 휴전을 건의했다.

따라서 슈타우펜베르크가 히틀러를 암살하려 한 것은 필연적인 사건이다. 즉, 그가 아니더라도 누군가가 실행에 나섰을 것이다. 독일 군부의 주요 지휘관 모두 패배를 예상했고, 스탈린그라드 전투를 거울로 삼아 자신들의 운명에 불안감을 느꼈다. 히틀러의 무모한 명령으로 파울루스 사령관을 비롯한 20여 명의 장성이 시베리아 수용소로 끌려간 것이 결코 남의 일이 아니었기 때문이다.

이 영화에서 가장 극적인 장면은 1944년 7월 20일 히틀러가 주재하는 회의실에 폭탄이 든 가방을 놓고 오는 장면이 아니다. 거사가 처음에는 성공한 듯 보이다가 히틀러가 살아있다는 소식 하나로 전세가 역전되는 장면이다. 혹여 당시 폭탄의 위력이 형편없는 것처럼 여겨질 수 있으나 결코 그렇지 않다. 이 폭탄으로 4명이 사망할 정도로 강력했으나, 정작 히틀러는 가벼운 부상만을 입었다.

또 한 가지 주목할 건 슈타우펜베르크 일행이 방송국을 점령하지 못했다는 사실. 히틀러가 살아있다는 소식을 차단하지 못해, 방송을 통해서 급속도로 확산된 것이다.

거사 실패 이후

슈타우펜베르크를 비롯한 쿠데타 주도세력이 체포되고 반역죄로 처형당했다. 영화에는 몇 사람만이 처형된 걸로 나오지만, 실제로는 그 숫자가 200명에 달했다. 게다가 전국적인 검거 선풍이 불어 쿠데타와 상관없는 사람까지 포함해 수천 명이 체포되어 강제수용소로 보내졌다.

그럼에도 히틀러의 복수는 이쯤에서 그치지 않았다. 발키리 작전에 가담하지 않았지만 이 계획을 사전에 알고 있을 것이라고 간주된 사람들에게도 보복이 가해졌다. 이 대상에는 영화에 나오는 예비군사령관 프롬과 함께 롬멜장군이 포함되어 있다.

영화에는 롬멜이라는 이름조차 나오지 않지만, 히틀러는 그가 이 쿠데타를 사전에 알고 있었을 것이라고 확신했다. 당시 서부전선에서 부상을 당해 요양하고 있었던 롬멜은 둘 중의 하나를 선택하라는 명령을 받았다. 쿠데타 관련 혐의로 군사재판을 받거나 아니면 스스로 목숨을 끊으라는 것. 여기서 두 선택 모두 죽음을 피할 수는 없지만, 군사재판은 히틀러에게 아주 부담스러웠다. 국민적 영웅이자 군부의 절대적 신임을 받고 있는 롬멜을 처형했을 때의 후폭풍이 엄청나기 때문이다.

그래서 히틀러는 둘 중의 하나를 선택하라면서 실상 자살을 강요했다.

자살을 택하면 가족의 안전을 보장
한다는 조건이 첨부되었다. 결국 롬
멜은 극약을 먹고 죽었으며, 히틀러
는 군과 국민에게 큰 동요가 일어나
지 않기 위해 병사^{病死}로 발표했다.

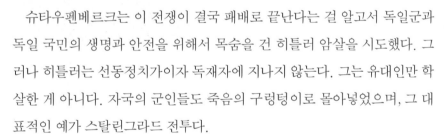

롬멜의 장례식

슈타우펜베르크 대^對 히틀러

역사에서 정의의 기준은 무엇일
까? 혹자는 슈타우펜베르크와 히틀
러가 방식과 사상은 달랐지만, 두 사람 모두 독일을 사랑했다고 간주한다.
그러나 필자의 입장은 다르다.

225

슈타우펜베르크는 이 전쟁이 결국 패배로 끝난다는 걸 알고서 독일군과
독일 국민의 생명과 안전을 위해서 목숨을 건 히틀러 암살을 시도했다. 그
러나 히틀러는 선동정치가이자 독재자에 지나지 않는다. 그는 유대인만 학
살한 게 아니다. 자국의 군인들도 죽음의 구렁텅이로 몰아넣었으며, 그 대
표적인 예가 스탈린그라드 전투다.

히틀러는 '힘이 곧 정의'라는 신념을 가지고 있었고 그 믿음대로 실천했
다. 그리고 역사는 그의 믿음이 옳다는 걸 입증했다. 그가 전쟁에 패배한
후 자살로 생을 마감했을 뿐만 아니라, 현재도 가장 많은 비난을 듣는 인물
이 되었다.

이와는 달리 슈타우펜베르크는 반역죄로 처형되었지만, 제2차 세계대전
이 끝난 후 국민적 영웅으로 바뀌고 그가 처형된 곳에 기념관이 세워졌다.
소위 '정의'나 '역사'의 관점이 승자의 입장으로 결정된다는 걸, 〈작전명 발
키리〉는 잘 보여 주고 있다.

제작 & 에피소드

영화는 기획단계부터 화제가 되었다. 〈엑스맨〉으로 유명한 감독 브라이언 싱어가 실화를 소재로 한 첫 작품이자, 주인공 역의 톰 크루즈가 실제 슈타우펜베르크와 외모가 비슷하다는 것.

영화는 사건현장을 재현하듯 실제 역사를 꼼꼼히 담아냈으며, 배우들의 연기 호흡도 매끄러웠다. 특히 쿠데타가 진행되는 동안 어느 편에 서야 할지 고민하며 이해득실을 따지는 인물들을 통해서는 치밀한 심리극을 보는 듯 했다.

슈타우펜베르크(좌)와 톰 크루즈(우)

아쉬운 건 후반부로 갈수록 긴장감이 떨어졌다는 것. 즉, 슈타우펜베르크가 설치한 폭탄이 터지고 예비군을 동원해 친위대를 체포하는 과정까진 흥미진진했지만, 이 작전이 실패로 돌아선다는 것이 느껴지는 시점부터 맥이 풀리기 시작했다. 이미 결과를 아는 상황에서, 긴장이 되지 않은 것이다.

그러한 점에서 극의 종반부까지 긴장감을 고조시키기 위해 다른 영화적 장치를 삽입했으면 어땠을까 하는 생각이 든다. 즉, 감독의 전작 〈유주얼 서스펙트〉의 마지막 장면 같은 극적 반전이나 혹은 가상의 사건을 삽입하여 관객의 예상을 벗어나는 장면이 있었으면 하는 기대감이 있다.

226

발키리작전의 유래

타이틀 명이자 군사작전 명칭인 '발키리'는 탄생 자체가 이채롭다.

발키리는 북유럽 신화에 등장하는 용감한 전사자들의 영혼을 천계로 이끄는 여신 집단의 이름이다. 게르만족의 여신답게 금발에 푸른 눈과 하얀 피부를 지니고 창과 방패를 들고 있다. 또한 발키리는 바그너의 대표곡 〈발키리의 비행〉으로도 잘 알려져 있는데, 유난히 바그너의 음악을 좋아한 히틀러가 이 곡의 이름에서 작전 명칭을 따왔다.

발키리작전이란 히틀러가 살해 혹은 축출되는 등의 소요사태가 발생했을 때, 베를린에 주둔한 수천 명의 예비군을 동원해 혼란을 진압하는 군사작전이다. 수백만 명의 유대인을 학살한 히틀러가 피비린내 나는 작전의 명칭을 고결한 느낌이 드는 예술분야에서 따왔다는 점이 묘한 기분을 느끼게 한다.

그렇다고 '전쟁'과 '예술'이라는 동떨어져 보이는 결합이 낯설진 않다. 세계 역사상 가장 많은 비난을 듣는 히틀러도 정치 일선에 나서기 전까지 화가가 되려고 소망했다.

영화 VS. 영화 〈바스터즈: 거친 녀석들〉
(Inglourious Basterds, 2009)

히틀러 암살을 소재로 했으면서도 너무나 다른 결말을 보인 영화. 이러한 배경에는 브라이언 싱어가 가급적 실제 사실을 반영하려 했던 반면, 〈바스터즈〉의 감독 쿠엔틴 타란티노는 기상천외한 역사 비틀기를 했기 때문이다. 그런데 그의 이러한 영화장치를 역사왜곡이라고 표현하기 곤란하다.

원래 그의 영화는 처음부터 삐딱하게 시작하고 결말을 예측하기가 참으로 어렵다. 형식과 내용 모두, 여타 영화에는 좀처럼 볼 수 없는 독특한 그

무엇이 타란티노다운 작품이다. 역사 요소가 가미된 〈바스터즈〉도 예외가 아니다.

극 중에는 히틀러를 비롯하여 괴링과 괴벨스 등 독일군 수뇌부가 등장한다. 제2차 세계대전을 소재로 한 작품에서 이들 인물이 나오는 게 당연할 수 있으나, 이 영화 하이라이트에서 관객의 탄성을 자아낼 정도로 실제 역사와는 너무도 다른 상황이 벌어진다.

생각해 보라. 슈타우펜베르크 일행이 용의주도하게 벌인 발키리작전도 실패한 마당에, 이 영화의 주인공은 황당무계한 작전으로 대성공을 거둔다. 즉, 히틀러를 비롯한 군 수뇌부 전체와 나치 협력자들까지 한꺼번에 몰살시킨 것이다. 마치 작가 앨런 폴섬의『모레』에서 제3제국을 재현하려는 수십 명의 나치 추종자들을 가두어놓고 독가스로 살해하는 것과 유사하다.

그러나 당황해할 필요는 없다. 그것이 타란티노의 역사영화, 아니 역사를 가장한 오락영화다.

〈바스터즈〉에서 주목할 또 한 가지는 실존하는 영화인이 나온다는 것. 즉, 레니 리펜슈탈 감독이 거론되는가 하면 배우 에밀 야닝스가 모습을 드러내고 있다. 리펜슈탈과 야닝스는 영화사에 있어서 하나의 획을 그을 정도로 중요한 인물이다. 리펜슈탈이 만든 다큐멘터리 영화 〈의지의 승리〉와

히틀러를 비롯한 군 수뇌부가 몰살당하는 장면

〈올림피아〉는 비평가들로부터 찬사를 받았으며, 야닝스는 제1회 아카데미 남우주연상을 수상했다.

228

그럼 어째서 이런 큰 족적을 남긴 영화인들을 부정적으로 묘사했을까? 그건 두 사람 모두 나치에 협력하는 선전영화를 찍었기 때문이다. 이후 리펜슈탈은 나치에 협력했다는 이유로 블랙리스트에 올랐으며 한동안 감독 활동이 금지되었다. 야닝스도 사정은 별반 차이가 없다. 그의 전성기는 미국에서 아카데미 남우주연상을 수상했던 시절과 독일에서 선전영화를 찍을 때까지였다. 종전^{終戰} 후 5년 만인 1950년에 그가 암으로 사망한 이면에는 나치에 동조했다는 혐의로 온갖 오욕을 뒤집어쓴 것도 무관치 않으리라.

분명한 점은 타란티노가 히틀러의 나팔수 역할을 하는 영화인을 증오한다는 것. 에밀 야닝스를 실제와는 달리, 히틀러를 비롯한 군 수뇌부와 함께 참혹하게 살해당하는 장면으로 각색한 게 그 증거다.

도입부의 '1944년 파리'라는 자막은 시사하는 바가 크다. 그때는 독일의 전세가 불리해져서 패배가 자명한 시점이다. 그러한 상황에서 군의 사기진작을 위한 홍보용 영화를 제작하고 이 영화를 보기 위해 히틀러가 파리까지 온다는 설정이 흥미롭다. 그만큼 영화라는 매체가 선전효과를 높이는 데 얼마나 탁월한지를 확인할 수 있다.

229

희대의 위조지폐범

카운터페이터 Die Fälscher, 2007
감독: 스테판 루조비츠키
출연: 칼 마르코빅스(소로비치)
어거스트 지녀(클링거)

230

영화 속 역사

제2차 세계대전 중 집단학살수용소로 악명 높았던 아우슈비츠. 그런 만큼 이곳을 무대로 한 영화들은 십중팔구 가스실을 다루거나 강제노동에 시달리면서 목숨을 연명하는 내용을 담고 있다. 그러나 이 영화는 다르다.

소로비치 주도로 위조지폐 제작에 나서는 유대인 재소자들. 나치 정부가 적국의 위폐를 대량생산해 세계경제를 혼란에 빠뜨리려 한 것이다. 위폐가 얼마나 정교한가가 작전의 성공 여부. 모닝커피 마시고 샤워장까지 갖춘 쾌적한 작업환경이지만, 이런 안락함을 마냥 즐길 수 없다. 정해진 기한 내에 완벽한 위폐를 만들지 못하면, 죽음을 의미하니까.

동일한 무대, 다른 대우

아우슈비츠가 어떤 곳인가!

한 번에 2천 명을 가스실에서 죽이고 하루에 1만여 명을 화장하던 곳. 바로 이런 소름끼치는 수용소 어느 한편에서 유대인들이 모닝커피를 마시고 푹신한 침대에서 잠자고 샤워장까지 갖춘 쾌적한 환경에서 지냈다면 믿을 수 있겠는가.

실제로 그랬다. 이들 유대인에게 목숨을 건 임무가 부여됐기 때문이다. 바로 완벽한 적국 위조지폐를 만들어야 하는 것. 나치 정부가 불리한 전세를 만회하기 위해 적국의 위폐를 대량생산하여 세계경제를 혼란에 빠뜨리려 했기 때문이다.

주인공 소로비치의 주도하에 드림팀이 결성되고 위폐제작^{일명 베른하트작전}에 들어간다. 독일군도 이때만큼은 이들에게 특별대우를 해준다. 잘 먹고 잘 쉬고 잘 자야 결과물이 좋을 것이기 때문이다.

231

이 영화의 압권은 독일 비밀요원이 소로비치가 만든 위폐를 가지고 영국국립은행에 가서 진폐라고 인정을 받는 장면이다. 곧이어 소로비치 일행은 파운드에 이어 달러 위폐제작이라는 새로운 임무를 부여받는다.

유대인 재소자들이 위폐제작에 몰두하는 장면

위폐 액수는 얼마나 될까

엔딩 자막에는 이들이 총 1억 3,200만 파운드를 만들어 냈는데, 이 액수는 당시 영국 외환보유액의 4배에 달한다고 했다. 그리고 달러도 제작에 성공했지만, 일을 지체한 덕분에 극소량만 만들어졌다고 했다.

이 자막이 나온 배경은?

독일 『슈테른』지에 공개된 한 편의 기사[1959]다. '막대한 지폐 뭉치'라는 타이틀로 나온 기사는 오스트리아 토플리츠 호수에서 초대형 철제함 속에 있는 엄청난 양의 파운드 위폐를 발견했다는 내용이다. 아울러 이 위폐의 출처는 1942년부터 1945년까지 유대인수용소에 수감된 위조지폐범 살로몬 스몰리아노프를 비롯한 140여 명의 위조전문가들이 투입된 지상 최대 위조지폐작전에서 사용된 것이다.

토플리츠 호수에서 발견된 파운드 위폐 뭉치들

당시 이 작전에 가담했던 아돌프 브루거가 이 위폐사건 이야기를 『악마의 공장: 작센하우젠 위조지폐 공작소』[2006]로 출간했으며, 이를 원작으로 만든 영화가 〈카운터페이터〉다. 그리고 이 작전을 진두지휘한 나치친위대 '베른하트 크루거' 소령의 이름을 따서 베른하트작전이라 명명하고 천문학적인 금액을 위조하였다. 위폐를 돈세탁해 월평균 100만 파운드를 요원들 활동비로 지급하고, 적국의 혼란을 야기하기 위해 영국 상공에서 위폐를 대량 투하하려는 계획도 했었다.

이 영화는 전쟁이 얼마나 사람을 피폐하게 만드는지를 보여 준다. 주인공이자 실존인물 소로비치는 베른하트작전에 투입되기 전까지 평범한 유대인 재소자였다. 그러나 역사적인 이 사건에 개입되면서, 예상치 못한 갈등과 번민에 휩싸였다. 위폐팀원 간의 갈등과 훨씬 열악하고 위태로운 처지에 있는 일반 재소자들이 보내는 증오의 시선이다. 소로비치는 완벽한 위폐를 만드는 조건으로 일반 재소자와는 비교할 수 없을 정도의 대접을 받았다.

분명한 건 그런 대우가 목숨을 건 최소한의 대가라는 점이다. 그럼에도 일반 재소자에게 비쳐지는 소로비치 일행의 모습은 나치와 별반 다를 게 없는 '공공의 적'이다. 목숨을 부지하기 위해 위폐를 만들었다고 항변해도 이적행위가 분명하기 때문이다.

프롤로그에서 소로비치는 다소 이기적인 인물로 보였다. 그러나 베른하트작전에 참여하면서 주변 사람들을 돌아볼 줄 아는 따뜻한 인간으로 변모한다. 그는 현실을 무시하고 이상적인 논리만을 내세우는 동료를 설득하고, 같은 팀원이자 전직은행 고위간부가 전문위폐범 출신이라며 자신을 무시할 때에는 당당히 맞섰다.

만일 두 동료의 행동이 허영과 위선이라면, 소로비치는 그들을 죽음으로부터 구해 준 은인이다. 더욱이 결핵에 걸린 동료를 구할 약을 얻기 위해 장교와 목숨을 건 담판을 벌이는 장면에선, 그에게 위폐제작에 대한 비난의 화살을 보낼 수 없다. 소로비치가 누누이 얘기하듯 목숨보다 소중한 건 없지 않은가.

233

제작 & 에피소드

〈타인의 삶〉에 이어서 2년 연속 아카데미 최우수외국어영화상을 수상해 제작사 베타시네마의 명성을 높여 준 〈카운터페이터〉.

　이 영화는 생사여탈권을 쥔 독일군에게 아무런 저항을 못하는 유대인을 다룬 여타 작품과는 달리, 위폐제작이라는 히든카드를 쥐고서 나름대로 독일군을 상대로 머리싸움을 하는 내용이 담겨 있다. 또한 위폐의 완성을 눈앞에 두고 '목숨'과 '양심'을 놓고 갈등하는 장면에선 가슴이 저려온다.

　이 영화의 특색은 '특별대우 받는 자'와 '일반 재소자' 간의 대립구도다. 인간이 극한 상황에 처해졌을 때 얼마나 약해지는지 혹은 이기적이 될 수 있는지를 극명하게 보여 준다. 그리고 이런 다양한 심리적 갈등을 섬세하게 표현한 이가 감독 스테판 루조비츠키다. 오스트리아 출신인 그는 공포물 〈아나토미〉 시리즈로 잘 알려졌는데, 공교로운 건 공포물 속 등장인물 간의 감정대립을 이 영화에도 그대로 투영했다는 점이다.

234

　소로비치 역의 칼 마르코빅스는 이 감독의 페르소나이자 독일을 대표하는 연기파 배우다. 특히 복잡한 내면을 표현하는 눈빛 연기가 일품이다. 라스트신에서 소로비치가 해변가를 쳐다보는 장면은 세상의 온갖 세파를 겪은 자에게서만 볼 수 있는 잊혀지지 않는 표정 연기라 할 수 있을 것 같다.

영화 VS. 영화 〈블랙 북〉(Black Book, 2006)

　제2차 세계대전 중, 유대인들은 나치로부터 학살을 피하기 위해 다양한 방법을 사용하였다. 예를 들어, 오스카상을 수상한 〈쉰들러리스트〉〈피아니스트〉〈카운터 페이터〉는 각기 돈(뇌물), 음악, 위조지폐라는 수단으로 유대인의 목숨을 구했다. 혹은 에드워드 즈윅의 〈디파이언스〉처럼 게릴라를 조직하여 독일군에 맞서는 내용도 있다. 그러나 이러한 영화들과 형식을 달리하는 작품이 있는데, 폴 버호벤 감독의 〈블랙 북〉이다.

이 영화는 독일군의 잔학상을 만천하에 공개하는 것도 아니고 인간의 존엄성을 다루지도 않았다. 사랑과 이별 그리고 음모와 배신이 교묘히 얽힌 통속극 형태를 띠면서도, 실제 사실이라는 놀라움이 있다.

생각해 보라. 유대인 여성과 독일군 장교의 목숨을 건 안타까운 사랑도 그렇고, 레지스탕스 활동에 나선 연인이 알고 보니 돈에 눈이 멀어 유대인을 팔아먹고 심지어 자기 부모까지 죽인 원수였다는 극 내용을 어찌 실제 사실이라고 믿을 수 있겠는가.

감독은 전작 〈원초적 본능〉에서 보여 준 다양한 복선과 극적 반전효과를 이 영화에도 적용하였다. 처음에는 전쟁의 소용돌이 속에서 사랑을 다루는 휴먼드라마 같지만, 후반부 들어선 스릴러물로 진행된다. 독일의 패망으로 자유를 되찾았지만, 주인공 레이첼이 도망자 신세로 전락하는 장면은 어이없는 웃음마저 나오게 한다. 특히 라스트신에서 드러나는 악인의 정체를 보면, 역시 폴 보허벤다운 연출 감각을 느끼게 한다.

영화에는 캐릭터가 다른 두 인물, 문츠와 한스가 등장한다.

문츠는 침략국 장교이지만 따뜻한 감성을 지녔고 결코 해선 안 될 유대인 여성과 사랑을 했다. 더욱이 그녀가 스파이라는 사실을 알면서도 애정전선을 고수하는 대목에선 진정한 로맨티스트인 동시에 우유부단한 군인의 모습을 보여 준다. 이와는 달리 한스는 의사출신 지식인으로 레지스탕스 리더지만, 철저한 위선자다. 오로

문츠(좌) 대(對) 한스(우)

지 돈을 벌기위해 유대인을 팔아먹었으며, 자신의 악행을 감추려고 동료들을 살해했다.

235

이미 내렸던 판단 기준에 곤혹스러움을 느낄 때가 있다. 독립운동가가 해방이 되자 독재자의 모습으로 변모한다거나 혹은 민주투사라고 존경받던 이가 정작 국정을 수반하게 되자 '오기'와 '무능'이라는 실체가 드러나는 경우 말이다. 엔딩신에서 레이첼은 한스의 악행을 두고서 자문한다. "돈이 그렇게 소중한 걸까?"

그러나 원래 인간의 탐욕은 한도 끝도 없다. 〈블랙 북〉의 소재를 안겨 준 제2차 세계대전의 발발도 궁극적으로는 '경제'가 주된 요인이다. 그리고 세상사에 이해 안 가는 일이 어디 그뿐이겠는가.

'소설 같은 전쟁 실화, 영화 같은 인생 역정'의 주인공 레이첼 로젠탈도 그중 하나일 것이다.

HISTORY
IN
FILM

Theme 11

전후 처리와 이스라엘 건국

괴링의 원맨쇼

/

이스라엘 홍보영화

괴링의 원맨쇼

뉘른베르크 Nuremberg, 2000
감독: 이브 시모노
출연: 알렉 볼드윈(로버트 잭슨)
　　　브라이언 콕스(괴링)

238

영화 속 역사

　　제2차 세계대전이 끝나고 열린 국제군사재판. 연합국 측은 전쟁을 일으
킨 독일 전범자들의 죄를 묻고자 했다. 역사적인 재판과정을 생생하게 묘
사했다는 점이 이 영화의 매력이다.

　　만면에 웃음을 띠고 전권대사처럼 미군 측에 항복하러 온 독일 원수 괴링. 이후 괴링
을 비롯한 나치 전범들이 미군 영창 배드 몬돌프로 이송된다. 트루먼 대통령의 명으로
역사적인 재판을 맡게 된 수석검사 잭슨. 곧이어 전쟁발발의 책임 여부를 둘러싸고 괴링
과 잭슨 간의 치열한 법정 공방이 벌어진다.

괴링은 누구인가

재판 첫날, 괴링을 몰아붙이다가 오
히려 능란한 언변에 말려드는 잭슨. 차
마 눈뜨고 볼 수 없는 유대인 학살 관련
영상에 모두 망연자실하지만, 괴링만은
눈 하나 깜짝 않는다. "마치 공포영화
같구먼. 하지만 누구든 그럴 수 있어."

원맨쇼를 하듯 법정을 휘어잡은 괴링
은 누구인가? 그는 나치당의 초기 멤버

괴링

이자, 강제수용소를 만들고 게슈타포를 창설했다. 1935년 재군비선언 이
후에는 공군을 창설하고 육성하는 등, 명실상부한 히틀러의 최측근이었다.
그러나 독일 공군이 영국과의 전투에서 패배하고, 연합군의 독일 폭격을
막지 못하게 되면서 그의 위상이 점차 약해졌다.

그럼 그가 미군을 찾아가서 항복한 이유는? 영화에는 그의 부인 에미 조
네만이 히틀러가 자기 남편에게 가족과 함께 자살을 강요했기 때문이라고
하지만, 한 가지 추가해야 할 것 같다. 즉, 괴링은 연합군이 자신을 전권대
사로 대우해 주길 기대하고 항복했으며, 도입부에도 나오듯이 전권대사처
럼 행동했다.

이후 전범재판에 나선 괴링은 영화 속 모습 그대로다. 교묘한 논리로 자
신을 변호했으며, 영화에는 나오지 않았지만 나치정권이 저지른 만행을 모
두 힘러와 하이드리히가 주도했다고 주장했다.*

239

---

* 힘러는 체포된 후 음독자살했으며, 하이드리히는 체코 레지스탕스가 던진 폭탄에 의해 사망
  했다. 루이스 길버트의 〈새벽의 7인〉(1975)이 하이드리히 암살을 소재로 한 작품이다.

그러나 속개되는 재판에서 상황이 역전된다. 괴링이 온갖 변명을 늘어놓아도 그때마다 잭슨이 내놓는 명백한 증거 앞에 말문이 막혀 버린 것. 그는 최종 변론에서 이 재판이 세 강대국의 압력에 굴복했다는 걸 강조하지만, 예상대로 교수형 판결을 받는다. 그리고 그는 연합국의 각본에 끝내 끌려가지 않았다. 형이 집행되기 전 음독자살했다.

또 다른 전범 슈페어

재판에서 괴링과 대조적인 법정 태도를 보인 전범, 슈페어. 영화에서 그는 자신의 죄를 인정하고, 독일을 파괴하라는 히틀러의 명령을 거부하고 심지어 히틀러 암살계획을 했다고 진술한다. 영화에서 재판의 흐름을 괴링에서 잭슨으로 바꾸는 데 큰 역할을 했다.

슈페어가 법정에서 괴링과 다르게 임한 이유는 무엇일까? 우선 그의 직업적인 성향을 지적할 수 있다. 그는 히틀러의 측근인 괴링, 괴벨스, 힘러처

슈페어

럼 능란한 정치적 술수를 부리는 스타일이 아닌, 주어진 임무를 성실히 수행하는 행정가다. 특히 건축가로 유명했다. 베를린 올림픽 주경기장과 파리국제박람회[1937]의 독일관을 설계하고 히틀러의 명으로 수상 관저를 건립했다. 전쟁발발 후에는 파괴된 도로를 수선하는 등 전쟁물자를 원활하게 수송하는 데 뛰어난 능력을 발휘했다. 심지어 독·소전쟁이 일어나기 전에는 스탈린으로부터 모스크바를 새로이 조성해 달라는 부탁도 받았다.

결국 그의 이런 성향과 재판에 적극 협조한 점이 참작되어 20년 형을 선

고하는 재판부. 흥미로운 건 프랑스 드골을 비롯한 여러 유명인사들이 그의 감형 운동에 나섰으나, 결국 형기를 꼬박 채웠다. 이러한 배경에는 이 전쟁으로 가장 많은 인명 피해를 본 소련의 강력한 감형 반대 요구 때문이었다. 그리고 독일전범에 대한 강경조치는 이미 얄타회담에서 예고되었다.

이 회담에서 스탈린은 전범들의 신속한 처벌과 나치조직 소탕은 물론이고 그 잔재마저 제거할 것을 강조했다. 또한 독일의 분할통치를 주장했는데, 이는 영국과 미국 수뇌부도 공감하고 있었다. 즉, 40년 넘게 사회주의와 자본주의 양 진영으로 첨예하게 대립한 동서분단 비극의 계기가 이 회담에서 결정되었다.

제작 & 에피소드

241

주인공은 잭슨 검사 역의 알렉 볼드윈이지만, 극 전체의 분위기를 좌우하는 이는 단연 괴링역의 브라이언 콕스다. 스코틀랜드 출신인 그는 연극에 잔뼈가 굵은 연기파로서, 최근 개봉한 〈처칠〉에선 주인공이지만 대개 신스틸러 역할을 맡았다.

본 시리즈를 비롯해 〈혹성탈출: 진화의 시작〉〈엑스맨 2〉〈트로이〉 등이 있으며, 특히 인상적인 배역은 〈트로이〉의 아가멤논이다. 흥미로운 건 괴링 역과 아가멤논 역이 서로 공통점이 있다는 것. 두 역할 모두 머리 속에 구렁이가 한 마리쯤 들어간 듯 느물느물하고 교활한 인물로 나온다.

이 영화는 실제 사실을 가급적 반영했다. 공판에서 잭슨 검사가 펼치는 연설을 비롯해 전범들이 보이는 각기 다른 행동양상도 사실적이다. 다만 재판정에서 대조적인 입장을 보이는 괴링과 슈페어라는 두 인물을 강조하다 보니, 나머지 전범들에 대한 비중이 너무 묻혀 버린 게 아닌가 생각된

다. 아마도 전범들이 재판에 임하는 태도와 가치관을 구분하기 위해, 두 인
물에 초점을 맞춘 것 같다.

한편 영화의 전반적인 흐름과는 상관없이 잭슨 검사와 여비서 사이의 미
묘한 러브라인을 설정한 건 사족 같다. '역사적인 재판'이라는 수식어가 따
르는 중요한 공판에서 여비서가 이 재판에 영향을 끼친 것도 없고, 진지하
게 핑크빛 애정전선을 보이는 장면도 없어서다.

이러한 점에서 생뚱맞은 연인관계보단 유능한 비서로서의 캐릭터에만
충실했다면, 극의 개연성과 몰입도가 더욱 높아졌을 거라는 생각이 든다.

영화 VS. 영화 〈더 리더: 책 읽어 주는 남자〉
(The Reader, 2008)

똑같은 재판장소를 무대로 했으면서도 극의 성격이 아주 다른 〈뉘른베
르크〉와 〈더 리더〉. 전자가 1급전범 24명에 대한 제1차 뉘른베르크재판을
다룬 역사영화라면, 후자는 유대인학살과 관련된 제2차 뉘른베르크재판을
배경으로 한 멜로드라마다.

1946년 12월부터 1949년 3월까지 진행된 이 재판에는 유대인학살에 관
여한 의사, 관료, 법률관 185명이 기소되었다. 25명에게 사형, 20명에게 무
기징역이 선고되었는데, 그중에는 이 영화의 주인공 한나도 포함된다.

그녀는 죽음의 수용소를 운용하는 주도적 인물이 아니고, 그곳을 직장으
로 다닌 사람이다. 공교롭게도 그녀는 법정에 선 피고들과 달리, 자신이 저
지른 범죄를 인식하지 못했다. 자신이 많은 유대인을 학살한 데 일조한 게
아니라, 직무에 충실했을 뿐이라고 생각한 것이다. 이와는 달리, 다른 피고
들은 형량을 줄이기 위해 한나를 유대인학살 총책임자로 몰아세웠다. 그녀

혼자만 혐의를 인정해서다. 결국 한나는 다른 피고인들과는 비교할 수 없을 정도로 과중한 형량을 선고받는다.

영화에는 그녀를 사랑한 마이클이 아우슈비츠수용소에 가서 주인없는 신발들이 쌓여 있는 현장을 목격하고 망연자실하는 장면이 나온다. 그는 그녀를 사랑했지만, 범죄 행위를 용서할 수 없었다. 그럼에도 그녀가 받은 형량과 나머지 인생을 고려하면, 이 전쟁의 또 다른 피해자라는 생각이 든다.

만일 유대인수용소로 열차를 운행하는 기관사가 있다면 그도 공범자일까. 그녀에게 형을 선고하는 독일인 판사는 이 전쟁에 대해 일말의 책임도 없을까. 심지어 영화 속 법정 방청객을 포함해 일반 독일 국민 모두 전쟁에 대해 아무런 책임이 없는 걸까.

이 영화에서 섬뜩한 장면은 다른 피고들이 모두 한나에게 책임을 전가하고 검사 역시 그녀를 집중 추궁하는 대목이다. 그녀의 천진난만한 법정진술을 들으면서 득의의 미소를 짓는 피고들의 모습은 소름이 돋을 정도다.

243

영화에는 나오지 않았지만, 아우슈비츠수용소의 악명 높은 의사로 '요제프 멩겔레'라는 인물이 있다. '죽음의 천사'로 불렸던 그는 유대인 여성을 상대로 온갖 끔찍한 생체실험을 했다. 그에게 유대인은 사람이 아닌 실험재료였다. 종전 후, 그는 수용소를 탈출하여 남아메리카에 은둔생활하면서 끝내 법의 심판을 피했다.^{1979년 사망}

법정에서 진술하는 한나(케이트 윈슬렛)

공교롭게도 한나를 제외한 피고들에게서 멩겔레의 모습을 보는 것 같았다. 즉, 그들도 멩겔레처럼 자신의 행위가 얼마나 무서운 범죄인지를 잘 알고 있었으며, 이를 모면하기 위해 또 다른 희생자, 한나를 만들었다.

그러나 한나는 달랐다. 교도소에 있으면서 비로소 자신의 행동이 얼마나 무서운 범죄였는지를 깨달은 것이다. 문맹인 그녀가 글을 배우면서, 아는 만큼 보이는 게 아닌, 공부하는 만큼 자신이 저지른 죄로 고통을 받았다. 결국 그녀는 오랜 수감생활을 끝내고 출소하기 직전, 자살로 생을 마감한다. 교도소 안에 있을 때는 '출소'라는 희망이 있지만, 자유인이 되는 상황에선 오히려 할 일이 없다고 판단한 것이다.

전쟁의 가해자 대^對 피해자의 정의와 경계선에 대해 시사점을 던진 영화, 바로 〈더 리더〉의 가장 큰 매력이다.

244

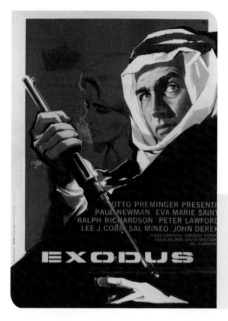

🎥 02

이스라엘 홍보영화

영광의 탈출 Exodus, 1960
감독: 오토 프레밍거
출연: 폴 뉴먼(아리 밴 캐난)
　　　에바 마리 세인트(키티 프레몬트)
　　　랄프 리처드슨(서덜랜드)

245

영화 속 역사

지금으로부터 근 60년 전에 만든 클래식무비를 선택한 이유는 단 한 가지. 이스라엘 건국과정을 소재로 한 영화 중에서 가장 유명한 작품이기 때문이다.

키프로스에 억류된 유대인들. 아리는 증명서를 위조해 그들을 엑소더스호에 승선시킨다. 이 사실을 안 영국군이 배를 출항 못하게 하자, 단식투쟁에 돌입하는 유대인들. 목숨을 건 그들의 행동에 세계 여론이 들끓고, 영국군은 정선명령을 취소한다. 드디어 조상의 땅 팔레스타인을 향해 가게 된 것이다.

옴니버스 스타일

이 영화는 두 편의 옴니버스를 보는 것 같다. 전반부는 억류된 유대인을 엑소더스호에 승선시켜 팔레스타인으로 향하는 여정을, 후반부는 도착한 후의 이스라엘 건국과정을 다루고 있다. 영화는 시작부터 진한 시오니즘 Zionism 이 느껴진다. 시온이 예루살렘과 이스라엘을 가리킨다는 점에서, 시오니즘은 팔레스타인 지역에 유대인 국가를 건설하는 목적을 지닌 민족주의운동을 의미한다.

유대인이 영국에 적대감을 가진 이유

246

영화는 키프로스섬에 억류된 유대인들이 자신들을 가둔 영국군을 향해 반감을 드러내는 장면부터 시작한다. 어째서 유대인들은 적대감을 갖게 됐을까?

그건 제1차 세계대전 중인 1917년 영국 외무장관 아서 밸푸어가 영국 국적을 지닌 유대인 로드 쉴드에게 서한을 보낸 것부터 시작된다. 서한의 내용은 영국이 팔레스타인에서 유대인들을 위한 민족국가를 인정한다는 약속, 즉 밸푸어선언을 했다.

당시 영국은 미국 내 유대인의 환심을 사서 미

밸푸어와 그의 서한. 일명 밸푸어선언

국을 이 전쟁에 끌어들이려 했다. 그러나 영국은 다른 한편으로 고등판무관 맥마흔이 1915년 1월부터 1916년 3월까지 십여 차례에 걸쳐 아랍인들이 참전하면 종전 후에 아랍지역의 독립을 보장해 준다는 맥마흔선언을 했다. 독립을 미끼로 한 양다리정책인데, 영국 정부 입장은 소수의 유대인보다는 현재 팔레스타인에 거주하는 팔레스타인인뿐만 아니라 주변 아랍국가들을 더욱 의식할 수밖에 없었다.

그래서 영화 속 영국군은 허가증 없이 지중해를 건너는 유대인들을 붙잡아 키프로스 섬의 카라올로스수용소에 가두었고, 유대인은 속았다고 분노했다. 수용소 책임자 서덜랜드 장군의 대사는 당시 영국이 처한 곤혹스러운 입장이 잘 드러난다.

"긴박한 상황에 처하면 국가도 개인처럼 지키지 못할 약속을 남발하게 되죠. 유대인과 마찬가지로 아랍인에게도 약속했거든요. 그리고 아랍은 유대인 이민문제라면 광분합니다. 그래서 지금은 아랍의 선처만 바라고 있죠."

험난한 건국과정

천신만고 끝에 조상의 땅 팔레스타인에 도착한 유대인들. 그러나 진짜 고생은 이제부터다. 배타적인 영국군과 절대 다수 아랍인들의 경계에 맞서 이스라엘을 건국해야 하기 때문이다. 영화에는 주인공 아리와 그의 아버지 바락이 하가나 소속이고, 아리의 삼촌은 이르 리더로 나온다. '하가나'와 '이르'는 이스라엘로 독립하기 이전 팔레스타인에 존재했던 유대인 무장단체다.

하가나가 유대인 정착지를 방어하고 테러에 반대하는 온건 노선을 취한 반면, 이르는 영국인들을 불법 점령자로 간주하고 이들에 대한 테러와 암살을 서슴지 않았다. 영화에도 나오듯이, 예루살렘의 킹 데이빗 호텔을 폭

247

파해 91명을 사망하게 하고^{1946. 7. 22.}, 아랍인 마을^{다이르 야신}을 기습해 주민 254명 모두를 살해했다^{1947. 4. 9.}.

이르의 테러 행위에 영국군도 가차없는 보복으로 맞섰다. 영화에는 이르에 입단하려다 체포된 도브를 대하는 영국 경찰의 모습을 통해, 당시 영국이 얼마나 이르를 적대시했는가를 짐작하게 한다. 흥미로운 건 대조적인 노선을 지향한 하가나와 이르가 서로 대립했으나, 이스라엘 독립과 함께 둘 다 해체하고 이스라엘 방위군으로 들어갔다는 사실이다.

한편, 아리의 지휘 아래 유대인 병사들이 전장으로 향하는 라스트신은 제1차 중동전쟁^{이스라엘 독립전쟁으로도 불림}을 상징한다. 영화에도 나왔듯이, 유대인은 수적으로 밀렸고 무장에서도 부족했으나 끝내 예루살렘과 텔아비브를 지켰다.

이후 미군의 전폭적인 지원과 함께 대승을 거두고 4차까지 이어진 중동전쟁으로 오히려 영토를 확장하였다. 주변 적대국들을 무장에서 압도하고 팔레스타인인을 가자지구를 비롯한 자치구역에 몰아넣는 등 막강한 군사대국으로 발전한 것이다.

〈영광의 탈출〉이 개봉된 1960년과 2017년 현재 시점에서 이 영화를 보는 기분은 사뭇 다르다. 격세지감이 느껴진다고 할까.

영화에 나오는 아리의 대사 중에 마음에 걸리는 게 있다. 아랍인 타하와 유대인 카렌을 함께 매장하면서, "아랍인과 유대인이 조화롭게 평화로이 살 날이 꼭 올 것"이라고 맹세하는 장면이다. 현재 이스라엘과 팔레스타인 자치지구 간에 일어나는 일련의 테러와 보복행위와 모순되기 때문이다.

분명한 건 이스라엘과 팔레스타인 간에 야기된 갈등과 대립 그리고 사무친 원한을 풀 열쇠는 이스라엘측이 갖고 있다. 칼자루를 이스라엘이 쥐고 있어서다.

예컨대 이 영화가 유대인 수난의 역사를 끝나게 하는 전환점이라면, 아리 폴만의 〈바시르와 왈츠를〉[2008]과 에란 리클리스의 〈레몬 트리〉[2008]는 현재 이스라엘이 나아가야 할 방향을 제시하는 것 같다. 과거 자신들이 당했던 핍박을 떠올리며 강자로서의 포용력을 보여 줄 때, 영화 속 아리가 주장한 진정한 평화가 올 것이라고 기대한다.

제작 & 에피소드

영화 내용보다 주제곡으로 더 유명한 영화. 아카데미음악상을 수상한 어네스트 골드의 이 음악은 지금은 종영된 MBC 〈주말의 명화〉 시그널 뮤직으로 친숙하다. 레온 율리스의 소설을 원작으로 한 이 작품은 좋게 말하면 이스라엘 건국과정을 다룬 대작이고, 냉정히 보면 이스라엘 홍보영화다.

249

그래서일까. 주인공 폴 뉴먼과 에바 마리 세인트를 비롯한 연기파배우들의 호연과 함께 극적인 장면도 여러 차례 나오지만, 감독의 의도에 공감이 잘 되지 않는다. 일방적으로 이스라엘 입장만 내세우기 때문이다.

예를 들어, 영화에 나오는 아랍인에 대한 평가는 유대인에게 호의를 베풀었는지가 기준이 된다. 유대인에게 간다프나 지역의 자기 땅을 준 아랍인 아들 타하는 지성미가 넘치지만, 그렇지 않은 아랍인은 야만인 혹은 극렬 무장테러범처럼 보인다. 도브가 유대인 정착촌에 난입한 아랍인을 사살하고 카렌과 하는 대화도 그렇다. 도브가 아무렇지도 않은 듯 아랍인 한 명을 사살했다고 말

아리 역의 폴 뉴먼

하자, 이를 듣는 그녀 역시 마음의 동요가 전혀 없다.

주목할 건 죽은 사람이 철천지원수 독일 나치가 아닌, 원래부터 이곳에 거주하던 팔레스타인인이다. 설사 무장을 해서 어쩔 수 없이 사살할 수도 있지만, 사람을 죽이고도 너무나 태연한 두 청소년의 표정을 통해서, 이들이 얼마나 아랍인의 목숨을 경시하는지 느껴졌다.

이 영화를 처음 보았을 때, 폴 뉴먼이 어째서 이런 이스라엘 홍보영화에 출연했는지 이해할 수 없었다. 〈허슬러〉〈스팅〉〈내일을 향해 쏴라〉〈뜨거운 양철 지붕 위의 고양이〉 등 주옥같은 작품에 출연한 연기파 배우이자 후배 스타들로부터 존경을 받는 예일대학교 출신의 지성파 연예인이라는 점이 작용했던 것.

그러나 나중에야 알았다. 폴 뉴먼이 스티븐 스필버그처럼 유대인이라는 사실을. 만일 그가 유대인이 아니었어도 이러한 내용의 영화에 출연했을까? 확인할 순 없지만 출연 섭외도 오지 않았을 것 같다. 흔히 '피는 물보다 진하다'고 했는데, 그건 영화에도 적용된다고 본다. 스티븐 스필버그의 〈쉰들러 리스트〉처럼 말이다.

영화 속 키프로스 역사

영화배경으로 나오는 키프로스 섬은 수려한 경치와는 달리, 수난의 역사가 있다. 여주인공 키티를 안내하는 여행가이드 대사에도 나오듯이, 키프로스 섬은 고대부터 근대에 이르기까지 외국의 침략을 받았다. 이러한 배경은 지정학적으로 동지중해의 요충지라서다. 기원전 1500년 무렵에 이집트에 정복된 이래, 미케네, 페니키아, 이집트, 앗시리아, 로마, 비잔틴제국, 오스만투르크 제국 등 다양한 세력들의 각축장이 되었다.

이후 이 섬의 행정권이 대영제국에 양도(1878)되었으며, 곧이어 직할 식민지가 되었다. 따라서 1947년을 배경으로 하는 〈영광의 탈출〉에선 영국 정부가 이 섬에 대한 일체의 지배권을 행사했다. 영화에는 나오지 않았으나 키프로스인은 영국 정부를 상대로 끈질기게 독립운동을 전개했으며, 영국, 그리스, 터키가 맺은 취리히 및 런던 협정으로 독립(1960. 8.16.)을 얻었다.

그러나 독립 후에도 키프로스 정국은 불안했다. 키프로스 주민이 역사적으로 적대관계인 그리스계와 터키계로 구성되었기 때문이다. 더욱이 영국으로부터 독립하기 이전부터 그리스계 주민이 그리스와의 통합 움직임을 벌이자, 수적으로 열세인 터키계 주민은 극렬하게 반대했다.

결국 두 주민의 대립이 내전 상태로까지 확대되어 가뜩이나 영토가 작은 나라가 북키프로스-터키공화국과 키프로스공화국으로 분리독립(1975)하는 상황까지 치닫게 되었다.

영화 VS. 영화 〈천국을 향하여〉(Paradise Now, 2005)

이라크전쟁이 일어나기 전까지, 할리우드영화에 이슬람 무장단체가 나온다면 십중팔구 '악의 무리'다. 더욱이 그 단체가 자살테러까지 감행한다면, 두말할 필요 없다. 단순무식하거나 잔혹한 이미지로 그려지고, 영웅적인 주인공에 의해 사살되거나 체포되는 이슬람 무장테러단.

그러나 실제 사실을 소재로 한 이 영화는 이제껏 악당으로 그려지던 자살테러단의 시선에서 극을 이끌어 간다. 어째서 그들이 목숨을 희생하면서까지 테러를 감행해야 하는지를 설명하고, 그들도 죽기 전에 두려움에 떠는 평범한 인간이란 걸 보여 주는 〈천국을 향하여〉.

분명한 점은 영화 속 주인공을 비롯해서 지금까지도 자살테러가 이어지는 이유는 그 방법 외에는 이스라엘과 세계를 향해 저항할 수단이 없기 때문이다. 이렇게 본다면 〈천국을 향하여〉는 〈영광의 탈출〉과 완전히 반대되는 극과 극의 작품이다. 후자가 이스라엘의 건국과정을 감동적으로 묘사했다면, 전자는 이스라엘에 의해 국토를 빼앗긴 팔레스타인인의 암울한 현실을 묘사하고 그 해결방법으로 순교^{자살테러}를 선택했다.

몸에 폭탄을 설치하는 장면

이 영화에서 주인공은 이스라엘이 희생자인 양 행세하는 데 어이없어하며 세상을 원망하고 있다. 어떻게 점령자가 희생자가 될 수 있냐고 말이다.

252

실제로 팔레스타인에 가보면 주인공의 입장을 십분 이해한다. 생각해 보라. 높이 10m되는 철근과 콘크리트 그리고 철조망으로 이루어진 장벽으로 세상과 차단된 팔레스타인자치구역 안에서 무슨 희망을 기대할 수 있는지를. 이스라엘과 팔레스타인의 공존을 주장한 전직 예루살렘 부시장^{Meron Benvenist}도 이 장벽을 일컬어 "절망의 상징이자 이스라엘 점령군의 오만"이라고 비판했다.

영화는 주인공이 버스 안에서 자폭해 십여 명을 사망케 하는 것으로 끝난다. 그러나 그보다 주목할 점은 이 테러사건에 대한 이스라엘 대응책이다. 중무장을 한 헬기를 팔레스타인으로 보내 수십 배 보복에 나선 것이다. 말 그대로 '비극의 악순환'이다.

개인적으로 제2차 세계대전 중의 유대인 박해를 소재로 한 영화는 더 이상 보고 싶지 않다. 물론 〈쉰들러리스트〉 〈피아니스트〉 〈카운터페이터〉 등 실제 사실을 소재로 한 감동적인 작품도 있지만, 이런 영화를 보면 뭔가 허전함이 느껴졌다. 즉, 현재의 이스라엘이 영화 속 희생자 이미지와 괴리감이 들 정도로 다른 입장에 있기 때문이다. 초강대국 미국을 비롯해 세계 경제를 주무르고 할리우드를 지배하는 이가 바로 유대인이다.

홀로코스트를 소재로 한 〈쉰들러리스트〉와 시온주의운동의 결실을 묘사한 〈영광의 탈출〉이 '과거의 사실'이라면, 팔레스타인인들이 겪는 죽음의 공포를 그린 〈천국을 향하여〉는 바로 '현재 상황'이라는 점을 간과해선 안 될 것이다.

Theme 12

냉전 체제

스탈린 유령

/

몸은 가둬도 마음은 가둘 수 없다

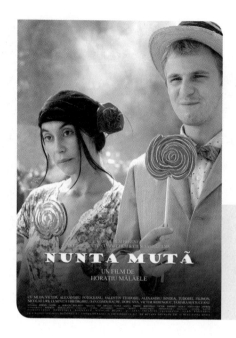

01

스탈린 유령

사일런트 웨딩 Nunta muta, 2008
감독: 호라티우 말라엘
출연: 메다 안드리아 빅토르(마라)
　　　알렉산드루 포토신(이안쿠)
　　　발렌틴 데오도시우(아스치에)

256

영화 속 역사

소련의 위성국가로 전락한 루마니아 어느 농촌. 이곳에서 실제 일어난
참극을 통해 당시 소련의 압제가 얼마나 가혹했는지 알 수 있다.

시골 마을 결혼식 당일, 하객들로 시끌벅적한데 큰 걱정거리가 생겼다. 소련 통치자
스탈린의 죽음으로 결혼식이 당분간 금지된 것. 결혼식을 하자니 목숨이 위험하고 안 하
자니 멀리서 온 하객이 부담스럽다. 결국 소련군이 눈치 채지 못하도록 일체 소리를 내
지 않는 사일런트 웨딩(silent wedding)을 하는 것이다.

언제부터 소련이 내정간섭했나

1940년 9월 친독반소 親獨反蘇 정책을 내세운 이온 안토네스쿠 장군의 쿠데타로 거슬러 올라간다. 이후 전황이 추축국에 불리하자, 연합국 편으로 돌아서고 나치 독일에 선전포고도 했지만 너무 늦었다. 이래서 개인이건 국가건 간에 줄을 잘 서야 되는 것 같다. 곧이어 루마니아에 소련군이 진주하고 독일이 항복하기 전인 1945년 3월에 이미 소련의 조종을 받는 친소 정부가 수립되었다.

당시 스탈린은 루마니아를 비롯해 동유럽 국가들을 외견상으로 독립국일 뿐 실질적으론 소련의 위성국으로 만들었다. 그리고 이들 국가에 대한 지배를 확고히 하기 위해 1930년대 대숙청 때와 같은 행정체제를 유지했다. 예를 들어 공산당, 행정부 각 부처, 경찰, 군대 등이 상호 연계되어 있고, 이 밖에도 여러 비밀기관을 설치하였다.

257

그 결과, 그가 죽은 1953년 이후에도 아주 오랜 기간 이러한 행정조직이 지속될 수 있었다. 한 예로 영화에서 루마니아 출신 공산당원이 마을사람들을 제대로 통제하지 못하지만, 소련군 장교가 나타나자 분위기가 급변한다. 소련군 장교의 경고는 절대 엄포로 끝나지 않았던 것. 그는 탱크를 동원하면서까지 스탈린 서기장과 관련된 임무를 완수한다. 분명한 건 스탈린은 죽어서까지 루마니아를 비롯한 동유럽 각국에 영향력을 끼친 인물이다. 그리고 이 영화와 관련해선 마을

스탈린의 죽음

사람들을 학살케 한 공포의 유령과 같은 존재다.

비극의 책임은 누구일까

영화에는 결혼식이 조심스럽게 시작하다가 웃고 신나게 떠드는 분위기로 바뀐다. 행여나 소리가 밖에 샐까 너무 긴장하니 분위기가 가라앉고 신부도 울음을 터뜨렸기 때문이다. 결국 신부 아버지의 제안으로 신나는 피로연이 진행되지만, 갑자기 벽을 부수고 소련군 탱크가 들어온다. 신부 아버지는 총에 맞아 즉사하고 신랑을 비롯한 하객들은 군용트럭

침묵의 결혼식 성찬 장면

에 실려 간다. 즉, 사일런트 웨딩으로 시작해서 블러디 웨딩bloody wedding으로 끝난 것이다.

그럼 이러한 비극이 일어난 책임은 누구에게 있을까?

우선 소련의 압제에 숨 한 번 제대로 못 쉬는 무력한 루마니아 정부다. 강대국들에게 오랜 기간 시련을 겪은 이 나라는 제2차 세계대전 중에도 침략을 당했다. 1940년 소련에게 영토 일부를 빼앗기고 독일과 소련 측을 저울질하다가 결국 소련의 위성국으로 전락하는 신세가 되었다. 이런 상황을 고려하면 영화 속 루마니아 농촌 사람들이 느꼈을 설움을 짐작할 수 있다. 우리도 일제강점기를 겪지 않았던가. 만일 천황이 사망했다면서 결혼식을 금지시킨다면, 과연 어떻게 대응했을까.

다음으로 굳이 위험을 무릅쓰고 결혼식을 감행한 게 현명했을까? '사일

런트 웨딩'을 할 수밖에 없는 사정은 십분 이해한다. 그러나 소리가 새나가지 않도록 탁자와 의자다리를 솜으로 묶고 뻐꾸기시계가 울리지 않게 새머리를 비트는 등 사전에 준비를 꼼꼼히 했다면, 끝까지 조심했어야 했다. 그러나 신부는 침묵 속에 결혼식이 진행된 것에 대해 자기 감정을 추스르지 못하고 눈물을 흘렸다. 결국 그녀가 울자 이제껏 평정심을 유지했던 신부 아버지가 시끌벅적한 분위기로 바꾸면서 유혈이 낭자한 결혼식이 되었다.

따라서 이러한 참극이 일어난 데 대해 신부와 그녀 아버지는 책임을 면할 수가 없다. 그녀는 결혼식의 주인공으로서 하객들의 생명과 안전을 고려해야 했다. 그럼에도 결혼식 분위기를 침울하게 만듦으로써, 가뜩이나 성질 급한 아버지를 흥분시키고 말았다. 물론 더 큰 잘못을 저지른 건 그녀의 아버지다. 그녀를 진정시키고 하객의 안전을 지켰어야 했다.

혹자는 이 모든 비극의 원인을 스탈린과 그의 추종세력으로 돌린다. 맞는 말이다. 그러나 피지배 국민은 언제 어디서건 간에 핍박과 설움을 받게 마련이다. 더욱이 스탈린이 어떤 인물인가. 암살자를 보내 경쟁자 트로츠키를 도끼로 죽이고, 정권을 강화하기 위해서 수십만의 자국민을 숙청하거나 시베리아로 추방한 인물이다. 더욱이 신부는 마을 처녀를 성폭행하고 살해한 이가 결혼식을 금지시킨 소련군 장교라는 사실을 알고 있었다.

결국 이런 사정을 고려해 볼 때, 두 부녀는 보다 신중해야 했다. 인종청소를 위해 수백만 명의 유대인이 학살되고 희대의 독재자 스탈린이 루마니아를 유린하던 때가 바로 영화 속 무대라면 더더욱 그렇다.

259

영화로 역사 읽기
유럽편

제작 & 에피소드

영화는 〈웰컴 투 동막골〉과 극의 분위기가 아주 유사하다. 두 작품 모두 웃음에서 비극으로 끝맺는 것도 그렇고, 순박한 마을 주민들의 모습도 거의 비슷하다. 차이점이라면 〈웰컴 투 동막골〉 주민은 전쟁이 일어났는지도 모를 정도로 사회와 벽을 쌓고 사는 반면, 〈사일런트 웨딩〉 주민은 그렇지 않다. 여유로운 농촌으로 보이지만 이곳에도 소련 공산정권의 압력이 미쳤던 것. 그래서 외지 사람들과 대화할 땐 경계의 눈빛이 역력했으며, 영화 도입부에도 나왔듯이 몇 십 년의 세월이 흐른 뒤에도 그런 기운이 남아 있었다. 그만큼 비극의 상흔이 좀처럼 사그라지지 않았다.

260

영화는 루마니아 농촌 사람들 특유의 정서가 느껴지는데, 그중에서도 양가 부모가 결혼식 날짜를 두고서 옥신각신하는 장면이다. 일요일에는 서커스단이 오기 때문에 목요일로 결혼식을 미루자는 양가 부모의 결정에는 웃음이 터져 나온다. 서커스 구경이 인륜지대사인 결혼식보다 중요하다고 인식하는 사람들.

그나저나 영화처럼 두 남녀가 다른 사람들의 눈치를 보지 않고 아무 곳에서 성관계를 맺어도 될 만큼 1950년대 초반 루마니아 농촌이 성개방적인 사회인지 확인하지 못했다. 만일 영화적 설정이 아닌, 실제로 그랬다면 인간미(?) 넘치는 삶이라 할 수 있을 것이다.

영화 VS. 영화 〈차일드 44〉(Child 44, 2015)

스탈린의 철권통치를 시대배경으로 한 〈사일런트 웨딩〉과 〈차일드 44〉.

〈사일런트 웨딩〉이 루마니아 시골 마을에 닥친 비극을 그렸다면, 〈차일드 44〉는 소련에서 일어난 연쇄살인을 다루고 있다. 게다가 스크린 속 사회가 인간성을 말살시키려는 극도로 폐쇄적인 곳이란 걸 적나라하게 드러낸다. 즉, 살인범을 추적하는 스릴러와 정치성 짙은 드라마가 결합된 작품이다.

어렸을 때 부모를 잃고 강한 세파에 맞선 주인공 데미도프. 남들이 부러워하는 정보기관 MGB 간부까지 승진한다. 그런데 시련이 닥쳤다. 상부로부터 아내를 스파이 혐의로 고발하라는 명령이 내려온 것이다. 밤송이를 까라면 까야 하듯 무조건 따라야 하는데, 문제는 사랑하는 아내 아닌가.

고민 끝에 무혐의 보고서를 올리자, 괘씸죄로 처벌받는다. 모스크바 고급 아파트에 살다가 졸지에 산간벽지로 이주당하고 민병대원으로 강등됐다. 그러나 이 시련이 오히려 부부의 믿음을 굳건히 했다. 게다가 타이틀이 의미하듯, 어린 소년 44명을 살해한 연쇄살인범을 추적하러 나선다.

261

영화에는 스탈린이 통치하는 사회가 천국과 같아서 살인과 같은 강력범죄는 일어날 수 없다는 대사가 나온다. 그래서 경찰은 범인을 잡으려 애쓰지 않았고 주인공도 몸을 사렸다. 그러나 이젠 사회정의를 위해 나섰고 드디어 범인을 찾아낸다.

주목할 건 이 영화가 실존인물 '안드레이 치카틸로'를 소재로 했다는 것.

영화에선 어린 소년들만이 희생되지만, 실제론 어린 소녀와 젊은 여성이 주로 희생되었다. 특히 실제가 영화보다 훨씬 잔인하다.

어린 소년에게 접근하는 연쇄살인범

치카틸로는 어린 소녀를 성적으로 유린하고 인육까지 먹었으니 말이다.

한편 치카틸로를 이 영화의 소재로 사용한 것에 아쉬움이 있다. 그의 살인 행각[1978~1990]과 영화 속 시점[1953]이 맞지 않기 때문이다. 스탈린의 폭정을 강조하기 위한 의도였지만, 각색이 아닌 실제 사실로 오해할 수 있어서다.

분명한 건 스탈린에 관한 부정적 이미지와는 대조적으로, 러시아 역사상 가장 국력이 강했던 때가 바로 그가 통치한 시기라는 사실이다.

262

02

몸은 가둬도 마음은 가둘 수 없다

줄 위의 종달새 Skrivanci na niti, 1990

감독: 이리 멘젤

출연: 루돌프 흐루신스키(트러스티)
블라디미르 브로드스키(교수)
바츨라프 네카르(파벨)

영화 속 역사

냉전체제 당시 체코를 소재로 한 영화는 대체로 음울하거나 비극적인 분위기다. 자유에 대한 열망이 짓밟혔기 때문이다. 그러나 이 영화는 다르다. 처음부터 끝까지 밝고 행복한 분위기다. 이념이나 체제가 아무리 억압해도 인간성 자체를 말살할 수 없다는 게 이 영화의 메시지다.

'1948년 2월'이라는 자막과 함께 폐철처리장에서 일하는 사람들. 교수, 검사, 목수, 색소폰연주자, 요리사 등 직업도 다양하지만, 오게 된 사연도 가지가지다. 부르주아 소설을 소장한 죄, 피고의 권리를 주장한 죄, 종교적 이유로 토요일 출근을 거부한 죄 등등. 주목할 건 그들의 표정이 전혀 어둡지 않다.

'1948년 2월'의 의미

영화에는 자막으로 간단히 처리했지만, 2월 혁명을 의미한다. 이 혁명은 당시 내무장관 노세크가 독재정권을 공고히 하기 위해 경찰간부 8명을 무더기 파면한 것이 촉매제로 작용했다. 이에 의회는 정권의 횡포로 간주하고 파면된 경찰의 복직을 결정했으나, 수상 고트발트가 공개적으로 노세크를 지지함으로써 결정이 번복되지 않았다. 이후 사태가 학생들을 중심으로 공산주의 반대시위운동으로 발전했는데, 고트발트는 지방경찰을 프라하로 소집해 시위를 진압했다. 이어서 반혁명세력을 숙청하고 공산당 일당 독재체제를 확고히 했다.

고트발트

한국전쟁과 아이젠하워 대소정책

영화에는 한국전쟁과 아이젠하워 대소정책 이야기가 나온다. 영화 중반에 공산당 선전원이 신문을 들고서 한국전쟁의 양상을 평하는데, 발음이 어색한 '부산'을 몇 차례나 되뇌인다. "미군은 바다로 뛰어 들라!"라는 구호를 외치는 걸로 보아, 미군이 이 전쟁에 개입한 지 얼마 되지 않은 시점인 것 같다. 주목할 건 주인공을 비롯한 어느 누구도 부산이 어딘지도 모르면서 이 구호를 외친다는 것. 자신의 의사와 상관없이 체제와 이념 선전에 동원된다는 점을 상징적으로 표현하고 있다.

264

이어서 아이젠하워 대소정책에 대해 논쟁을 벌이는 대사가 나온다. 전직 교수가 강제노동으로 지식인의 심성이 피폐해지고 있다고 우려하자, 검사 출신 노동자가 곧 아이젠하워가 강경책을 펼 것이라고 격려한다. 체코를 비롯한 동유럽 국가들을 위성국가로 만드는 스탈린의 행보를 미국이 결코 좌시하지 않을 거라는 의미인데, 이에 교수는 미국이 참전하지 않을 것이라며 냉소적인 표정을 짓는다. 영화에선 어째서 그러한 판단을 하는지 설명하지 않지만, 미루어 짐작할 수 있다.

실제로 미국은 동유럽 공산화를 저지하는 데 미온적이었으며, 마셜플랜유럽경제부흥계획의 혜택 역시 서유럽 국가들에 국한되었다. 따라서 영화 속 교수의 코멘트는 바로 감독의 관점이다.

이 영화의 시대배경은 1948년 2월 혁명부터 아이젠하워대통령 집권기인 1960년까지다. 그리고 공산주의체제에 대한 냉소적인 내용을 영화에 담을 수 있다는 점에서는 두프체크가 주도한 1968년 초 자유화운동 기간도 포함할 수 있을 것 같다.

265

구체적 거론보단, 풍자적으로

감독은 인터뷰에서 주인공 파벨을 비롯해 폐철처리장에서 일하는 사람들의 모습이 영화 속 허구가 아닌 실제 사실이라고 강조했다. 이 영화제작 당시, 사람들이 공장에 끌려가 강제노동에 시달렸으며, 특히 지식인들은 '정신개조'라는 명목으로 영화 속 쓰레기장과 유사한 곳에서 고통을 받았다고 회고했다. 그리고 정부에 대한 불만을 조금이라도 토로하면 영화에서처럼 가차없이 징역형을 선고받았다고 했다.

이처럼 감독은 당시의 사회주의체제를 직설적으로 비판했지만, 그건 인터뷰일 뿐 그의 영화는 다르다. 영화에는 이 체제의 실상과 허상을 구체적으로 거론하지 않고 다양한 방식으로 풍자하고 있다. 노동 욕구를 고취시키는 표어들이 그 한 예다. "노동을 겁내지 말라. 목표달성은 문제없다." "제철소가 동무를 기다립니다!"

웃음부터 나오는 이 표어들을 보고 노동 욕구가 생기기는커녕 당시 사람들이 이러한 강제노동에 대해 얼마나 거부감을 느꼈을지 짐작할 만하다. 또한 수십 개의 타자기와 십자가상을 분리하여 폐철 처리하는 장면은 당시 체코에서 언론과 종교의 자유가 억압받고 있다는 걸 상징한다.

영화 속 풍자의 압권은 노동자들의 한결같은 밝은 표정이다. 강제노역을 해도 교도소에 끌려가도 그렇다. 감정을 억누르기보단 쓴소리를 내뱉고 편하게 징역형을 택한다. 주인공 아내는 결혼식만 올린 채 6개월 동안 남편을 만나지 못해도 느긋하다. 18개월 후면 출감해서 만날 수 있다는 것이다.

그럼 이들이 어째서 여유로울까? 그 이유는 폐쇄적이고 억압적인 사회주의체제가 비록 몸은 가둘 수 있어도 마음은 가둘 수 없다는 것이다.

제작 & 에피소드

2007년 4월 제8회 전주국제영화제를 찾은 내빈 중 가장 주목을 받은 감독 이리 멘젤. 그가 근 70세 나이가 무색할 정도로 젊어 보이는 이유가 30년 이상 연하의 미모 아내 덕분도 있겠지만 처음 봤을 때는 부녀지간인 줄 알았다, 그보단 주인공 파벨처럼 낙천적인 사고방식이 한몫 했을 것 같다.

그래서일까. 제2차 세계대전 당시 독일의 침략을 소재로 한 〈가까이 서본 기차〉도 그렇고 소련의 위성국가로 전락해 폐쇄적인 사회주의체제를 묘사하고 있는 이 영화 역시 암울한 시대배경임에도 밝은 분위기다.

프라하의 봄 기간에 제작된 이 작품은 공산주의체제에 대한 비판과 풍자적인 표현으로 인해, 개봉과 동시에 상영금지되었다. 이후 20년 만인 1989년 체코에서 재개봉되고, 다음해 베를린국제영화제에서 최고영예인 황금곰상을 수상했다. 이 영화를 20년이나 금지했을 때 심정이 어땠냐는 기자의 질문에, 그리 서운하지 않았다는 담백한 답변에서 그의 낙천적인 기질이 엿보인다.

그리고 폐철처리장에서 일하는 교수의 대사를 통해, 유대인에 대한 감독의 시각도 느껴졌다. "그 어느 때보다 유대인들이 활개치고 있어. 한쪽에는 천재 유대인 예수가 있고 다른 쪽엔 마르크스가 있지. 전문가가 둘이나 된다고. 게다가 이 두 사람 외에도 프로이트를 통해 예술과 의학을 거머쥐었고 물리학은 아인슈타인이 잡았지. 유대인 4총사가 세계를 움직이고 있어."

267

타이틀 '줄 위의 종달새' 의미가 궁금해서, 감독에게 직접 그 의미를 들으려 했다. 이에 이 영화의 동명 원작을 그대로 옮겼다며, 궁금하면 원작자 보흐밀 흐라발에게 물어보라는 이리 멘젤. 이직도 타이틀의 의미를 이해하지 못하고 있다
또한 영화 초반에 '부산전선'이라는 대사가 나오는데, 원작자가 이 소설을 썼을 당시 한국전쟁이 발발했기 때문이다. 같은 사회주의체제인 북한을 지지하는 입장에서 부산이라는 대사가 몇 차례 나왔다고 하는데, 정작이 영화를 만든 감독을 초청한 나라가 한국이라는 점에서 묘한 기분이 든다.

이리 멘젤

영화 VS. 영화 〈프라하의 봄〉
(The Unbearable Lightness of Being, 1988)

체코의 사회주의체제를 비판하면서도 느낌이 사뭇 다른 〈줄 위의 종달새〉와 〈프라하의 봄〉. 억압에 맞서는 두 작품의 주인공 행태와 감독의 표현방식이 아주 대조적인 데서 비롯된다. 예를 들어, 파벨은 쓰레기장에서 일하면서도 느긋한 반면, 오히려 그보다 훨씬 나은 입장인 현직 의사 토마스의 스트레스가 심각한 수준이다. 이러한 배경에는 감독 필립 카우프만의 사실주의적 표현방식이 한몫 한다.

체코 민주화운동[1968]을 중점적으로 다룬 이 영화에는 소련의 체코침공 당시 다큐멘터리 필름이 나오는 등, 그 시대 사회 분위기가 생생히 묘사되었다. 사회주의체제를 향한 노골적인 비난과 욕지거리가 나오고 과감한 신체노출과 정사장면도 나온다. 그만큼 체코 국민이 개인의 자유를 갈망한다는 걸 직설적으로 표현한 것이다.

그럼 체코 민주화운동이 일어난 원인은?

영화에는 사회주의체제에 대한 이념적 갈등만 언급하지만, 실제 이 운동이 촉발하게 된 주요인은 경제실책에서 비롯된다. 즉, 1948년 공산정권이 들어서기 전까지만 해도 체코의 산업은 유럽에서 가장 잘 나가는 축에 들었다. 그러나 교조적인 스탈린주의가 체코를 지배하면서 국가경제가 침체되고, 심지어 유럽에서 국민총생산[GNP]이 전년도보다 유일하게 적은 국가로 전락했다. 이에 진보세력을 대변하는 두프체크를 중심으로 자유화운동이 전개되었다.

재판의 독립, 사전검열제 폐지, 민주적인 선거제도, 언론·출판·집회의 자유 보장 등을 비롯한 두프체크의 개혁정책은 그야말로 거침이 없었다.

268

영화에서 토마스가 신문사에 기고한 글에 "공산당원의 눈을 뽑아야 한다."라는 과격한 표현을 쓸 수 있던 것도 두프체크가 그러한 정치논평을 허락했기 때문이다. 그러나 이런 자유화 물결이 다른 동유럽 국가에 파급될 것을 우려한 소련은 체코를 무력침공^{1968. 8. 20.}하여 두프체크를 비롯한 개혁파 지도자들을 숙청하였다.

두프체크

결국 '프라하의 봄'은 좌절되었으며, 이 영화의 원작『참을 수 없는 존재의 가벼움』의 저자 밀란 쿤데라도 시민권을 박탈당해 프랑스로 망명했다.

269

타이틀 '프라하의 봄'은 체코 필하모니 결성 50주년을 기념해 1946년부터 매년 프라하에서 열려온 음악제 명칭인데, 체코 사태 당시 한 외신기자가 "프라하의 봄은 과연 언제 올 것인가"라고 타전한 이후 체코 민주화운동을 상징하는 용어가 되었다.

Theme 13

다극화 시대

목적이 수단을 정당화하는가

/

혁명과 섹스는 통한다

/

소련판 베트남전쟁

01

목적이 수단을 정당화하는가

바더 마인호프
Der Baader Meinhof Komplex, 2008
감독: 울리 에델
출연: 마르티나 게덱(울리케 마인호프)
모리츠 블라이브트로이(안드레아스 바더)
브루노 간츠(호르스트 헤롤드)

영화 속 역사

1967~1976년, 10년간 독일의 복잡다단한 정세를 영상에 담은 영화. 독일 적군파 바더와 마인호프가 주인공이지만, 편향되지 않고 객관적 입장을 유지하는 게 이 작품의 특색이다.

팔레비의 서독 방문을 반대 시위하던 대학생이 진압 경찰의 총격으로 사망한다. 이를 계기로 바더 일행은 정부에 대한 항의 표시로 백화점 두 곳에 폭탄테러를 한다. 그런데 이들의 행위를 옹호하고 함께 반(反)정부테러에 나서는 좌파언론인 마인호프. 바더가 테러를 주도하고 마인호프가 이 행위의 정당성을 성명서 형태로 발표하는 '바더-마인호프 조직', 즉 적군파가 탄생한 것이다.

시대배경

제2차 세계대전 후의 냉전구조가 와해되지만 여전히 미국과 소련 중심의 다극화시대. 이러한 배경에는 영국, 프랑스, 중공^{지금 중국}이 핵무기를 소유해 이전처럼 미소에 일방적으로 끌려가지 않지만, 여전히 양극체제로 세력 균형을 유지했기 때문이다. 미국과 소련의 영향력이 약화되면서, 이 두 국가의 제국주의 정책을 비난하는 운동이 유럽에서 벌어졌다.

예를 들어, 동유럽에선 헝가리와 체코가 자유화운동을 벌이다 소련 탱크에 의해 진압되었으며, 서유럽은 68혁명과 학생운동을 통해 미국의 베트남전쟁을 비난하였다. 특히 이 영화 주인공 바더-마인호프 조직은 강력한 무장테러로 미국의 정책에 적대감을 드러냈다.

바더-마인호프 조직 탄생

이 단체가 결성된 계기는, 영화에도 나왔듯이 팔레비 방문을 반대하는 집회를 벌이던 베를린자유대학 학생이 경찰의 총격으로 사망한 사건이다.

그럼 당시 학생들이 팔레비 방문을 반대한 이유는? 국민을 탄압하는 독재군주 방문을 반대한다는 명분을 내세웠지만, 이면에는 이란이 중동국가들 중에서 미국과 가장 친밀하다는 점도 작용하였다.

어쨌든 이를 시점으로 바더는 정부에 대한 항의 표시로 프랑크푸르트에 있는 백화점 두 곳에 폭탄테러를 감행했다. 이어서 보수언론『빌트』지와 슈프링어출판사^{빌트지에 속해 있음} 건물에도 폭탄테러를 벌였는데, 당시 베를린자유대학 학생회장으로 시위를 주도했던 루디 두치케가 머리에 총을 맞는 사건^{1968. 4. 11}에 대한 보복이었다. 이 언론사가 두치케 사건과 관련이 있다고 판단해서다.

바더-마인호프 조직은 1960년대 후반 학생운동 핵심세력 안드레아스 바더와 기자 울리케 마인호프의 이름을 딴 것이다. 1970년 5월 적군파^{赤軍派:} ^{Red Army Faction}로 창설된 이 단체의 목표는 자본주의 체제를 무너뜨리고 세계적으로 마르크스주의 혁명을 달성하는 것이다.

이를 위해선 미국과 서독 정부를 함께 타도해야 한다고 판단했다. 미국은 자본주의와 제국주의의 전형이고, 서독 정부는 미국의 하수인이라는 이유에서였다. 영화에 나오는 많은 다큐필름 중 상당수가 미국을 부정적으로 묘사^{케네디 대통령 암살사건, 킹 목사 살해사건, 베트남전쟁, 체 게바라의 죽음}한 것도, 독일 적군파가 어째서 미국을 향해 적개심을 가지고 있는가를 설명하고 있다.

영화에는 은행을 털어 자금을 마련하고 백화점과 언론사, 심지어 서독주둔 미해병대까지 폭탄테러하는 장면이 나온다. 그럼 이러한 테러로 얻고자 하는 것은?

선전효과다. 즉, 공격 대상 집단에게 공포감을 조성하거나 정부의 무능을 노출시켜

바더-마인호프 단원들의 테러 장면

서 정부에 대한 국민의 신뢰감을 약화시킬 수 있다. 그리고 영화에도 나오듯이 이러한 공포감을 극대화시키는 방법이 베를린고등법원판사와 연방검사장 등 자신들의 적대세력을 살해하거나 요인을 납치하는 것이다.

조직의 와해

충격요법은 장·단점이 있다. 즉각적으로 효과가 있는 반면, 지나친 충

격은 부작용이 따른다는 것.

바더-마인호프 조직의 테러도 마찬가지다. 처음에는 그들의 테러행위에 일부 시민이 혁명을 실천하는 것이라며 환호했지만, 테러가 더욱 과격해지자 상황이 달라졌다. 시민이 등을 돌리고 서독 정부는 경찰력을 총동원해 바더-마인호프 일행을 체포한다.

후반부는 주인공 일행의 비극을 냉정할 정도로 담담하게 묘사하고 있다. 마인호프는 이제껏 자신이 벌인 테러행위에 회의감을 느끼고 자살한다. 그러나 그녀의 자살을 정부가 사주한 타살로 몰면서, 이에 대한 보복으로 검찰총장을 살해하는 적군파 단원들. 바더 일행의 석방을 위해 독일 고용자협회장 슐레이어를 납치하고 여객기도 탈취한다.

교도소에서 이 소식을 듣고 경찰과 대화를 시도하는 바더. 새로운 적군파 세대가 자신보다 훨씬 잔인하다는 점을 강조하면서, 승객들의 목숨을 구할 수 있도록 자신을 석방해 달라고 제안한다. 그러나 여객기 테러 진압에 성공했다는 소식이 전해지면서, 모두 자살하는 바더 일행. 종신형을 받은 상태에서 더 이상 삶의 희망이 사라졌기 때문이다.

일행의 자결 소식을 듣고, 납치한 슐레이어가 필요 없게 된 테러범들. 벨기에-프랑스 국경에서 슐레이어가 살해되는 장면과 함께 밥 딜런의 노래가 구슬프게 흘러나온다.

한편 독일 적군파 테러행위에 맞서 'GSG-9'라는 대對테러리스트 특공대가 있는데, 1972년 뮌헨올림픽 기간 중 '검은 구월단'이 자행한 테러사건을 계기로 창설되었다. 영화 후반에 나오는 스페인 휴양지 마조라카발 프랑크푸르트행 항공기 납치사건을 성공적으로 해결한 것도 이 특수부대다. 일명 모가디슈작전이라고 불린 이 테러 진압작전은 당시 승객 3명이 부상당하고 전원을 구출하는 대성공을 거두었다.

275

<h2 align="center">적군파와 유사한 테러단체와 대(對)테러리스트 특공대</h2>

미국의 델타포스, 프랑스의 GIGN, 영국의 SAS 등도 독일의 GSG-9과 유사한 목적으로 설립한 대테러리스트 특공대다. 독일 적군파와 유사한 단체는 이탈리아의 붉은 여단(Red Brigades: BR)과 일본 적군파(Japanese Red Army: JRA)가 있는데, 공교롭게도 이들 세 테러단체가 모두 제2차 세계대전의 패전국이라는 공통점이 있다.

제작 & 에피소드

276

독일 적군파에 관한 세세한 사실까지 묘사한 다큐멘터리 같은 영화. 이렇게 철저하고 사실적인 표현이 가능했던 건 감독 울리 에델의 전력에서 비롯된다. 그가 젊은 시절 적군파 초기 혁명활동에 직접 참여해서다. 그래서 영화는 적군파에 관한 역사기록을 피상적으로 옮기거나 소설을 통해 상상의 이미지를 보여 준 게 아닌, 감독 자신의 체험이 담긴 생생한 영상기록이다. 그는 전직 테러리스트들을 직접 만나 그들의 이야기를 들음으로써, 어느 감독보다 적군파 입장과 그들이 견지한 사상을 이해했다.

그래서 제작자 베른트 아이힝어가 이 영화 감독직을 제안했을 때, 대뜸 되물었다는 일화가 전해진다. "나 아니면 누가 이걸 할 수 있지?"

이 영화의 장점은 사실적인 묘사와 관찰자적 입장이다. 감독은 적군파, 정부, 시민 반응을 차례로 보여 주면서, 어느 한쪽의 손을 일방적으로 들어 주지 않는다. 더욱이 적군파, 정부, 시민 입장도 각기 '온건' 대 '급진' 혹은 '보수' 대 '진보'로 구분함으로써, 독일 적군파에 관한 편향적 시각을 갖지 않도록 세심한 배려를 했다.

예를 들어, 영화에는 적군파 내에서 바더와 마인호프가 테러 대상과 범위를 놓고 갈등하고, 이들의 테러행위에 대한 시민들의 상반된 반응이 나온다. 검찰 간부 호르스트도 정부 측 소속이지만 균형 잡힌 시각을 보여 준다. 바더-마인호프 테러에 대해 초강경 대응해야 한다는 동료경찰의 말에 동조하지 않는 것이다.

울리 에델 감독(좌)과 베른트 아이힝어 제작자(우)

"정치인도 바뀌어야 할 때야. 그래야 테러가 줄지."

감독은 실제 인물과 비슷한 외모를 지닌 배우를 캐스팅하고, 적군파 핵심세력이 수감됐던 쉬탐하임교도소와 학생운동가 루디 두치케가 베트남전 반대연설을 했던 베를린 기술대학 등에서 로케이션으로 촬영했다. 심지어 적군파가 쏜 총알의 개수까지 경찰의 공식기록을 따라 재현한 〈바더 마인호프〉.

277

좋은 역사영화 한 편 추천해 달라는 부탁을 받을 때 선뜻 권할 수 있는 영화, 바로 이 작품을 두고 하는 말이다.

영화 VS. 영화 〈굿모닝, 나잇〉(Buongiorno, notte, 2003)

독일과 이탈리아 테러단체를 소재로 한 〈바더 마인호프〉와 〈굿모닝, 나잇〉. 〈바더 마인호프〉가 독일 적군파 활동을 다루었다면, 〈굿모닝, 나잇〉은 이탈리아 '붉은 여단'의 테러를 담고 있다. 영화 속 두 단체는 공통점이 있다. 처음에는 시민이 호응해 주다가 나중에는 냉담해진 것. 왜 그랬을까? 이유는 목적이 수단을 정당화할 수 없어서다.

영화는 붉은 여단이 '알도 모로'를 납치한 사건이 배경이다. 그를 납치한 이유는? 자신들을 궁지로 몰았다고 간주한 것이다. 그는 전직 수상이자 기독민주당의 당수黨首로서, 이탈리아 공산당을 정권 참여에 이끄는 역사적 합의를 맺었다. 따라서 마르크스 혁명노선을 추구하는 붉은 여단에겐 공산당이 반동세력 수괴에게 회유되었다고 분노했다.

무려 5명의 경호원을 사살하고 모로를 납치한 붉은 여단. 그의 석방 조건으로 체포된 조직원과의 교환을 요구한다. 그러나 경찰은 소극적으로 임하고 정치권은 그의 구출에 냉담하다. 더욱이 그가 좌우화해를 주도했다는 점에서, 좌우 양쪽으로부터 의심을 받았다.

상황이 불리하게 돌아가자 초조해하는 단원들. 자기들의 요구가 거부되고 여론마저 등 돌린 상태에서, 선택의 길이 없기 때문이다. 주인공 키아라도 마찬가지다. 그녀도 붉은 여단 단원으로서 납치한 모로의 생사를 놓고 고민한다. 과연 자신의 신념을 지키기 위해 사람을 죽일 권리가 있는지 말이다.

278

결국 모로는 납치된 지 55일 만에 싸늘한 시신으로 발견된다. 그리고 그의 죽음으로 붉은 여단의 운명도 끝이 났다. 신망 높은 지도자를 납치 살해한 단체에게 박수를 보낼 이는 없다. 심지어 이탈리아 공산당을 포함한 모든 좌파 정당이 붉은 여단의 살해 행위와 연관이 없음을 공표했다.

시신으로 발견된 알도 모로

주목할 건 마지막 장면의 기막힌 반전. 살해된 알도 모로가 유유히 탈출하는 장면이다. 영화만이 표현할 수 있는 판타지이자, 관객을 편안히 영화관을 나서게 한 감독 마르코 벨로키오의 아이디어다.

02

혁명과 섹스는 통한다

몽상가들 The Dreamers, 2003
감독: 베르나르도 베르톨루치
출연: 마이클 피트(매튜)
에바 그린(이사벨)
루이 가렐(테오)

279

영화 속 역사

68혁명과 랑글루아 해임사건이 배경인 영화. 이 작품을 선택한 이유는 영화 속 젊은이들의 모습이 너무나 정열적이고 무모하고 순수해서다. 이 모순된 이미지가 젊음을 의미하고 당시 시대 분위기를 잘 반영한다.

파리 시네마테크에서 만난 유학생 매튜와 쌍둥이 남매인 테오와 이사벨. 랑글루아 해임반대집회에 참석한 걸 계기로 친해진다. 남매의 부모가 여행을 떠난 사이, 함께 시간을 보내는 세 젊은이. 베트남전쟁과 마오쩌둥에 관해 격론을 벌이는가 하면, 유명한 영화 장면을 흉내 내는 등 언제 어디로 튈지 모른다.

랑글루아 해임사건

영화 속 배경은 1968년에 일어난 두 사건, 랑글루아 해임사건과 68혁명이다. 시네마테크 프랑세즈 공동 설립자인 앙리 랑글루아가 어째서 해임되었을까?

당시 드골 정부에서 문화부장관을 역임하던 앙드레 말로는 해임 사유로 운영비 중 일부를 개인 용도로 남용하고 수익성이 적다는 점을 지적했으나 석연치 않다. 시네마테크는 설립 취지부터 일반 상업영화관처럼 수익이 목적이 아닌, 쉽게 접할 수 없는 영화들을 관객에게 보여 주려는 데 있기 때문이다. 주인공 매튜의 독백에도 나오듯이, 세간의 평가나 장르 혹은 개봉 연도와 상관없이 수많은 작품들이 시네마테크에서 상영되었다.

280

따라서 공식적인 해임 사유는 명분에 지나지 않으며, 실제로는 정부가 '재정적 지원'이라는 당근과 랑글루아 해임이라는 채찍을 통해 영상예술을 권력의 통제하에 두려한 것이다. 이에 고다르를 비롯한 누벨바그 감독들과 랑글루아를 추종하던 수많은 시네필들이 시위에 나섰다. 영화에는 주인공 세 사람도 이 시위에 동참한다. 할리우드영화사들도 시네마테크에 빌려준 영화 프린트를 회수하려 하고, 찰리 채플린, 구로사와 아키라, 알프레드 히치콕 등 세계적인 거장들이 랑글루아의 복직을 요구하는

랑글루아 해임을 반대하는 영화인들 시위

탄원서를 보냈다.

결국 드골 정부가 같은 해 4월 랑글루아를 복직시킴으로써 일단락된 것

같았으나, 다시금 이 사건이 한 달 후에 일어날 68혁명 촉매제로 작용하게
된다.

68혁명

5월에 일어나서 5월혁명으로도 불리는 68혁명의 직접적인 계기는?

파리 교외에 위치한 소르본대학 분교인 낭테르대학 학생들이 전근대적
인 학사행정과 진부한 교과과정을 시정해 달라는 요구에서 비롯되었다. 학
생들이 강의실을 점거하자 대학 측은 경찰을 불러 유혈사태를 빚었다. 곧
이어 대학총장이 휴교령과 함께 학원 내 모든 집회를 금지했는데, 이런 강
경조치가 오히려 사태를 악화시켰다. 다른 대학 학생들도 시위에 나서고
대학교수연맹도 학생시위를 지지한 것이다.

281

이후 상황은 파리를 비롯한 6개 도시로 파급되었으며, 경찰의 무자비한
탄압에 분노한 일부 시민이 학생시위에 가담했다. 파리 시내 곳곳에서 시
가전을 방불케 하는 유혈사태가 발생했는데, 시위대에 합류한 테오가 경찰
을 향해 화염병을 던지는 엔딩신이 여기에 해당한다.

엔딩신 이후의 68혁명은 학
생시위가 반反정부적 성격을 띠
고 좌익정당과 노동조합이 학생
들을 적극 지지하면서 전국적인
소요로 확산되었다. 400만 명에
이르는 노동자들이 사업장이나
공장을 점거하고 프랑스 전역의
철도와 공공시설이 마비되는 등
무정부 상태에 돌입했다는 느낌

68혁명 당시 시위에 나선 학생들

이 들 정도였다. 그러나 이러한 상황은 드골이 의회를 해산하고 총선거를 실시, 압도적인 승리를 거둠으로써 가까스로 진정되었다.

68혁명은 정치적으로 실패했다. 그러나 이 혁명이 끼친 사회적 영향이 엄청나다는 점에서 실패했다고 단정해선 안 될 것 같다. 혁명에서 부르짖었던 권위주의, 보수주의적 태도, 여성억압, 인종차별, 대학 차별화를 비롯한 여러 사회문제가 이 혁명을 계기로 진보적으로 바뀌었기 때문이다.

주인공 시선 그리고 몽상가

주인공 테오는 미국과 소련의 대외정책에 거부감을 드러냈다. 미국은 베트남전쟁으로 많은 민간인을 학살했고, 소련은 체코를 비롯한 동유럽 국가들을 무력침공했기 때문이다.

대신 중국과 쿠바에서 일어난 혁명을 자신이 지향해야 할 이상사회 모델로 확신하고, 혁명을 주도한 마오쩌뚱과 체 게바라를 우상으로 받들었다. 영화에서 마오쩌뚱과 체 게바라가 포스터, 사진, 낙서 등 다양한 모습으로 등장하는 것도 이러한 이유에서다. 또한 테오는 체 게바라의 순수한 혁명가로서의 삶을 숭배했다. 카스트로에 이어 2인자로서 보장된 안락한 지위와 생활을 벗어던지고 볼리비아에 가서 다시 고된 혁명운동에 뛰어들었던 열정이 젊은이를 사로잡은 것이다.

그럼 타이틀 '몽상가'는 어떤 사람일까?

사전적인 의미로는 '실현성이 없는 헛된 생각을 하는 사람'인데, 영화 속 테오의 모습이자 68혁명에 나선 사람들이다. 몽상가가 기존 사회의 틀을 벗어나려는 것처럼, 68혁명에 나선 젊은이들도 기존 체제를 거부하기 때문이다.

한 예로 영화에 나오는 남녀 성기노출과 자위행위 그리고 근친상간을 연상하는 쌍둥이 남매의 도발적이고 충동적인 행위도 기존 사회 윤리관에 대한 반발이다. 68혁명 당시 "금지하는 것을 금지한다."라는 구호가 혁명 행위 대신 과감한 성적 표현으로 발산한 것이다.

이러한 점에서 타이틀 몽상가 의미도 사전적인 해석에 머물러선 안 될 것 같다. 68혁명이 끼친 사회적 영향력이 아주 크기 때문이다.

또한 '몽상가'는 리들리 스콧의 〈콜럼버스〉에도 멋진 의미로 등장한다. 영화 후반부에 자신을 몽상가라며 비웃는 상대방에게 콜럼버스가 일갈한다. "당신이 보고 있는 문명세계는 모두 몽상가들이 이룬 거요." 즉, 유럽의 역사를 바꾼 아메리카대륙 발견 역시 몽상가의 도전정신에서 비롯된 것이다.

283

제작 & 에피소드

감독 자신이 젊은 시절 68혁명을 경험하고 느낀 것을 회상해 만든 영화. 이탈리아 공산당 핵심 멤버인 아버지의 영향을 받아서인지, 이 작품에는 혁명에 관한 젊은이들의 가치관이 섬세하게 묘사되어 있다. 특히 극 전체를 아우르며 주인공들의 동작이나 대사와 어울리는 십여 편의 영화 속 영화장면은 일련의 영화사映畵史를 보는 것 같다.

장 뤽 고다르, 트뤼포, 찰리 채플린, 버스터 키튼 등의 영화 표현방식이 거론되고 랑글루아 해임 관련 다큐필름이 나오는 장면을 두고 한 말이다.

영화는 남녀성기를 모자이크 처리없이 그대로 노출하는 등 과감한 정사 장면이 나오고 근친상간을 암시하는 내용도 있다. 어째서 이런 장면이 나올까?

그건 섹스와 혁명이 서로 닮았다는 점을 보여 주기 위해서다. 섹스와 혁명 모두 시작할 때에는 정열적이고 이를 성취하기 위해서 모든 걸 불태울 수도 있으므로 정신과 육체가 불균형적이기 쉽다. 그러나 일단 성취하면 만족보다는 공허함이, 안정보다는 회한을 느낄 수 있다.

이 영화를 본 건 부산국제영화제인데, 지금도 그때의 강렬한 인상을 잊을 수 없다. 당시 일반상영에는 남녀 성기를 노출한 정사신이 허용되지 않았던 때라, 클로즈업한 성기를 대형 스크린으로 본다는 것은 일종의 문화충격이었다. 더욱이 이 영화는 우리나라에서 개봉되는 작품의 심의기준에 전환점 역할을 톡톡히 했다.

이 영화 이전에는 에스키모인을 소재로 한 〈아타나주아〉에서 남자 주인공이 성기를 드러낸 채 발가벗고 뛰는 장면을 가위질해야 할지를 놓고 논란이 벌어졌는데, 〈몽상가들〉은 차원이 달랐다. 남녀 성기가 모두 나올 뿐만 아니라, 이전까지 국내에서 개봉된 그 어느 영화보다 적나라한 정사신을 담고 있었다.

그러나 부산국제영화제 상영 이후 일반 개봉에서도 무삭제로 통과되었다. 영상물등급위원회가 영화 속 야한 장면을 단순히 성적 흥미를 유발한 게 아닌, 68혁명을 이해하는 중요한 역할로 간주해서다.

결국, 이 영화는 두 가지 큰 역할을 했다. 68혁명을 성性적으로 대담하게 표현했다는 것과 우리나라의 영상물 심의기준을 한층 자유롭게 한 계기를 마련한 것이다.

영화 VS. 영화 〈모터싸이클 다이어리〉
(The Motorcycle Diaries, 2004)

〈몽상가〉가 68혁명을 배경으로 한다면, 〈모터싸이클 다이어리〉는 68혁명의 상징으로 추앙받는 인물을 다룬다. 실존주의 철학자 사르트르가 '20세기 가장 완벽한 인간'으로 극찬한 '체 게바라'다. 영화는 게바라가 혁명전사로 나서기 전의 삶을 다루면서, 어째서 혁명의 길을 선택했는지를 보여준다.

모터싸이클을 타고 남미대륙 횡단에 나서는 알베르토와 게바라. 장난기가득한 바람둥이인 알베르토와 달리, 순진한 의대생인 게바라는 만사가 조심스럽다. 그런데 소심한 그의 성격이 변하기 시작한다. 여행하면서 각 지역의 노동자들이 착취당하는 광경을 보고 분노한 것이다.

특히 영화 속 칠레 추키카마타에 있는 광산에 머물면서, 인생의 전환점을 맞이한다. 형편없는 임금에 짐승취급 받는 노동자들을 대신해서 회사직원에게 욕을 하고 트럭에 돌을 던진 것이다. 이제 그는 안락한 미래가 보장된 의사가 아닌 가시밭길의 혁명노선을 가기로 결심했다.

285

그런데 이런 그의 의지를 억누르는 게 있다. 몇 차례나 죽을 고비까지 넘긴 중증의 천식이다. 청년이 된 지금도 산소흡입기를 지니고 다니는 게바라. 그러나 라스트신에선 마을의 환자를 진료하기 위해, 그가 물에 뛰어들어 힘겹게 성공하는 장면이 나온다. 혁명을 향한 열정이 그의 질병마저 넘어선 것이다.

엔딩신에는 그의 어린 시절부터 의대생, 혁명가로서의 모습이 담긴 사진들이 파노라마처럼 나온다. 그리고 다시금 확인했다. 참으로 그가 섹스어필한 호남아라는 사실을. 심지어 CIA도 그 점을 우려했다고 전한다. 단 한번이라도 게바라의 매력적인 외모와 목소리를 듣고 나면 빠져든다는 거였다.

이래서 혁명가도 얼굴이 잘생기면 그만큼 많은 부가적인 혜택이 생기는 것 같다.

매력적인 외모의 혁명가 체 게바라

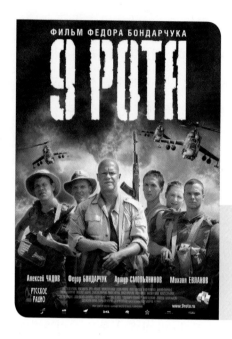

03

소련판 베트남전쟁

제9중대 9 pota, 2005
감독: 표도르 본다르추크
출연: 아서 스몰랴니노프(류타예프)
　　　콘스탄틴 크류코프(지오콘다)
　　　표도르 본다르추크(호르호이)

영화 속 역사

아프가니스탄전쟁 실화를 배경으로 한 영화. 러시아 최초로 특정 분쟁사
건을 다루어 화제가 되었다.

아프간 침공 9년째인 1988년. 우즈베키스탄에서 3개월간 고된 훈련을 받는 신병들.
아프간 형제를 도와 제국주의자를 몰아내겠다고 구호를 외친다. 그러나 이런 자신감과
달리, 정작 아프간에 도착하자마자 초긴장이다. 본국으로 후송되는 전역병들이 탄 수송
기가 격추되어 전원 사망하는 장면을 목격한 것이다.

전쟁 원인

전쟁의 직접적인 원인은 아프간에서 쿠데타로 집권한 친소^{親蘇} 공산정권이 1년 만에 실각 위기에 처하면서 시작된다. 당시 이 정권은 토지개혁을 비롯한 일련의 사회주의정책을 벌였으나, 각지에서 저항운동이 일어났다. 아프간은 원래 전통적인 무슬림국가로, 국민 대다수가 개혁정책에 거부감을 가졌던 것. 결국 이슬람 종파가 주도하는 내전 상태로 치달았고, 궁지에 몰린 정부가 권력 유지를 위해 소련의 지원을 요청했다. 이에 소련은 이 정권과 맺은 우호협력을 명분으로 전격 침공^{1979. 12. 27.}에 나섰다.

소련이 아프가니스탄을 침공한 이유는? 친소 정권의 군사 요청이 직접적인 배경이지만, 다른 한편으로 1970년대 후반 이후 소련의 중동외교가 미국에게 현저히 밀리고 있어서다. 예를 들어, 소련을 따돌리고 미국의 주도하에 체결된 이집트–이스라엘 간 중동평화협정^{1979년 3월}을 들 수 있다. 물론 이란의 친미정권인 팔레비 왕권이 붕괴되는 호재도 있었지만, 중동에서 소련 외교력이 미국에 비해 약화된 건 사실이다.

따라서 중동평화협정이 체결된 그 해 말에 아프가니스탄을 침공한 건, 중동에서 소련의 영향력을 과시할 수 있는 본보기였다.

소련판 베트남전쟁

아프가니스탄을 침공한 소련은 예상치 못한 난관에 봉착했다. 쉽게 진압되리란 기대와 달리, 아프가니스탄 '무자헤딘' 반군의 반격이 거셌던 것이다.

그럼 군사대국으로 군림하던 소련군이 어째서 고전했을까?

우선 아프가니스탄인의 호전성을 꼽을 수 있다. 영화에서 소련 교관의 대사처럼, 그들은 죽음을 두려워하지 않고 역사적으로 한 번도 정복당하지

미국이 원조한 스팅어 미사일로 소련군을 공격하는 아프간 병사.

않았다. 영화에 나오는 아프간 반군은 마치 사이보그처럼 싸우고 동작이 민첩하다.

다음으로 미국이 반군에게 전폭적인 무기원조를 했다. 영화에서 소련 탱크와 항공기를 격추시킨 미사일이 바로 미국이 제공한 스팅어 미사일이다. _{공교롭게 소련군 철수 이후 탈레반은 이 무기를 미군에 사용한다} 결국 각종 중화기로 무장한 10만여 명의 대군을 투입했음에도, 소련 정부는 승리를 장담할 수 없었다. 사상자가 속출하고 막대한 전비_{戰費}가 들어가는 속에서, 무작정 철수도 할 수 없는 곤혹스러운 상황, 즉 '소련판 베트남전쟁'이 연출된 것이다.

게다가 중동 각국이 비난하고 미국과의 군비경쟁으로 경제파탄의 적신호마저 켜지자, 1989년 2월 전격적인 철수조치가 이행되었다.

288

미국과 소련의 외교 마찰

소련이 아프가니스탄을 침공해서, 이전까지 유지된 미소 데탕트_{긴장완화}가 흔들리게 되었다. 당시 미국 카터 대통령은 소련에 대한 경제봉쇄령을 시행하고 소련과의 전략무기제한협정 비준을 거부했다. 이후 집권한 레이건은 역대 어느 미국 대통령보다 보수주의와 반공주의 성향을 띠었다. 그는 소련을 세계 도처에서 폭력을 선동하는 '악의 제국'이라고 비난했다. 그리고 군사력에서의 우위를 강조해, 소련 SS-20 중거리미사일에 맞서는 크루즈와 퍼싱II 미사일을 서유럽에 배치하였다.

특히 아프가니스탄 침공을 비난하는 의미로 제24회 모스크바올림픽¹⁹⁸⁰
참가 거부운동도 주도했다. 그에 따라 프랑스를 제외한 서유럽 국가 대다
수와 우리나라 및 일본 역시 불참했다. 당시 일부에서는 스포츠제전인 올
림픽을 정치적인 이유로 거부하면, 연이어 유사한 사태가 야기될 것이라고
지적했다.

아니나 다를까, 그러한 우려가 현실로 나타났다. 소련도 보복 차원에서 동
유럽 국가들과 함께 다음 개최지인 로스앤젤레스올림픽을 거부한 것이다.

소련 입장만 두둔한 영화

이 영화는 아프가니스탄인의 사정은 전혀 배려하지 않고 소련군 입장만
두둔했다. 소련군은 질서와 평화를 유지하려 고군분투하고, 반군은 광기에
사로잡힌 이슬람 폭력집단처럼 나온다. 주인공 루타예프를 비롯한 소련군
이 아프간 반군을 사살하는 장면은 마치 정의의 심판 같고, 고지를 사수하
다가 살해되는 소련 병사들은 희생자들처럼 보인다. 그 이유는? 러시아에
서 제작한 영화이기 때문이다.

분명한 사실은 소련이 침략군이고, 이
전쟁의 최대 피해자는 아프간 국민이다.
영화에 나오진 않지만, 수많은 국민이 전
란을 피하기 위해 인접 파키스탄과 이란
으로 탈출하는 사태가 벌어졌다.

289

전우의 죽음에 소련 병사들이 오열하는 장면

제작 & 에피소드

이 영화에서 주목할 두 가지는 리얼리티와 등장인물 캐릭터. '아프가니 스탄 침공 9년째'를 시작으로 '페르가나계곡 군사훈련' '153일째 바그람기 지' 등 순차적으로 나오는 자막은 이 작품이 얼마나 사실적으로 묘사했는 지를 공감하게 한다. 특히 스팅어 미사일로 무장한 반군이 소련장갑차들을 격파하는 장면은 전쟁이 얼마나 치열했는지를 설명해 준다. 이 장면으로 소련군이 반군을 쉽게 물리칠 거라는 선입견은 단번에 깨졌다.

사회에서 주먹깨나 휘두른 젊은이, 사색에 잠긴 화가 지망생 등 각기 다 른 환경의 신병들을 주요 등장인물로 설정한 점도 사실감을 더한다. 그리 고 영화 속 신병들의 모습을 통해 러시아가 사회주의에서 자본주의 체제로 전환했다는 게 확연히 드러난다. 신병들의 자유분방한 언행이 사회주의 체 제에선 허용될 수 없는 장면이라서다. 마치 러시아판 〈블랙 호크 다운〉과 〈풀 메탈 자켓〉을 섞어 넣은 듯한 느낌, 바로 〈제9중대〉를 본 첫인상이다.

연기자 출신 감독 표도르 본다르추크는 영화에서 왕고참 호르호이 역으 로 탄탄한 연기력을 과시했다. 〈전쟁과 평화〉를 연출한 세르게이 본다르 추크의 아들로도 유명한 그는 전쟁영화의 사실적인 표현에 일가견이 있 다. 이 영화를 비롯해서 〈스탈린그라드〉 〈제독의 연인〉 그리고 제작을 맡 은 〈바탈리온〉을 두고 한 말이다.

영화 VS. 영화 〈비스트〉(The Beast of War, 1988)

소련의 아프가니스탄 침공을 소재로 한 〈제9중대〉와 〈비스트〉. 〈제9중대〉가 소련군을 두둔했다면, 〈비스트〉는 천인공노할 침략군으로 묘사한다. 그럼 어째서 두 영화가 정반대의 시각일까?

답은 제작사가 각기 러시아와 미국이기 때문이다. 그렇다고 〈비스트〉에 나오는 소련군 모두가 부정적으로 묘사되진 않았다. 대개의 영화가 그러하듯, 따뜻한 감성이 있는 자 _{주인공 코버젠코} 도 등장하게 마련이다.

영화는 소련 탱크부대가 아프간 반군 마을을 급습하는 장면에서 시작한다. 폭탄과 화염방사기로 초토화시키고 우물에 독약까지 살포한다. 사람이 살 수 없는 땅으로 만든 것이다. 그런데 문제가 생겼다. 탱크 한 대가 행로를 이탈해 고립된다. 영화는 이때부터 긴장 국면으로 전환한다.

흉포한 지휘관 다스칼이 아프간 출신 병사 사마드를 의심해 사살하자, 운전병 코버젠코가 맞선 것. 하지만 괘씸죄로 사막 한가운데 버려지는데, 공교롭게 적군인 아프간 반군이 구해 준다. 결국 그는 자신을 버리고 살육을 일삼는 상관과 그를 추종하는 동료 병사들과 싸우기로 결심한다. 따라서 영화는 애국심을 고취하거나 전쟁의 의미를 파헤치는 작품과는 거리가 멀다. 오직 원초적인 복수심, 맹목적인 자존심, 죽음에 대한 공포가 극의 분위기를 지배한다.

주목할 건 영화 속 아프간인의 가치관과 생활풍습이 인도주의적이라는 것. 주인공도 그 덕분에 목숨을 구했다. 반군이나 아프간 출신 소련 병사 모두 심성이 나쁘지

291

운전병 코버젠코(좌)가
잔혹한 지휘관 다스칼(우)에 맞서는 장면

않다. 결국 전쟁이 그들을 바꿔 놓았으며, 특히 다스칼과 같은 악질군인이 아프간인들을 복수심에 불타게 했다. 이래서 적^敵도 잘 만나야 한다.

HISTORY IN FILM

Theme 14

식민지배의 후유증

아프리카판 홀로코스트

/

니들이 내 한(恨)을 알아!

/

예정된 비극

01

아프리카판 홀로코스트

호텔 르완다 Hotel Rwanda, 2004
감독: 테리 조지
출연: 돈 치들(폴 루세사바기나)
호아킨 피닉스(잭 대글리쉬)

영화 속 역사

'아프리카판 홀로코스트'로 불릴 정도로 참혹했던 르완다 학살. 영화는 당시 현장을 디테일하게 재연한다. 또한 '아프리카 판 쉰들러리스트'로 비유될 정도로, 한 사람의 용기와 기지로 1,268명의 목숨을 구해내는 과정을 생생하게 묘사하고 있다.

후투족과 투치족이 공존하는 르완다. 후투족 출신 대통령이 투치족 반란군에게 살해됐다는 뉴스와 함께, 투치족 사냥이 시작된다. 어제까지 웃고 지냈으나 투치족이라는 이유만으로 죽음을 당하는 이웃주민들. 목숨을 구하러 각지에서 콜린스호텔로 몰려들고, 호텔 지배인 폴은 목숨 걸고 그들을 지켜내려 한다.

르완다내전 원인

"나치가 6년간 6백만 명을 죽였다면, 후투족은 백일 동안 백만 명을 죽였다." 필립 고레비치의 『내일 우리 가족이 죽게 될 거라는 걸 제발 전해 주세요』에 나오는 문구다. 영화 도입부에 나오는 라디오방송 코멘트도 살벌하다. "침략자 투치족을 반드시 죽여야 한다."

후투족은 어째서 투치족을 증오할까?

직접적인 계기는 후투족 출신 대통령이 투치족에게 살해당한 사건이지만, 두 종족 갈등은 예전부터 있었다. 투치족은 15세기 나일강 유역에서 남하한 유목민으로, 원주민인 후투족을 병합해 왕국을 세웠다. 인구분포는 투치족[15%]이 후투족[85%]에 비해서 수가 훨씬 적었지만 큰 충돌 없이 상호 공존하면서 이어져 왔다.

문제는 벨기에가 르완다를 식민통치[1919]하면서, 두 민족 갈등을 조장했다. 소수인 투치족에게만 유럽식 교육을 하고 후투족에 대한 통제권을 부여해 벨기에 호위세력으로 삼은 것이다.

이후 제2차 세계대전이 끝나면서 대부분의 식민지가 독립했으나, 르완다는 계속해서 벨기에 신탁통치를 받았다. 그리고 그런 상황에서 정권을 잡은 투치족이 후투족 지도자들을 살해했는데, 이에 후투족이 폭동을 일으켜 투치족 지배체제를 붕괴시키고 약 8만 명의 투치족을 국외로 추방했다. 그 후 유엔신탁통치이사회의 감시하에 선거를 통해 후투족 정당이 승리해 정부를 수립하고, 벨기에 승인을 통해 1962년 7월 독립했다.

강제 추방된 투치족이 르완다애국전선을 결성해 르완다를 공격하자, 이에 후투족도 국내에 있던 수만 명의 투치족을 학살하는 보복으로 맞섰다. 더욱이 후투족 출신의 일당독재 정부가 수립되면서, 투치족에 대한 억압이 더욱 심해졌다. 주요 수출품인 커피 가격이 폭락하면서 대량실업과 빈곤층

이 늘어난 점도 투치족을 박해하게 된 원인으로 작용하였다.

그러나 영화에도 나왔듯이, 직접적인 내전의 도화선은 히바야리나마 대통령이 의문의 비행기사고로 사망하고 나서다. 당시 유엔이 르완다 정부와 반군간의 내전에 중재자로 나섰으며, 합의된 내용은 연립정부 총리에 투치족을 임명하는 것이었다.

그런데 히바야리마나가 이를 거부하고 후투족 총리를 선임했으며, 얼마 지나지 않아 수도 키갈리에서 대통령이 탑승한 기체가 격추되었다. 이에 투치족이 개입한 것으로 간주한 대통령 경호원들이 주축이 되어 투치족 출신 총리, 3명의 각료, 벨기에평화유지군 11명을 살해하고 투치족을 무차별 학살하기 시작했다. 영화에선 올리버 대령으로 분한 닉 놀테가 10명의 평화유지군이 살해당했다는 대사로 이러한 사실을 대신하고 있다.

아프리카에 내전이 많은 이유

영화의 무대인 르완다 외에도 소말리아, 우간다, 콩고, 시에라리온, 수단, 코트디부아르 등 많은 아프리카국가들이 내전상태에 있다.

그럼 어째서 아프리카에 내전이 많이 일어날까?

우선, 르완다처럼 식민통치를 효율적으로 하려고 종족갈등을 부추기는 경우다. 혹은 이질적인 종족을 강제로 하나로 뭉친 데 따른 부작용이 내전으로 심화되었다. 즉, 유럽 열강이 아프리카를 자기들 마음대로 재단하면서 독립적으로 살던 각각의 종족을 강제로 통합시켰다.

문제는 그후 이들 열강이 떠날 때, 그 지역이 독립국가로서의 준비가 덜 된 상태였다는 것이다. 결국 이런 불안정한 정세에서 쿠데타가 반복되거나, 식민통치 이전의 종족갈등이 재연되었다.

다음으로, 풍부한 지하자원 이권을 둘러싼 종족갈등이다. 예를 들어, 시에라리온은 세계 최고 품질의 다이아몬드 생산지인데, 1991년부터 11년 동안 광산을 차지하려는 정부군과 반군 사이에 처절한 살육전이 벌어졌다. 콩고, 앙골라, 수단의 내전도 이와 같다.

후투족과 투치족 차이점

영화는 비극적인 장면의 연속이지만, 코믹한 장면이 하나 있다. 백인 기자가 신체나 얼굴의 차이점으로 후투족과 투치족을 구별하는 장면이다. 기자 말인즉, 식민통치하던 당시 벨기에인들이 후투족과 투치족의 차이점을 구분했다. 그건 투치족이 후투족보다 키가 더 크고 품위 있어 보이며, 코가 덜 넓고 밝은 피부색이라는 것.

그러나 이를 기준으로 기자가 두 종족을 구별하려는데 계속해서 틀린다. 어째서 그 기자는 맞추지 못했을까. 심지어 이런 상황은 후투족에게도 재연된다. 그들 역시 한눈에 투치족을 알아보지 못하고 일단 어느 종족인지를 물어본다.

297

그럼 이러한 일이 일어난 원인은? 그건 오랜 세월을 거치면서 두 종족의 피가 섞였기 때문이다. 영화 속 주인공 폴 부부도 여기에 해당한다. 남편이 후투족이고 아내가 투치족인 상황에서, 자녀들은 어느 종족에 포함시켜야 할까. 결국 벨기에가 식민통치를 위해 해묵은 종족 갈등을 이용하고, 이것이 촉매제가 되어 내전과 대량학살이라는 비극으로 치달았다.

당시 콩고의 고마지역에 설치된 르완다인 난민촌

제작 & 에피소드

휴먼드라마의 거장, 테리 조지. 그의 필모그래피에는 유독 자유와 인권을 강조하는 영화가 많다. 〈아버지의 이름으로〉〈어느 어머니의 아들〉〈더 복서〉 등인데, 이 세편 모두 북아일랜드 분쟁을 소재로 한다. 이러한 배경에는 그가 북아일랜드 출신이라는 점이 크게 작용했다. 북아일랜드는 세계에서 민족 간 분쟁이 가장 치열해, 지금 이 순간에도 언제 폭발할지 모르는 화약고 같은 곳.

그러한 환경이 그의 필모그래피에 영향을 끼치는 건 명약관화하다. 리틀 이탈리아에서 성장하면서 폭력의 힘을 절감한 마틴 스콜세지처럼, 그에게 민족 간 분쟁은 해결 불가능한 난제이자 비극의 결정체다.

〈호텔 르완다〉도 북아일랜드 분쟁의 연장선처럼 보인다. 복잡하게 얽힌 아프리카 부족 간 갈등이 북아일랜드 상황과 유사하기 때문이다. 투치족 학살 장면도 마찬가지다. 단지 르완다 비극을 재연한 것에 머물지 않고, 북아일랜드의 암울한 과거사를 연상케 한다.

이 영화에서 닉 놀테 UN군 대령, 호아킨 피닉스 기자, 장 르노 벨기에 본사 사장가 잠깐 등장해 주인공 폴 역을 맡은 돈 치들을 도와주는 게 이채롭다. 세 배우 모두 돈 치들보다 경력이나 인기 면에서 앞서기 때문이다. 그리고 이들 배우가 나왔다고 해서, 돈 치들이 상대적으로 위축되지도 않았다. 그의 모습은 마치 또 다른 폴 루세사바기나를 보는 듯

배우 돈 치들(좌)과 실제 주인공 폴 루세사바기나(우)

298

했다.

 특히 변덕스러운 후투족 장군을 차분한 어조로 설득하고 살의에 찬 자치군들의 마음을 진정시키는 장면에선, 쉰들러와는 또 다른 영웅의 모습이 느껴졌다. 쉰들러는 풍부한 재력을 바탕으로 유대인의 목숨을 구한 반면, 폴 루세사바기나는 오직 자신의 말과 태도로 상대를 설득해 1,200여 명의 목숨을 구했다.

영화 VS. 영화 〈블러드 다이아몬드〉(Blood Diamond, 2006)

 내전 상태에 있는 아프리카 국가를 무대로 한 〈호텔 르완다〉와 〈블러드 다이아몬드〉. 전자가 후투족과 투치족 간의 종족 갈등을 다룬다면, 이 영화는 시에라리온을 배경으로 정부군과 반군 사이에 처절한 살육전이 벌어진다.

 주목할 건 반군이 명분으로 내세운 내전의 목적이다. 겉으론 부정부패 척결이지만, 실상은 군자금을 마련하기 위해 다이아몬드광산을 차지하려 했다. 그리고 노예노동을 통해 채굴한 다이아몬드가 유럽과 미국으로 몰래 팔려 나가고, 이 보석을 취급하는 대기업들은 아프리카 원주민들의 수탈을 통해 막대한 이익을 얻는다.

 영화는 강제노역하던 솔로몬^{디몬 하운수}이 크고 희귀한 다이아몬드를 발견하는 장면부터 긴장감이 고조된다. 문제는 그 다이아몬드를 차지하려고 너도나

솔로몬이 진귀한 다이아몬드를 발견하는 장면

299

도 뛰어들었다는 것. 용병 아처^{레오나르도 디카프리오}도 그렇고 솔로몬의 아들을 끌고 간 전사도 마찬가지다. 이런 점에서 타이틀을 잘 정한 것 같다. '피문은 다이아몬드'라는 말대로, 이 보석을 차지하려다가 숱한 사람들이 죽음을 당한다.

안타까운 장면은 주인공이 목숨을 잃는 대목이 아니다. 바로 아프리카 어린이들이 소년병으로 끌려가 살인기계로 탈바꿈되는 과정이다. 기껏해야 열 살 남짓한 아이에게 마약과 술을 먹이고 사람들을 살육하게 하는 장면은 무섭다기보다 진한 슬픔을 느끼게 한다. 영화 〈킬링필드〉에도 나오는 잔인하기로 유명한 크메르루즈군이 상당수 십대 아이라는 것과 일맥상통한다. 아이들에게 총을 쥐어 주고 사람을 죽이라고 시키는 건, 그들의 영혼을 파괴하는 결코 용서할 수 없는 범죄다.

상업영화라는 장르임에도 생각할 여지가 많은 〈블러드 다이아몬드〉. 이런 배경에는 아프리카의 현실문제를 짚어 볼 수 있어서다. 솔로몬을 통해선 아프리카 국민이 처한 비참하고 삭막한 현실을, 유럽의 다이아몬드 회사를 통해선 아프리카 비극이 어디에서 비롯된지를 인식하게 한다.

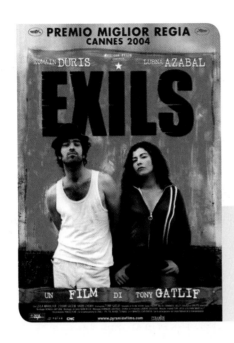

02

니들이 내 한恨을
알아!

추방된 사람들 Exiles, 2004
감독: 토니 갓리프
출연: 로맹 뒤리스(자노)
　　　　루브나 아자발(나이마)

영화 속 역사

　　프랑스가 알제리를 식민통치한 기간은 1830년부터 1962년까지 무려 132년. 결국 알제리는 독립했지만, 식민통치의 후유증은 심각했다. 프랑스 정부와 독립한 알제리 모두 식민통치의 내홍을 겪은 것이다. 이 영화는 알제리계 프랑스인이 겪는 정체성 문제를 로드무비 형식으로 전개하고 있다.

　　뜬금없이 알제리로 떠나는 자노와 나미아. 알제리계 출신인 이 연인은 자신의 근원지라 할 그곳을 찾아가지만 순탄치 않다. 비행기 한 번 타면 갈 수 있는 그곳을 일부러 어렵게 가는 것이다. 장장 5천 km에 달하는 여정을 통해서 갖은 경험을 하는 두 남녀. 천신만고 끝에 수도 알제에 도착하지만, 이질적인 문화에 불편함을 느낀다.

프랑스 정부의 식민정책

많은 유럽인들을 알제리로 이주시키려 했다. 그래야 식민통치가 수월해지기 때문이다. 그리고 이민을 유도하기 위해 토지를 싼값에 불하해 주었으며, 스페인, 헝가리, 체코로부터 사람들이 몰려들었다. 퇴직한 프랑스 군인이나 공무원들도 지배자라는 혜택을 누리면서 그곳에서 눌러 살았다. 그에 따라 1972년 당시 알제리 내 유럽인구가 350만 명으로 늘어났으며, 이 수치는 알제리 전체 인구의 35%를 차지할 정도로 많았다.

유럽인들이 늘어났다는 건 그만큼 알제리인이 경작할 토지가 줄어들었다는 걸 의미한다. 혹은 소작인으로 전락하거나 유랑생활을 할 수밖에 없는 처지로 몰리게 된다. 영화 초반과 중반에서 피난행렬을 떠나는 듯한 사람들의 모습이 나오는데, 가혹한 식민정책에 희생되어 유랑생활을 하는 알제리인을 묘사한 것이다.

이후 제2차 세계대전이 끝나면서 식민통치를 당하던 대다수 국가들이 해방되었으나, 알제리는 베트남과 함께 프랑스 식민지로 남았다. 그래서 알제리민족해방군(ALN)이 결성[1954]되어 무장투쟁을 전개했는데, 이에 프랑스는 하루 평균 20억 프랑의 엄청난 전비戰費를 쓰면서도 이 독립운동을 저지하지 못했다. 프랑스 국내에서도 사르트르를 비롯한 지식인과 노동조합이 알제리 독립을 지원하는 운동을 벌였다. 결국 드골 대통령이 알제리 독립을 승인하고, 알제리인민민주공화국이 수립[1962]되었다.

알제리민족해방군(ALN)

302

식민지배 후유증

알제리 독립으로 프랑스 정부의 고민이 끝나진 않았다. 알제리계 프랑스인으로 인한 국내 문제가 심각했다. 프랑스에서 소수민족으로 빈민층을 형성하고 있는 그들은 프랑스인이면서도 이방인 같은 느낌이 들었다. 즉, 주인공 자노와 나이마가 겪는 정체성 혼란이다. 영화에서 나이마는 알제리 출신의 부모에 이름도 아랍식이지만 알제리어는 전혀 모른다. 그녀의 부모가 자식을 순전히 프랑스인으로 키우려고 모국어를 일부러 가르치지 않은 것이다. 그럼에도 그녀의 대사처럼 알제리계 프랑스인은 심적 갈등을 겪었다. "나는 어디를 가나 이방인이었다."

수도 알제에서 나이마가 정체성을 찾기 위해 수피교^{이슬람교 신비주의적 분파} 의식에 참여하는 장면이 있다. 그곳 사람이 그녀 등에 난 큰 상처를 보고 어째서 그렇게 됐는지를 알고 있다고 말한다. 구체적으로 어떻게 그 상처가 생겼는지 언급하지 않지만, 총상으로 보아 알제리내전¹⁹⁹¹에 참여했다는 걸 의미한다. 이 전쟁은 군사정권이 야당인 이슬람구국전선의 압승이 예상되자 총선 무효를 선언하면서부터 비롯되었다. 곧이어 내전이 발발해 약 15~20만 명이 희생되고, 그 후 계속해서 반정부시위가 일어났다.

303

2003년 지진 현장(좌)과 실제 그곳을 지나치는 남녀 주인공(우)

영화에는 여러 차례 지진을 언급하고, 흉물스럽게 골조만 남은 건물이나 잔해만 있는 집터가 나오는 장면이 있다. 그건 2003년 5월 21일 저녁에 일어난 알제리지진을 의미하는데, 리히터 규모 6.8의 강진으로 1,000명 이상이 사망했다.

제작 & 에피소드

타이틀만으로도 극의 의미와 주제를 설명하는 〈추방된 사람들〉. 알제리계 프랑스 두 연인은 자신들의 고향 알제리에 도착하지만, 낯선 기분이 프랑스와 별반 차이가 없다. 이곳에서도 자신들은 '추방된 사람들'로 여겨졌던 것. 주목할 점은 두 사람이 겪는 정체성 혼란과 외로움이 감독 자신의 심정을 표현했다는 것이다.

감독 토니 가트리프도 알제리계 프랑스인이다. 열네 살에 프랑스에 도착한 그는 구두수선공 등 온갖 잡일을 하고 비행을 저질러 소년원에 가기도 했다. 따라서 성장기에 겪었던 극심한 고통과 외로움이 〈추방된 사람들〉을 비롯한 여러 작품에 그대로 투영되었다. 그리고 자노와 나이마가 정체성을 찾기 위해 알제리로 향하듯이, 감독도 무려 43년 만에 고향을 찾았다.

한편 이 영화는 음악이 큰 비중을 차지한다. 테크노, 플라멩고, 집시풍 음악 그리고 타악기 리듬이 주가 되는 알제리 민속음악이 그때그때 변하는 두 연인의 복잡한 심정을 잘 대변한다. 특히 수피교 전통의식의 춤과 노래는 마치 씻김굿을 연상케 하듯 이제껏 주인공이 맺혔던 한(恨)을 통렬히 발산하고, 마지막 장면의 민속음악은 고난했던 알제리 역사를 상징적으로 표현하고 있다.

로드무비 형식으로 진행되는 영화 속 여정은 파리에서 스페인 안달루시아의 세비야, 카르보네리아, 이어서 지중해를 건너 튀니지에서 다시 알제리 그리고 최종 목적지인 수도 알제로 향하고 있다.

영화 VS. 영화 〈예언자〉(A Prophet, 2009)

프랑스 내 소수민족을 다루면서도 극의 분위기가 아주 다른 〈추방된 사람들〉과 〈예언자〉. 〈추방된 사람들〉이 자신의 정체성에 대해 갈등한다면, 〈예언자〉에선 주인공 말릭이 목숨을 건 도박을 한다. 폐쇄된 교도소 안에서 목숨을 부지하려면 아랍계와 코르시카계 갱단 어느 한쪽에 가담해야 하기 때문이다.

프랑스 사회 내 소수민족 간 갈등이 섬세하게 묘사된 〈예언자〉. 예를 들어 말릭을 비롯한 아랍계 재소자들은 입소 때부터 교도관으로부터 돼지고기를 먹는지 질문받는다. 이슬람교도인지 확인하고, 그에 따라 식단이 달라지는 것이다.

이와는 달리, 코르시카 갱단은 아랍계보다 복잡하게 얽혀 있다. 순수 코르시카 출신이 있는가 하면, 이탈리아 마피아와 연관된 경우도 있다. 영화에서 코르시카계 루치아니가 말릭에게 자신의 보스를 살해하라는 밀명을 내리는 장면을 통해서도, 코르시카계 갱단의 이해관계가 간단치 않다는 걸 보여 준다.

그럼 영화에서 프랑스인이면서도 이를 부정하고 코르시카인으로 따로 부르는 이유는?

305

말릭(좌)이 루치아니(우)에게 살인명령을 듣는 장면

코르시카인이 역사적으로 프랑스와 다른 고유문화와 언어를 갖고 있어
서다. 1769년 이래 프랑스 지배를 받아왔지만, 코르시카인은 지금도 분리
독립을 요구하고 있다. 영화 속 TV 방송뉴스에서 사르코지 대통령과 코르
시카민족주의전선을 언급하는 게 그 한 예다.

영화에 나오는 보복살인도 단지 복수나 영역 다툼이 아닌, 코르시카인의
민족성을 담고 있다. 예를 들어, '벤데타'라는 단어는 코르시카 섬에서 행했
던 '상호 복수' 혹은 '피의 복수'를 의미하고, 보복의 대상이 원한관계 당사
자는 물론이고 친족에 이를 정도였다. 즉, 코르시카에는 집요하고도 잔혹
한 보복이 가해졌는데, 영화 속 교도소에도 그대로 자행되고 있다.

특히 코르시카 경제가 침체되면서 여러 폭력무장단체가 생겨났으며, 이
들 조직은 내부갈등이 심했다. 그에 따라 이들의 테러행위가 이념투쟁이
아닌, 이권이나 개인적 복수심으로 벌어지곤 했다. 급기야 계파들 사이에
'내전'이라 불릴 정도의 유혈극이 되풀이 되었는데, 영화에서 루치아니가
말릭에게 자신과 같은 코르시카계 갱단 살해를 지시한 것이 그 한 예다.

그럼 이러한 비극의 원천은 어디서 비롯되었을까?

묻지도 따질 필요도 없다. 프랑스를 비롯한 유럽 열강이 벌인 식민지배
의 후유증이다. 막강한 군사력으로 영토와 민족은 지배할 수 있지만, 그들
의 민족성과 고유한 문화는 쉽게 바꿀 수 없다. 〈추방된 사람들〉의 두 연인
도 그렇고 〈예언자〉의 말릭과 루치아니도 마찬가지다.

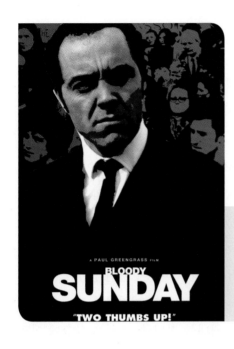

📽 03

예정된 비극

블러디 선데이 Bloody Sunday, 2002
감독: 폴 그린그래스
출연: 제임스 네스빗(아이반 쿠퍼)
앨런 길디아(캐빈 맥코리)

영화 속 역사

북아일랜드 가톨릭교도 시위 중에서 가장 참혹했던 '피의 일요일' 사건. 1972년 1월 30일 데리 시[*]에서 벌어진 이 사태는 평화행진으로 시작해서 유혈참극으로 바뀌었다. 그러나 우발적이 아닌 예정된 비극. 영화는 이 사건을 당시 현장으로 돌아간 것처럼 생생하게 묘사한다.

무장투쟁이 아닌 평화적인 행진에 나서 시민권 회복과 가톨릭교도의 자유를 얻어야 한다고 강조하는 쿠퍼. 하지만 정해진 행진 코스에 군인들이 진을 치고 있고 주요 길목마다 영국군 공수부대와 장갑차가 배치되어 있다. 가톨릭교도의 가두행진을 차단하려는 것. 결국 행진 주최 측과 쿠퍼의 계획은 처음부터 뒤틀린다.

시위를 벌인 이유

영화는 '피의 일요일' 사건을 다루지만, 이전에도 시위가 있었다. 1968년 10월 5일과 1969년 8월 12~15일 두 차례 걸쳐 시위대와 경찰 간에 큰 충돌이 있었던 것.

그럼 가톨릭교도들이 시위를 벌이고 유혈사태까지 일어난 이유는?

그건 신교도가 주축이 된 북아일랜드 정부가 가톨릭교도와의 결혼금지, 분리교육, 직업과 주택차별 등, 북아일랜드 토박이들을 상대로 한 불평등 정책을 전혀 개선하지 않아서다. 영화에서 평화적인 행진을 한 목적도 가톨릭교도에 대한 공민권을 요구하기 위한 것이며, 이 행진을 주도한 쿠퍼 의원도 연인과 종교가 다름으로 겪는 사회적 차별을 지적한다.

1969년 8월, 경찰력으론 더 이상 시위대를 저지할 수 없는 상황에 이르자, 북아일랜드 정부는 영국 정부에게 군대를 요청했다. 이때 영국 정부는 이런 상황을 초래케 한 불평등정책을 시정하라고 요구했으나 별 진전이 없었다. 영화에서 시위진압에 나선 영국군 포드소장의 대사를 통해 당시 기득권자인 신교도들의 태도를 알 수 있다.

"가톨릭교도가 개혁을 요구하지만, 신교도 대다수는 한 치 양보도 없지. 군사력까지 장악한 마당에 뭐가 아쉬워 양보하겠나."

예정된 비극

영국군이 북아일랜드에 진주하면서, 상황은 더욱 악화된다. IRA^{아일랜드공화} ^{국군}가 벨파스트와 데리에 주둔한 영국군을 상대로 총격과 폭탄테러를 감행하고 이에 맞서 신교도들은 강력한 대처를 요구한 것. 그 후 조금이라도 의심갈 만한 사람은 체포하고 감금된 상태에서 폭행과 고문을 자행했다. 당시 약 300명이 영장이나 정당한 재판절차 없이 체포되었는데, 그들 대다수가 IRA와 아무 관련이 없었다. 그리고 이때 억울하게 고초를 겪은 사람들이 이젠 자발적으로 IRA에 입단해 테러활동에 나서게 되었다.

이처럼 일촉즉발 분위기에서 하원의원 쿠퍼가 계획한 평

당시 시위현장

화행진이 효과를 거둘 수 있을까. 영화에서 IRA 단원이 쿠퍼에게 행진을 무의미한 일이라고 일갈하는 장면이나 공수부대원들이 처음부터 폭도들의 시위로 간주한 것은 당연하다. 더욱이 이 행사를 두고서 공수부대원들이 나섰다는 건 유혈진압을 하겠다는 의도를 드러낸 것이다.

그럼에도 쿠퍼는 행사를 강행했으며, 행진 도중에 이탈하는 사람들을 통제하지도 못했다. 결국 이 사건은 평화적인 시위 중에 일어난 우발적인 유혈사태가 아니라, 예정된 비극이었다.

유혈사태 책임은 누구인가

영화에서 쿠퍼는 27명의 시민이 피격당하고 13명이 사망했다는 기자회견을 한다. 이 유혈사태의 책임은 누구인가?

분명한 건 시민에게 총격을 가한 공수부대원들이 전적으로 책임질 일이 아니다. 공수부대가 원래 시위진압이 아닌, 적진에서 고도의 위험한 작전을 감행하는 특수부대라는 점을 감안해야 한다. 만일 이들 군인에게 책임을 전가한다면, 그 부대를 투입시킨 영국 정부, 사태를 야기케 한 원인 제

309

아이반 쿠퍼(좌)와 배우 제임스 네스빗(우)

공자인 보수우익 신교도들에게 더 큰 책임이 있다.

또 한 사람, 바로 이 행사를 주도한 '아이반 쿠퍼'도 책임에서 벗어날 수 없다. 그는 위험한 상황임에도 아무런 대비책 없이 행사를 강행해 시민들을 희생케 했다. 엔딩 장면에서 쿠퍼는 영국 정부를 비난하지만 그보다는 자신의 과오를 인정해야 한다.

그럼 무장투쟁과 평화적인 노선 중에서 어느 쪽이 보다 효과적일까?

영화에는 쿠퍼가 IRA 대원에게 행진을 방해하지 말라고 부탁하고, 그 대원은 행진으로 뭘 얻겠냐며 냉소적으로 대꾸한다. 양쪽 주장 모두 설득력이 있는 것 같지만, 실제 역사는 IRA 대원의 주장에 공감하게 한다. 아일랜드가 수백 년간 영국의 지배로부터 벗어난 계기는 결코 평화적인 시위가 아닌, IRB^{아일랜드공화국형제단}를 비롯한 무장단체의 유혈이 낭자한 끈질긴 투쟁의 결과물이기 때문이다.

생각해 보라. 남의 영토와 재산을 가로채고 지배자로 행세하는 이에게 과연 평화적인 방식으로 독립을 얻어낸 경우가 있는지를. 영국 바로 옆 나라 프랑스의 식민지배 체제에 있던 베트남과 알제리가 독립을 얻어내는 과정 역시 마찬가지다. 자유와 권리는 결코 손쉽게 얻어지는 게 아니라는 걸 역사는 증명하고 있다.

310

제작 & 에피소드

만일 아일랜드 역사를 배경으로 영화가 제작된다면, 둘 중의 하나다. 아일랜드 ^{북아일랜드 포함해서} 독립운동을 소재로 한 것과 아닌 것. 더욱이 그 영화를 만든 감독이 북아일랜드 출신이면 십중팔구 북아일랜드 내전이나 독립운동을 담고 있다. 그도 그럴 것이 아일랜드역사에서 영국의 침략과 압제에 시달린 기간이 몇 백 년이고 북아일랜드는 현재도 진행형이기 때문이다.

북아일랜드 독립투쟁을 소재로 잘 알려진 작품은 다니엘 데이 루이스가 열연한 〈아버지의 이름으로〉, 칸영화제 황금종려상을 수상한 〈보리밭을 흔드는 바람〉, 톰 클랜시 소설을 극화한 〈패트리어트 게임〉 그리고 '영국판 화려한 휴가'인 〈블러디 선데이〉 등 헤아릴 수조차 없다.

그럼 〈블러디 선데이〉가 북아일랜드 독립운동을 배경으로 한 여타 작품과 다른 특성은?

다큐멘터리 방식으로 극이 진행되어 당시 긴박한 상황을 생생하게 표현했다는 것이다. 유혈참극이 벌어진 그날부터 전날 밤까지 만 하루 동안의 과정을 군더더기 없이 편집한 점도 이 사건에 몰입하는 데 도움을 주었다. 핸드헬드 촬영도 화면이 흔들리는 단점이 있지만, 극의 리얼리티를 살리는 데 일조했다. 아마도 감독 '폴 그린그래스'가 기자 출신이란 전력이 영향을 미쳤던 것 같다.

주인공 쿠퍼 역의 '제임스 네스빗'과 포드소장 역의 '팀 피곳 스미스' 이외의 배우들이 생소하다는 점도 극의 사실감을 더해 주었다. 다만 도입부 혹은 엔딩 부분에 실제 기록필름이나 현장사진을 삽입했다면 보다 생생한 비극의 역사를 담아내지 않았을까 하는 기대 섞인 아쉬움이 있다.

311

영화 VS. 영화 〈마이클 콜린스〉(Michael Collins, 1996)

〈블러디 선데이〉와 〈마이클 콜린스〉는 역사적으로 연관이 있다. 〈블러디 선데이〉의 비극적인 사건이 일어난 원인을 거슬러 올라가면, 〈마이클 콜린스〉의 영국–아일랜드조약[1921]에 그 기원이 있다.

이 조약의 주요 항목은 아일랜드 대부분 지역이 자치령으로 인정받는 대신, 북아일랜드만큼은 조약이 유효한 한 달 이내에 주민 선택에 의해 아일랜드자유국에서 분리한다는 내용이다. 그럼 이 조약을 이끈 아일랜드인은 누구일까?

영화에는 IRA를 창설하고 무장독립투쟁을 주도한 마이클 콜린스가 '이몬 데 발레라'의 명령을 받아 어쩔 수 없이 협상 대표자로 런던에 간 것으로 나온다. 그리고 발레라는 조약이 체결되기 전에 이미 북아일랜드가 독립에서 제외될 걸 알고서, 대중에게 인기 높은 콜린스를 시기하여 자기 대신 대표자로 런던에 보낸 것으로 설정하고 있다.

즉, 영화는 콜린스를 순수한 혁명가이자 애국자로, 발레라는 기회주의적인 정치꾼으로 묘사했다. 더욱이 콜린스가 내전을 끝내기 위해 목숨 걸고 발레라를 만나려 했던 반면, 이를 기회로 삼아 콜린스를 암살하는 비열한 인간으로 발레라를 그리고 있다. 과연 발레라가 감독 닐 조단의

마이클 콜린스(좌)와 그를 연기한 리암 니슨(우)

시각대로 부정적인 인물인지 확인할 수 없지만, 그가 처음에 반대했던 영국-아일랜드조약을 후일 인생 최대의 실수라고 시인한 걸로 보아 콜린스가 정확한 판단을 한 게 확인된 셈이다.

한편 이 조약의 아일랜드 대표자가 콜린스로 나오지만, 실제로는 '아서 그리피스'다. 그리피스는 아일랜드로 돌아와서 이 조약이 최선의 선택이라고 강조했는데, 그러한 이면에는 콜린스의 역할이 컸다.

영화에도 나오듯이, 콜린스는 IRA가 아주 약한 데 비해 영국군이 압도적으로 우세한 상황에서, 영국 정부가 제안한 휴전안을 받아들여야 했다. '자유를 성취하기 위한 자유.' 즉, 조약체결로 영국과의 전쟁을 끝내고 향후 더 나은 결과를 도모하자는 콜린스의 표현인데, 당시에는 최선의 선택이었다는 것이 후일 확인되었다. 이후 아일랜드공화국이 수립¹⁹²²되고 그리피스가 대통령으로 취임한다.

영화에는 겨우 이런 조약을 얻어내려고 그토록 많은 피를 흘렸느냐고 비웃는 장면이 나온다. 콜린스는 이러한 냉소에 맞서 일갈한다. 영국과의 전쟁을 끝낼 수 있다면 무엇이든 할 수 있다고 말이다.

한편 이러한 그의 결단력에 대해 공감이 가지만, 이 조약으로 후일 북아일랜드에서 갖은 핍박을 당하는 토박이 아일랜드인의 처지를 생각하면 안타까움을 금할 수 없다. 그래서 북아일랜드인들이 그를 배신자 혹은 영구분단의 원흉이라고 지탄하는 것 역시 이해할 수 있다.

투쟁과 저항의 역사

아일랜드역사는 '투쟁과 저항의 역사'다. 헨리 8세의 침략(1534) 이후 아일랜드공화국이 출범(1922)할 때까지 약 400년간이나 식민통치를 받아서다. 더욱이 북아일랜드 지역이 지금도 영국의 영토로 남아 있음으로써, 완전한 아일랜드 독립은 아직도 요원하다.

북아일랜드가 아일랜드 독립에서 제외된 이유는?

17세기 호국경이 된 올리버 크롬웰이 식민정책의 일환으로 많은 신교도들을 북아일랜드에 이주시킨 데서 비롯된다. 이후 신교도 영국인이 가톨릭교도 아일랜드인을 밀어내고 경제력·수적으로 압도하게 되었다. 따라서 북아일랜드 영국인이 아일랜드에 귀속해야 할 이유가 없다.

문제는 토박이이면서 이제껏 박해받던 소수 북아일랜드인이 아일랜드의 완전한 독립을 쟁취하기 위해선 무장투쟁 외에는 다른 방법이 없다는 것이다. 여기서 곤혹스러운 입장이 아일랜드 정부인데, 영국과의 전쟁을 우려하여 북아일랜드독립단체를 공식적으로 도와줄 수 없었다. 결국 외로운 싸움을 하게 된 북아일랜드인이 이전보다 과격한 무장테러를 하는 것은 정해진 수순이다.

한편 〈블러디 선데이〉에 나오는 IRA는 원래와는 다른 무장단체다.

IRA는 마이클 콜린스가 창설한 아일랜드공화국군(Irish Republican Army: IRA)으로 아일랜드독립전쟁 당시 영국에 저항하여 싸운 단체다. 그러나 아일랜드공화국이 수립되면서 IRA가 재결성되었다. 단원 대다수가 새로 창설되는 아일랜드공화국 육군에 속하고, 일부 단원이 북아일랜드의 영국 잔류를 반대하여 예전처럼 무장투쟁을 지속한 것이다. 그리고 단원들의 성향에 따라 온건파(Official) IRA와 과격파(Provisional) IRA로 분열하는데, 영화에 나오는 IRA는 바로 과격파(PIRA)를 지칭한다.

닐 조단의 〈크라잉게임〉, 필립 노이스의 〈패트리어트 게임〉, 짐 셰리던의 〈아버지의 이름으로〉에 나오는 IRA도 PIRA다.

314

Theme 15

사회주의 정권의 몰락

경제가 이념을 누르다

/

혁명의 기준점, 12시 8분

경제가 이념을 누르다

굿바이 레닌 Good Bye Lenin!, 2003
감독: 볼프강 베커
출연: 다니엘 브륄(알렉스)
   카트린 사스(크리스티 안네)

영화 속 역사

전 세계 이목을 끈 베를린장벽 해체와 독일통일. 영화는 갑작스러운 통일만큼이나 급변한 동독 주민들의 생활을 유머러스하게 그려 내고 있다.

아버지가 서독으로 망명해 집안이 엉망이 된 동독의 가족. 어머니는 열렬한 공산당원으로 거듭나고, 아들은 서독과의 자유왕래를 위해 베를린장벽 철거 시위대에 참여한다. 마침 현장에서 아들이 끌려가는 걸 보고 충격으로 혼수상태에 빠지는 어머니. 그 사이 베를린장벽이 해체되고 동독이 서독에 흡수통일 된다. 문제는 어머니가 의식이 돌아왔지만 그녀가 신봉한 동독이 사라졌다는 사실에 큰 충격을 받을까 우려하는 아들. 이때부터 어머니를 위해 거짓말 프로젝트를 시도한다.

전격적인 통일의 배경

동독 시민이 통일시위를 벌이고 베를린장벽이 해체[1989. 10. 7~11. 9] 되기까지 30여 일의 시간은 그야말로 숨 가빴다. 동서독 시민조차 통일이 이렇게 빨리 찾아올 줄 몰랐다고 술회할 정도다. 동서독이 모두의 예상을 깨고 너무도 빨리 통일한 배경은 외부적으론 미소 양국의 양해를 거론할 수 있으나, 가장 중요한 건 동독 주민의 통일에 대한 열망이다.

그럼 동독 주민이 어째서 서독으로의 흡수통일을 원했을까?

도청과 감시로 철저히 인권을 통제하던 사회로부터 벗어나려는 욕구도 있었지만, 그보다 중요한 건 자신들보다 훨씬 풍요로운 서독경제를 부러워했기 때문이다. 그러한 욕구를 갖게 만든 촉매제가 바로 '서독 TV 방송'과 '통행의 자유'다.

317

1973년부터 동독 정부가 주민들에게 서독 방송을 허용한 데에는 데모와 시위로 얼룩진 서독 사회의 모습을 보면서 자본주의 체제의 결함과 함께, 사회주의 체제의 우월성을 고취시키려 했다. 그런데 정작 동독 주민의 마음을 사로잡은 건 TV 화면 속에 비친 서독 사회의 자유로운 분위기와 풍요로움이었다. 또한 동독 정부는 서독과 무역 및 관광 교류를 했는데, 이러한 교류로 서독으로부터 경제 원조도 많이 받았지만 양국의 경제 실상이 비교되었다. 결국 TV 방송이나 통행의 자유, 모두 경제적 요인과 밀접하다.

당시 베를린장벽을 부수는 청년

주목할 건 당시 서독의 경제력이 세계 3위였지만, 동독도 사회주의 국가 중에서 가장 잘 살았다는 것. 바로 이 점이 동독 지도자 호네커로 하여금 서독 TV 방송 시청과 서독인의 관광 입국을 허용케 한 이유였다. 그만큼 자신감이 있었지만, 그의 기대는 무참히 깨졌다.

절대적 빈곤보다 상대적 빈곤과 박탈감이 더 큰 영향을 끼친다는 걸 간과한 것이다. 동독의 경제수준이 서독의 몇 분의 1에 지나지 않았으며, 동독 주민도 다른 사회주의 국가가 아닌 서독과 비교하면서 상대적 박탈감을 느꼈다.

따라서 독일통일의 가장 중요한 요소는 서독의 막강한 경제력이며, 말 그대로 '경제가 이념을 눌렀다.'

통일의 후유증

통일이라는 벅찬 감동 뒤에는 냉엄한 현실이 기다리고 있었다. 동독인은 동독인대로 서독인은 서독인대로 예상치 못한 후폭풍을 맞았다.

동독인은 예전에도 서독과의 경제적 격차에서 비롯된 박탈감을 느꼈으나, 통독 후에는 오히려 그 박탈감이 커졌다. 우선 오랜 기간 사회주의 체제에 익숙했다가 자본주의 생활방식으로 전환하려니, 매사가 서툴거나 불편했다. 자신의 예전 신분이나 위치도 변했다.

영화에서 통독 이전에 대학생이던 누이동생은 생계를 위해 버거킹 판매원이 되고 주인공 알렉스가 다니던 직장은 문을 닫았다. 심지어 알렉스는 어릴 적 우상인 동독 최초의 우주비행사가 생계를 위해 택시운전수로 나선 것을 목격한다.

특히 알렉스가 휴지로 변한 동독의 지폐 뭉치를 옥상 위에서 날려 보내는 장면은 시사하는 바가 크다. 지폐가 불타면서 재로 변하는 모습이 동독

화폐가 무용지물이 됐다는 것뿐만 아니라, 동독인도 아무 쓸모없는 사람을 상징하는 것처럼 보였기 때문이다.

이러한 자괴감은 영화 속 장면에 국한되지 않았다. 일부 서독인은 동독인을 '2등 국민'으로 간주했다. 구舊동독인을 오시Ossi라고 불렀는데, '자본주의 생활방식에 서투르고 어리석은 사람'을 의미한다. 심지어 오시라는 타이틀로 유머집이 나오기도 했다.

그럼 동독인을 어째서 부정적으로 묘사했을까?

가장 큰 이유는 막대한 통일비용이다. 예상치보다 너무나 많은 비용이 들어서 서독 정부가 당황해할 정도였으며, 이러한 상황에서 일부 경제인은 동독에 대한 투자가 무의미하다고 주장했다.

그러나 역시 독일은 강한 나라다. 이젠 유럽연합을 주도하면서 재정분담금을 가장 많이 내는 나라 아닌가!

319

제작 & 에피소드

독일 개봉 당시 관객 600만 명을 넘어 독일영화 사상 흥행 2위를 기록한 작품이자 베를린국제영화제 최우수 유럽영화상을 수상2003한 〈굿바이 레닌〉. 독일 출신 감독 볼프강 베커는 이 영화 한 편으로 세계적인 주목을 받았다.

영화를 이끄는 두 주인공은 아들 알렉스 역의 다니엘 브륄과 어머니 크리스티 역의 카트린 사스. 꽃미남의 브륄이 벌이는 천연덕스러운 거짓말 쇼와 이를 진지하게 믿는 사스의 중후한 연기는 관객에게 감동과 편안함을 느끼게 해준다.

실제로 사스는 동독 출신의 중견배우로서 명성을 날렸는데, 독일 통일로

아들이 어머니를 속이기 위해 가짜 뉴스를 만드는 장면

피해를 입었다고 전한다. 동독 출신이라는 이유로 배역에 섭외가 되지 않아 생활고에 시달렸다는 것. 만일 그녀의 말이 사실이라면, "명성을 날리던 동독인들이 통일과 함께 사라지거나 생활이 어렵게 됐다."라는 아들의 독백은 단지 영화 속 대사가 아닌 각박한 현실을 드러낸 것이다. 그래서 영화는 시종일관 웃음을 주지만 뒷맛이 개운치 않다. 그 웃음 뒤에 가려진 삶의 고단함을 짐작할 수 있어서다.

이 영화 개봉 후, 유사한 소재의 작품이 우리나라에서 제작되었다. 감우성과 신구 주연의 〈간 큰 가족〉[2005]인데, 아버지가 시한부인생이고 그의 소원인 남북통일을 보여 주기 위해 자식들이 쇼를 꾸민다는 줄거리다.

한편 개봉된 지 10여 년이 지난 현재 〈간 큰 가족〉을 다시 본다면 예전처럼 웃음이 나올 것 같지 않다. 이 영화를 처음 봤을 때와 너무나 달라진 긴장 상태의 남북관계 때문이다.

그런 점에서 영화는 시대를 반영하고, 흥행의 성패는 시류가 좌우하는 것 같다.

영화 VS. 영화 〈타인의 삶〉(Das Leben der Anderen, 2006)

통일 전후 동독인의 생활을 무대로 하고 있음에도, 느낌이 사뭇 다른 〈굿바이 레닌〉과 〈타인의 삶〉. 전자가 통일 이후의 생활을 유머러스하게 그렸다면, 후자는 통일 이전의 삶을 비장하게 묘사했다.

320

영화 전체 분위기를 암시하는 건 도입부 자막이다. "1984년 동독에는 정보공개가 사라지고 동독 국민은 비밀경찰의 엄격한 제한을 받고 있었다. 동독의 독재정권은 '모든 것을 파악해야 한다'는 목표로 10만 명의 감청 요원과 20만 명의 스파이를 두고 있었다."

베를린장벽이 무너지기 5년 전을 시점으로 전개되는 이 영화의 주인공은 베테랑 비밀경찰 비즐러. 자신의 일이 국가적 사명이라 믿고 있었던 그는 감정이 없는 사이보그 같았다. 그러나 동독 최고의 극작가 드라이만과 그의 애인이자 인기 여배우 크리스타를 감시하는 임무를 맡으면서 전환점을 맞는다.

두 남녀의 생활을 보면서 인간다운 삶이 무엇인지 깨닫게 된 것. 그는 갈등 끝에 임무를 팽개치고 인간애를 택하지만, 공교롭게도 그의 가치관을 바꾸게 한 크리스타는 연인을 배신한다.

321

그럼 도청과 감시를 한 이유는?

무엇보다도 국제정세가 급변했다. 1980년대 들어서 폴란드를 비롯한 동독 주변 국가들이 민주화운동을 벌이고 소련 고르바초프 대통령이 페레스트로이카^{개혁}와 글라스노스트^{개방}를 제창했다. 이에 당시 막강한 권력을 휘두르던 동독지도자 에리히 호네커는 소위 '동독식 사회주의'를 내세우면서 체제를 비판하는 목소리에 강력한 제재를 가했다.

이 영화는 도청이나 감시 혹은 비밀경찰이라는 비인간적인 조직이 얼마나 사람을 피폐하게 할 수 있는 지를 보여 주고 있다. 크리스타가 연인을 배신하는 장면은 단지 영화 속 허구의 이야기가 아니다. 신들린 듯한 내면연기를 보

비즐러가 도청하는 장면

여 준 비즐러 역의 울리히 뮤흐도 실제로 동독 시절 비밀경찰 하수인이 된 부인에게 감시받은 경험이 있다.

이 밖에도 동독이 낳은 최고의 피겨스케이터 카타리나 비트의 과거사도 한때 언론의 주목을 받았다. 동독 비밀경찰이 작성한 '비트 문서'가 발견되었는데, 그 분량이 모두 8권, 총 1,354장에 이르는 방대한 기록이었다. 세세한 사생활까지 꼼꼼히 적혀 있는 걸로 보아, 얼마나 철저하게 감시를 받았는지를 짐작케 한다.

또한 그녀는 스파이 활동 혐의로 구설수에 올랐는데, 설사 그런 활동을 했어도 자발적으로 하진 않았을 것 같다. 이 영화의 여주인공 크리스타처럼 말이다.

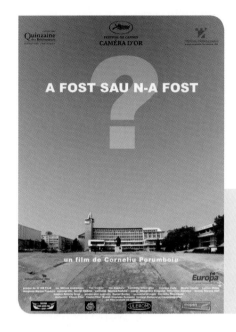

02

혁명의 기준점,
12시 8분

그때 거기 있었습니까?
A fost sau n-a fost?, 2006
감독: 코르넬리우 포룸보이우
출연: 마리시아 안드레스쿠(피스코치)
테오도르 코반(데레스쿠)
아이온 사프다루(마네스쿠)

영화 속 역사

무소불위의 독재자 차우셰스쿠. 아들에게 권력을 세습할 만큼 철권을 휘
둘렀으나, 들불같은 국민저항으로 몰락한다. 영화는 차우셰스쿠 정권의 최
후를 가져온 루마니아혁명을 회고하는 방식으로 전개된다.

루마니아혁명 16주년 기념 토크쇼가 시작된다. 두 명의 게스트가 혁명 당시 용감히
나섰다고 했으나, 신빙성이 없다. 혁명 당일 마을 광장에서 시위했다는데, 목격자가 없
다. 더욱이 차우셰스쿠가 대통령궁을 빠져나간 12시 8분을 혁명의 기준점으로 보면, 그
시각 이전에 광장에 간 사람이 한 명도 없다. 결국 이 지역에 혁명이 있었다는 증거가 전
혀 없는 가운데, 뜻밖의 시청자 전화가 걸려온다. "큰 아들이 혁명에 참여했다가 죽었어
요. 지금 행복했던 그날처럼 눈이 내리네요. 메리 크리스마스!"

차우셰스쿠는 누구인가

루마니아 현대사에서 차우셰스쿠가 차지하는 비중은 참으로 크다. 영화에는 몰락한 독재자라는 부정적인 면만 묘사하고 있지만, 실상은 다르다. 그는 청년 시절부터 열렬한 공산주의자였으며, 국가 원수가 된 후부턴 소련의 간섭에 맞서 독자노선을 추구했다. 예를 들어, 소련의 체코 침공[1968]과 아프가니스탄 침공[1979]을 공개적으로 비난했으며, 서방국가에도 접근했다. 소련과 적대관계는 아닐지라도 일정 거리를 두는 민족주의 정치노선을 취한 것이다. 이러한 과감한 독자노선은 루마니아 국민은 물론이고 서방국가들로부터 지지를 받았다.

그럼 차우셰스쿠가 독자노선을 취한 이유는?

루마니아는 산유국으로, 소련에 의존하지 않아도 독자적으로 외화 획득이나 에너지 자원확보를 걱정할 필요가 없었다. 문제는 그러한 대외정책이 국민을 위한 게 아닌, 자신의 독재체제를 구축하기 위해서였다.

연이은 실정과 몰락

차우셰스쿠 몰락의 첫째 원인은 경제정책 실패다. 외채를 도입해서 갑작스럽게 공업화정책을 시도했는데, 중동 오일쇼크와 부쿠레슈티 대지진*이 일어났다. 그리고 이러한 위기를 타개할 관리가 필요했는데, 무계획적으로 정책을 추진하다 보니 완전히 실패로 끝났다. 게다가 잘못된 경제정책으로

---

* 부쿠레슈티 대지진(1977. 3. 4.)으로 약 1,400명의 사망자와 7,600명의 부상자가 발생하고, 많은 건물이 파괴되었다. 이 지진을 명분으로 차우셰스쿠는 사치스러운 '인민궁전'을 건설한다.

생겨난 100억 달러 이상 되는 외채를 상환하기 위해서, 원유와 농산물을 너무 많이 수출했다. 그 결과 각종 생필품이 극도로 부족하게 되어 거의 아사 직전 상태까지 다다랐다.

다음으로 우상화정책을 강화했다는 것.

그는 부인 엘레나를 비롯해 일가족을 정부와 당의 요직에 앉혔다. 김일성과 의형제를 맺고 북한의 권력세습을 그대로 따르려했다. 그는 전국 곳곳에 도청장치를 설치해 국민을 통제하고 친위조직 '세쿠리타테'를 결성해 자신의 권력을 공고히 했다. 특히 국가경제가 침체된 가운데, 호화로운 궁전을 지어서 국민의 분노를 일으켰다.

결국 그는 루마니아 국민으로부터 '공공의 적'이 되었다. 독재정권 몰락의 전조는 영화에서 게스트가 주장한 것처럼, 티미쇼아라에서 시작해 수도 부쿠레슈티로 확산되었다. 1989년 12월 17일 티미쇼아라에서 군대의 발포로 사상사가 발생하고 이를 계기로 그의 권력이 무너지기 시작한 것이다. 12월 22일 군대가 시위자들에게 굴복하고, 차우세스쿠는 부인과 함께 헬리콥터를 타고 수도를 탈출하려 했다. 영화에는 차우세스쿠 부부가 대통령궁을 떠난 시각을 12시 8분으로 설정하고, 이 시간을 혁명의 분기점으로 간주하고 있다.

그 후 차우세스쿠 부부는 북한으로 망명하려 했으나 무장 군인들에게 체포되어 특별 군사법정에서 유죄판결과 함께 총살형에 처해졌다. 당시 처형당한 차우세스쿠 부부 사진이

형장에 끌려가기 직전의 차우세스쿠 부부

325

국내 모 일간지 기사에도 실렸는데, 피투성이의 참혹한 모습이 지금도 선명하다. 정식재판 절차 없이 신속하게 차우셰스쿠를 처형한 것은 당시 그를 지지하는 세력에 대한 기선제압의 성격이 짙다.

묘한 기분이 드는 이유는 차우셰스쿠가 처형당한 날이 12월 25일이라는 점. 화이트 크리스마스가 아닌 블러디 크리스마스가 된 건데, 그래서일까? 영화 속 화이트 크리스마스도 결코 흥겨워 보이지 않는다. 그럼에도 영화에는 시청자가 '행복했던 그날'과 '메리 크리스마스'라는 말을 꺼낸다. 그 이유는? 자기 아들을 죽게 만든 차우셰스쿠가 처형된 날이 성탄절이라서 행복했던 그날이 된 것이다.

제작 & 에피소드

'코르넬리우 포룸보이우'의 장편 데뷔작으로 칸영화제에서 황금카메라상을 수상한 작품. 이 영화의 무대가 정확히 어디인지 알 수 없다. 원제목이 '부쿠레슈티 동쪽'이니, 수도 동쪽 어딘가에 위치한 소도시라고 짐작할 뿐이다. 영화에는 극 전체 분위기를 이끄는 두 장치가 있는데, 도입부와 에필로그 두 차례 나오는 가로등과 눈이다. 흥미로운 건 가로등과 눈이 일반적인 이미지와 달리 느껴진다는 것. 거리를 밝게

음울한 분위기를 느끼게 하는 가로등 불빛
(독재정치로 인한 루마니아인의 트라우마를 상징하는 것 같다.)

비추는 가로등과 사람들의 기분을 좋게 만드는 눈이, 이 영화에선 음울하고 삭막한 도시 분위기에 휩싸이게 한다.

어째서 그런 기분이 들까?

그 이유는 혁명에 참여해 아들을 잃었다는 내용의 전화를 통해 느낄 수 있다. 사람들에겐 잊혀진 16년 전의 과거사가 혁명에 나섰다가 목숨을 잃은 이의 가족에게는 엊그제 일처럼 생생해서다. 더욱이 그녀의 아들을 제외하곤, 이 영화에 등장하는 어느 인물도 혁명에 나선 이가 없다.

심지어 어느 시청자는 차우셰스쿠 독재정권 시절을 그리워하는가 하면, 한때 비밀경찰이었다는 이는 150여 명의 직원을 거느린 중견사업가라고 자랑을 늘어놓는다. 심지어 법률용어를 들먹거리며 사회자와 게스트에게 고소하겠다고 으름장을 놓는 장면에서는 분노를 넘어서 허탈한 기분마저 든다. 시청자의 당당한 목소리가 마치 일제강점기 때 친일하면서 치부하고 해방 후에는 사회적 공인으로 나선 이를 연상시켰기 때문이다.

327

이 영화는 처음보다 두 번째 볼 때가 더 재미있었다. 화려한 비주얼이 있는 것도 아니고 빠른 전개와 극적인 반전도 없지만, 등장인물의 대사 하나하나가 감칠맛 나고 리얼리티가 있어서다. 처음 볼 땐 밋밋하게 극이 전개된 것 같지만, 다시 볼 때 오히려 진솔한 삶의 모습이 생생하게 느껴지는 영화, 바로 〈그때 거기 있었습니까〉의 매력이다.

영화 VS. 영화 〈4개월, 3주… 그리고 2일〉
(4 Luni, 3 Saptamini Si 2 Zile, 2007)

차우셰스쿠 정권을 소재로 한 〈그때 거기 있었습니까〉와 〈4개월, 3주… 그리고 2일〉. 〈그때 거기 있었습니까〉가 회고 형식으로 과거의 상처를 토

로했다면, 이 영화는 독재정권 치하의 현재 시점이다. 영화가 시작되면서
"혁명 2년 전 1987년"이라는 자막만 봐도, 이 작품이 차우세스쿠의 실정^{失政}
을 소재로 했다는 걸 짐작케 한다.

타이틀은 주인공 룸메이트가 겪은 시간의 순차를 의미한다. 임신한 지
4개월이 지났고, 어떻게 할지 고민하는 데 3주가 흘렀고, 2일 안에 결단해
야 한다는 것. 당시 낙태가 금지된 루마니아에서, 원치 않는 임신을 한 여
성은 인생의 막다른 골목에 몰린 것이다.

피임약이나 콘돔을 판매하지 않아 임신을 예방하기 어렵고, 병원에서
낙태수술을 해 주지 않아 불법으로 할 수 밖에 없고, 수술부작용으로 자칫
죽을 수도 있다. 실제로 루마니아 여성 50만 명이 이 수술로 목숨을 잃었
다. 더욱이 정부가 낙태시술자를 엄벌에 처해, 위험수당으로 수술비가 오
를 수밖에 없다. 영화에서 룸메이트 수술장소로 호텔객실을 예약하는 과
정과 불법시술자 베베가 긴장한 표정으로 객실에 들어가는 장면은 마치 스
릴러를 보는 느낌인데, 그만큼 정부의 감시가 심했다는 걸 의미한다.

낙태시술 장면

이 영화의 장점은 강렬한 리얼
리즘이다. 세련된 촬영기법이나
특별한 배경음악도 없이, 오직 배
우들의 자연스러운 연기만으로 당
시 시대 분위기를 잘 살렸다. 예상
치 않은 장면은 주인공 오틸리아
가 룸메이트의 부족한 낙태시술비
를 마련하기 위해, 베베와 즉석에
서 섹스를 하는 대목이다.

어째서 그녀는 그런 행동을 했
을까? 답은 룸메이트에게 일어난 상황이 언제든 자신에게도 벌어질 수 있

어서다. 그래서 그녀 역시 남친에게 임신하게 되면, 자신은 어떻게 되냐고 묻는다. 여기서 남친의 곤혹스런 표정으로 볼 때, 바람직한 해결책은 없다.

국민의 이런 고통에도 불구하고 차우세스쿠가 낙태를 금지한 이유는?

1960년대 들어서 저출산 문제에 직면해, 출산장려가 필요했기 때문이다. 문제는 정부시책이 출산장려가 아닌, 출산강요였다는 것. 무작정 출산만 강요했지, 그에 따른 정부의 지원책은 거의 없었다. 심지어 '금욕세'라는 항목을 신설해 자식이 없는 사람에게 세금을 추가로 부과할 정도니, 정책이 제대로 시행될 리 만무했다.

영화는 차우세스쿠 정책을 통렬하게 비판하지 않고, 배우들의 표정과 말투로 대변한다. 지치고 짜증나고 답답하고 두려운 감정이 교차되어 나오는 대화 분위기. 그도 그럴 것이 함부로 정부를 비판할 수도 없다. 그랬다간 당장에 끌려가서 봉변을 당할 테니 말이다.

담담한 극 전개방식으로 차우세스쿠 정권의 허상을 적나라하게 드러낸 수작. 이 작품이 2007년 칸영화제에서 황금종려상을 수상한 이면에는 독재정권으로 고통받던 루마니아 국민을 위로하는 상징처럼 보이기도 한다.

Theme 16

동유럽 분쟁과 현대 유럽

어제 이웃이 오늘은 적

/

누가 악의 축인가

/

돈보다 귀한 것은

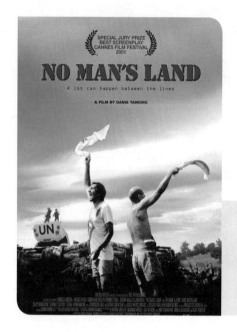

01

어제 이웃이 오늘은 적

노 맨스 랜드 No Man's Land, 2001
감독: 다니스 타노비치
출연: 브랑코 쥬리치(치키)
　　　르네 비토라작(니노)
　　　필립 쇼바고비치(체라)

영화 속 역사

　보스니아내전의 비정한 면을 예리하게 풍자한 작품. 아카데미외국어영화상을 수상해 작품성도 입증했다는 점이 이 영화의 매력이다.

　만일 두 명의 적군이 같은 참호 안에서 각자 자기 편에 구조요청을 하면, 양측은 어떻게 대응해야 할까? 영화는 이런 황당한 상황에서 시작한다. 보스니아(치키)와 세르비아(니노) 두 병사는 좁은 참호 안에 대치하면서 서로를 경계하고, 두 병사를 돕기 위해 유엔평화유지군까지 나선다.

보스니아내전 원인

영화에는 보스니아와 세르비아 병사가 서로 이 전쟁의 책임이 상대 측에 있다고 설전을 벌인다. 조금도 물러서지 않고 입에 거품을 무는 두 사람.

그럼 이 전쟁의 책임은 어느 쪽에 있을까?

문제는 이 전쟁의 원인이 그리 간단치 않다는 것. 즉, 그들이 싸우기 훨씬 전부터 보스니아는 격전장이었다. 그 이유는 이 지역이 유럽과 아시아 대륙을 연결하는 주요 통로에 위치했기 때문이다.

고대 그리스와 페르시아의 충돌을 시작으로 해서 비잔틴제국과 이슬람 세력, 합스부르크 제국과 터키, 러시아와 터키, 오스트리아─헝가리 제국과 러시아 영토분쟁 등이 끊임없이 이어져 왔다. 그러다 보니 이 곳 사람들은 민족과 종교의 경계선 없이 뒤엉킴으로써 조그만 분쟁에도 민감하게 되었다. 게다가 좁게는 보스니아, 넓게는 보스니아를 포함한 발칸지역의 토착 세력들 간의 분쟁도 한몫했다.

보스니아내전이 일어나게 된 직접적인 배경도 마찬가지다. 보스니아 내 크로아티아인이 세르비아가 주도하는 연방으로부터 탈퇴하려 한 반면, 보스니아 내 세르비아인은 반대했다. 보스니아가 연방을 탈퇴하면 자신이 소수민족으로 전락하고 그에 따른 피해를 볼지도 모른다고 우려했기 때문이다. 결국 이러한 민족 갈등을 해소코자 국민투표를 실시하지만, 이 역시 수가 적은 보스니아 내 세르비아인은 투표에 불참했다.

이후 보스니아공화국의 독립을 유럽공동체[EU]와 미국이 승인한 그 다음 날 유고연방군이 미사일 공격을 가하는데, 영화에 나오는 주택과 건물이 파괴되는 실제 기록 필름이 바로 이 장면이다.

333

내전의 결과

당시 보스니아 정부는 독립을 승인해 준 유럽공동체와 미국이 전폭적인 지원을 해 주리라 기대했으나, 단지 외교적 수사에 지나지 않았다. 보스니아내전을 해결하기 위해 파견된 유엔평화유지군도 분쟁에 직접 개입하지 않고 구호품 공급에 주력할 뿐이었다.

영화에서 여기자 제인이 기껏 하는 일이 구호품 전달이라고 냉소적으로 말하는 장면, 중사 마르샹이 전쟁광들이 나라를 망치는 걸 방관만 하는 게 신물난다고 하는 대사 모두 유엔평화유지군이 유명무실한 존재라는 걸 의미하고 있다. 심지어 이 내전에 개입한 서구 각국의 이해관계가 맞물려, 유엔의 권위가 실추되었다.

334

보스니아에 파견된 유엔평화유지군

그러나 1995년 10월, 유엔군이 세르비아공화국과 보스니아 내 세르비아계에 대한 경제봉쇄와 군사공격을 감행하고 '데이턴 합의안'을 이끌어냄으로써, 보스니아내전은 종식되었다.

한편 치키가 사귀던 연인이 알고 보니 니노의 동창생이라는 내용이 나오는데, 이 장면을 통해서 내전이 일어나기 전까지 이 지역 사람들이 서로 얼마나 가깝게 지냈는지를 짐작하게 한다. 그러나 어느 한순간 민족갈등이 표출되면, 상상도 못할 참극이 벌어질 수 있다는 점도 보여 주었다. 처음에는 병사와 포로, 다음에는 친구, 끝에는 철천지원수로 변하는 치키와 니노의 관계는 영화 속 장면에 국한되지 않는 현실세계의 보스니아를 포함한 발칸지역 주민의 불안한 정서를 대변한다.

이런 극단적인 대립이 나타나게 된 데에는 앞서 언급했듯이 발칸지역이 안고 있는 지정학적 요인이 작용했다. 외부의 연이은 침입에 시달리면서 자연스럽게 타 민족에 대해 배타적이 되었으며, 민족이나 종교라는 공통분모로 결속력을 강화시켰다. 그에 따라 마을이나 촌락 단위로 민족이나 종교가 다를 경우, '어제 이웃이 오늘은 원수'가 되는 상황이 언제든지 벌어질 수 있었다.

제작 & 에피소드

타이틀 '노 맨스 랜드'^{No Man's Land}는 대치 중인 양 진영 사이에 놓여 있는 누구의 땅도 아닌, 아무도 들어가서는 안 되는 곳을 의미한다. 우리로 치면 '공동경비구역 JSA'와 같은 곳이라고나 할까.

335

감독 다니스 타노비치는 보스니아 출생으로 실제로 보스니아내전 최전방에 종군하면서, 이 전쟁에 관한 일련의 다큐멘터리를 제작해 왔다. 그 중에서도 〈새벽〉과 〈괜찮을 거야〉는 오세르영화제 작품상과 스위스 프리부르영화제 작품상 등을 수상하는 등 리얼리티와 미학적 완성도에서 찬사를 받았다.

이처럼 전쟁 다큐멘터리로 명성을 날리던 그가 장편 극영화로 데뷔한 작품이 〈노 맨스 랜드〉인데, 첫 상업영화임에도 아카데미 외국어영화상, 골든글러브 외국어영화상, 칸영화제 각본상을 수상하는 쾌거를 이루었다.

그런데 영화는 보스니아내전을 소재로 했음에도, 전작들과 전혀 다른 특성이 있다. 즉, 이 전쟁을 직접 겪고 다큐멘터리 제작을 통해 사실적인 묘사에 일가견이 있음에도, 디테일한 사실묘사와 진지한 분위기로 극을 이끌지 않았다. 장대한 스케일의 전투 장면도 없이 시종일관 관객을 웃게 만

니노가 치키에게 악수를 권하는 장면

드는 〈노 맨스 랜드〉. 하지만 이 영화를 블랙코미디로 보기에는 결말이 너무나 슬프고 비정하다.

영화에 등장하는 중사 마르샹^{프랑스}, 방송기자 제인^{영국}, 지뢰제거반 병사^{독일}를 통해 드러나는 유럽 3개국의 각기 다른 국민성도 흥미롭다. 예를 들어, 직업정신에 투철하면서 솔직담백한 제인의 성격도 그렇고, 마르샹이 약속을 어기고 가버리자, "이래서 프랑스 놈들은 믿을 수 없다니까."라는 그녀의 대사도 설득력이 있다. 더욱이 1분 1초도 어긋남 없이 정각에 약속 장소에 나타나는 독일 병사의 모습도 일면 국민성을 드러낸 것 같다.

영화의 세 주인공 치키^{브랑코 쥬리치}, 체라^{필립 쇼바고비치}, 니노^{르네 비토라직}는 실제로 보스니아내전과 관련된 보스니아인과 크로아티아인이다. 그래서 이 전쟁의 책임을 두고 치키와 니노가 벌이는 설전은 영화 속 장면을 넘어서 현실 세계의 논쟁으로 비쳐질 수 있다.

영화 VS. 영화 〈어 퍼펙트 데이〉(A Perfect Day, 2015)

보스니아 내전을 소재로 한 〈노 맨스 랜드〉와 〈어 퍼펙트 데이〉. 두 영화 모두 가볍게 극이 진행되지만, 엔딩에서 대조적이다. 〈노 맨스 랜드〉가 가슴 저미는 비극이라면, 이 영화는 해피엔딩이다.

사건의 발단은 보스니아 어느 마을 식수 공급원인 우물에 시신이 들어있는 것. 한시라도 빨리 꺼내야 우물의 오염을 막을 텐데, 처음부터 일이 뒤틀

니콜라(좌)와 맘브루(우)

린다. 시신을 꺼내던 밧줄이 끊어져 버린 것이다. NGO 구호단체 요원 맘브루를 비롯한 일행이 밧줄을 구하려 하지만, 예상치 않는 난관에 부딪힌다. 마을 주민이 외부인을 경계해 밧줄을 팔지 않고 국기게양대에 걸린 여유분의 밧줄도 주지 않는 것이다.

천신만고 끝에 밧줄을 구해 시신을 꺼내는데, UN 평화유지군이 나타난다. 시신이 폭발물에 의해 사망했다는 보고가 들어왔다면서, 시신을 꺼내지 말라는 의미로 밧줄마저 끊어버리는 군인들. 주민의 식수원이 오염되는 건 관심 없고 자신들이 정해놓은 수칙만을 따를 뿐이다. 즉 〈노 맨스 랜드〉와 〈어 퍼펙트 데이〉에 비쳐진 UN 평화유지군은 '내전 종식'과 '평화유지'라는 허울만 쓸 뿐, 아무짝에 쓸모없는 사람들이다.

이 영화에서 가슴 아픈 장면은 맘브루와 동행한 니콜라의 사고방식이다. 단지 자기 부모가 살해됐다는 사실을 모르고 부모를 찾아가려고 돈을 구하려는 대목이 아니다. 전쟁을 통해서 세상을 너무 일찍 알아버린 것이다. 예를 들어, 우물 안에 시신이 들어간 이유를 궁금해하는 맘브루 일행에게, 비싼 값으로 식수를 팔아먹으려는 의도라고 추정하는 장면이 그 한 예다. 더욱이 돈에 관한 니콜라의 대사는 가슴 시리게 만든다. "돈만 주면 여기선 모든 게 가능해요."

그나마 이 영화를 보며 위안이 되는 건 엔딩장면의 예상치 않은 반전이다. 주인공도 끝내 포기한 시신 꺼내는 작업이 엉뚱하게 해결되니 말이다.

이래서 일은 사람이 하고 성사는 하늘이 한다고 했던가.

337

누가 악의 축인가

러시안 묵시록 *Личный номер,* 2004
감독: 에브게니 라브렌티에프
출연: 알렉세이 마카로프(스몰린)
루이스 롬바드(캐서린 스톤)

영화 속 역사

실제로 체첸반군이 모스크바에서 일으킨 인질극을 소재로 한 작품. 특히 러시아에서 제작했다는 점이 이 영화를 선택한 이유다.

포로로 잡혀 모진 고문 끝에 거짓 자백하는 러시아 스몰린 소령. 러시아 정부가 테러에 관여했다는 내용으로, 체첸반군이 이를 녹화한다. 모스크바에서 테러를 감행하고 이 영상을 방송에 내보내 러시아 사회를 혼란에 빠뜨리려 한 것이다.

체첸전쟁의 원인

러시아와 체첸의 분쟁은 소비에트연방 해체에 이어진 독립국가연합[1991]
부터 시작된다.

당시 이슬람교도가 많은 카자흐스탄, 우즈베키스탄, 키르기스스탄 등 중
앙아시아 지역과 카스피해 서안의 아제르바이잔이 독립하면서, 체첸도 함
께 따르려 했다. 카프카스산맥 일대에 위치한 체첸은 인구 대부분이 이슬
람교를 신봉하여 일찍부터 러시아로부터 독립을 열망해 왔다.

체첸이 독립할 경우, 다른 지역의 연쇄적인 독립운동과 이슬람 원리주의
가 급속도로 확산될지 모른다고 우려한 러시아 정부는 반대입장을 고수했
다. 그럼에도 체첸은 독립을 선언했으며, 이에 러시아군이 출동했다가 3일
만에 철수함으로써 큰 충돌은 없었다.

339

그러나 체첸 대통령으로 당선된 두다예프의 경제정책이 실패하고 친親
러시아 정책을 취하는 잠정평의회가 별도의 정부를 추진하면서 내전이 일
어났다. 그리고 러시아가 군사적으로 개입한 것이 체첸전쟁인데, 전쟁의
양상은 월등한 전력을 지닌 러시아의 승리였다. 이후 모스크바와 상트페
테르부르크에 있는 아파
트를 중심으로 연쇄폭발
사고[1999]가 일어났다. 이
사고로 무려 300명이 사
망하고, 러시아는 사건의
배후로 체첸반군을 지목
했다.

결국 러시아의 공격으
로 산악지대에 은거하던

아파트 연쇄폭발 현장

체첸반군은 궤멸 직전에 이른다. 당시 샤밀 바샤에프 체첸 반군사령관은 연쇄폭발사고가 체첸인과는 전혀 상관없다고 항변했다. 오히려 이 테러가 체첸의 공격 명분을 얻기 위한 러시아정보국 소행이라고 비난했다.

따라서 영화의 시대배경은 체첸반군의 비난성명 전후가 된다.

스몰린이 거짓 자백하고 체첸반군의 실력자 포크로브스키가 모스크바 아파트 테러를 언급하는 장면은 모두 이 테러가 체첸인이 저질렀다는 전제 하에서 진행되고 있다. 그리고 주인공 스몰린은 실제로 체첸에 포로로 잡혔던 러시아 특수요원 '알렉세이 가르킨'을 모델로 했다.

악의 무리로 전락한 체첸인

340

영화에서 테러범들은 모스크바 서커스극장 인질을 풀어 주는 조건으로 비행기를 얻고 그 비행기에 핵폭탄을 싣고서 서유럽 도시 전체를 잿더미로 만들려는 계획이다.

영화 속 테러 장면은 실제 있었을까?

그렇다. 2002년 10월 체첸반군 지도자 아르비 바라예프가 3일 동안 수백 명의 극장 관객들을 상대로 인질극을 벌였다. 이 테러에 체첸 여성들도 참여했는데, 체첸전쟁의 전사자 부인들로 밝혀져 충격을 주었다.

가스에 질식된 인질을 구출하는 테러 진압 요원들(2002. 10. 23.)

그러나 영화에는 이 테러사건의 의미를 생략한 채, 몸에 폭탄을 두른 과격한 체첸 여전사 한 명이 나오고, '우마르'라는 가공인물을 등장시켜 같은 동족인 체첸 테러범들과 싸우게 했다. 즉, 이러한 사건이 일어난 원인은 무시하고 테러범이 순전히 '악의 무리'로 전락하는 동시에, 이와는 대조적으로 이들과 싸우는 우마르를 정의의 편으로 설정했다.

그럼 체첸반군과 협력한 이슬람 과격파 카산이 핵폭탄으로 서유럽 도시들을 파괴하는 시도는 실제 있었을까?

아니다. 911테러 이후 할리우드에서 식상할 정도로 사용된 시나리오로, 타겟이 미국에서 유럽으로 바뀌었을 뿐이다. 궁금한 건 테러 행위를 하는 체첸반군을 이슬람 과격파와 동맹관계로 설정한 이유다. 체첸에 이슬람 세력이 강해서 그렇게 설정한 건지 혹은 체첸반군이 '악의 축'이라는 것을 관객에게 각인시키기 위해 카산이라는 인물을 등장시켰을 수도 있다.

그러나 이런 영화장치에 관한 추측과 상관없이 주목할 역사적 사실이 있다. 제2차 체첸전쟁이 전개되었을 때의 각국 반응이다. 당시 유럽연합^{EU}의 장국 핀란드의 할로넨 외무장관과 중국 외교부 대변인은 러시아를 지지했으며, 독일, 프랑스, 미국의 어느 수뇌부도 적극적으로 이 전쟁을 중단할 것을 촉구하지 않았다. 전쟁만큼 힘의 논리가 적용되는 경우가 없다는 걸 새삼 확인하는 순간이다.

영화에서 전쟁의 원인을 제공한 이가 체첸반군이라면, 실제 역사에서 전쟁 확산을 주도한 이는 푸틴 러시아 대통령이다. 결국 체첸전쟁에 관한 실제 역사와 이를 소재로 한 영화에서 똑같이 승리하는 이는 정의의 사도나 선한 자도 아닌, 강한 자라는 평범한 논리가 적용된다.

제작 & 에피소드

체첸전쟁을 소재로 한 이 영화는 감독과 주인공 모두 생소하다. 게다가

341

원제목인 Личныйномер는 영어로 Service Number, 즉 '비상조치'가 된다. 미국에선 'Countdown'이라는 제목으로 개봉했고, 우리나라에는 '러시안 묵시록'으로 출시됐다.

그런데 '묵시록'이라는 제목이 거슬린다. 그 이유는 자꾸만 프랜시스 코폴라의 〈지옥의 묵시록〉이 연상되기 때문이다. 더욱이 코폴라의 영화와 전혀 다른 내용과 극 전개를 보이고 극의 완성도가 떨어진다는 점에서, 유명 영화 타이틀을 베낀 것 같다.

이 영화는 배우의 연기력이나 극전개가 치밀하지 못해, 묻지도 따지지도 않고 보기에 적합한 B급 액션물이다. 주인공 스몰린 역을 맡은 알렉세이 마카로프의 연기를 두고 일부에선 러셀 크로우와 비슷하다고 했지만, 그보다는 〈미이라〉시리즈의 브랜든 프레이저 이미지와 유사하다.

감독과 주연 모두 러시아 출신이라서 처음에는 〈제독의 연인〉과 같은 극 전개를 띨 줄 알았으나, 할리우드 스타일에 가깝다. 목숨을 건 위기 상황에서도 재치있는 농담을 하는 주인공, 극악무도한 악당 캐릭터, 적재적소에 나오는 위기와 이를 타개하는 방법도 할리우드 스타일이다. 심지어 여기자와 함께 비행기를 착륙시키는 장면은 〈파이널 디씨전〉에서 스튜디어스로 분한 할리베리의 연기가 연상된다.

이 영화의 특색이자 장점이라면 화려한 CG가 없는 대신 러시아군의 전폭적인 지원으로 실감나는 액션장면이 나온다는 것. 생각해 보라. 실제 군사기재를 소품으로 사용했을 때 느껴지는 리얼리티를. 개봉 당시 러시아 전역에서 열광적인 호응을 얻으며 장기간 상영됐다고 전하는데, 그 배경이 생생한 액션장면 때문인지 혹은 체첸전쟁에 대한 러시아 국민의 시각을 잘 반영해서인지 확인하지 못했다.

엔딩자막에도 나오듯이 실제 사실을 바탕으로 제작되었다는 점을 강조하는 〈러시안 묵시록〉. 그럼에도 영화는 실제 사실이 주는 긴장감보다는 할리우드 아류작이라는 느낌이 강하다. 할리우드 스타일을 배제하고 자국 특유의 분위기가 느껴지는 영화장치와 스타일로 제작됐으면 하는 것들이 있는데, 이 작품도 그 안에 속한다. 다소 부족하게 느껴지는 배우의 연기와 극전개의 개연성과 상관없이 말이다.

> 참고로 이 영화에서 가장 인상적인 장면을 꼽으라면 영화 초반에 러시아군의 비디오플레이어겸용 TV에 'DAEWOO'라는 글자가 유난히 눈에 들어왔다는 것. 과거 동유럽시장에서 눈부신 성과를 거둔 대우기업의 잔상이 영화 속 장면을 통해 느껴졌다.

영화 VS. 영화 〈5 데이즈 오브 워〉(5 Days of War, 2011)

〈러시안 묵시록〉이 체첸전쟁을 배경으로 했다면, 〈5 데이즈 오브 워〉는 남오세티야전쟁을 다루고 있다. 즉, 두 영화 모두 러시아의 영토확장과 밀접한 관련이 있다. 큰 차이점도 있다. 두 영화를 제작한 곳이 각기 러시아와 미국이라는 것. 그렇다면 극이 어떤 방향으로 진행될지 예상이 된다. 더욱이 〈5 데이즈 오브 워〉의 주인공이 미국 종군기자다.

영화는 주인공이 이라크전쟁을 취재하러 나섰다가 살해당할 위기에서 구조되는 장면으로 시작한다. 주목할 건 그를 구한 이가 그루지야군이고, 영화의 시점인 2007년 당시 그루지야는 미국과 영국에 이어 세 번째로 많은 병력을 이라크에 파병했다.

그루지야군이 이라크에 간 이유는?

구소련으로부터 독립한 상태에서 러시아의 영향권을 벗어나려면 미국의 도움이 필요했다. 이 세상에 공짜는 없다. 국가 간의 이해관계는 더더욱

343

그렇다. 그런데 바로
다음 해에 남오세티
야전쟁이 일어났다.

전쟁은 그루지야군
이 남오세티야를 침
공하는 것으로 시작
한다. 친러시아 성향
의 남오세티야 분리주

사카슈빌리 대통령(좌)과 그를 연기한 앤디 가르시아(우)

의자들을 분쇄하기 위해서다. 그러나 곧이어 러시아가 자국민을 보호한다
는 명목으로 남오세티야는 물론이고 그루지야 곳곳을 공격한다. 영화는 그
루지야군이 남오세티야를 침공한 장면이나 이에 관한 언급은 없고, 러시아
군의 잔혹한 살상만이 나온다. 즐거운 결혼식장이 폭격으로 아수라장이 되
는가 하면, 민간인을 무차별적으로 학살한다.

영화에서 그루지야 대통령 사카슈빌리앤디 가르시아는 러시아를 비난하면서
미국과 유럽연합의 군사개입을 호소한다. 그러나 반응이 신통치 않다. 주
인공의 연인 타티아는 그루지야의 과거 이라크파병을 언급하면서 미국을
비난한다.

그렇다. 사카슈빌리는 잘못 판단했다. 영화에는 나오지 않았으나, 남오
세티야를 침공하면 러시아가 군사개입할 걸 예상했어야 했다. 즉, 그는 체
첸전쟁에서 보인 푸틴의 호전적인 기질과 복수심을 간과했다. 혹은 자국
이 이라크에 파병한 만큼, 미국도 적극적으로 군사원조를 해 줄 거라고 기
대했다.

그러나 전쟁만큼 이해득실을 따지는 경우도 없다. 그루지야가 러시아에
게 사실상 항복선언을 했을 때도 미국은 나서지 않았다. 러시아 스스로 공
격을 중지하고 중재국 프랑스가 내놓은 평화안에 합의하고 나서야, 미국정

부가 이 전쟁에 개입하겠다고 선언했다. 그야말로 전형적인 뒷북이다.

그럼 영화 속 주인공의 역할은? 전쟁 한복판에서 러시아군^{영화에선 러시아가 고용한 용병으로 등장}의 잔악성을 서방 세계에 알리고 연인과 그루지야인의 목숨을 살리기 위해 고군분투한다.

역시 영화는 영화다.

🎥 **03**

돈보다 귀한 것은

밀리언즈 Millions, 2004
감독: 대니 보일
출연: 알렉스 에텔(데미안)
　　　루이스 맥기본(안소니)

346

영화 속 역사

　유럽인들이 단일통화 유로^{EURO}를 사용하는 역사적 사건을 소재로 한 점이 이 영화를 선택한 이유다. 더욱이 영화 속 무대가 현재 브렉시트를 결정한 영국이라는 점도 고려했다.

　"프랑스는 프랑화와 작별했고, 독일은 마르크화와 작별했다. 포르투갈은 잘 모르겠고, 우리는 파운드화와 작별했다. 올 성탄절에는 유로화를 받겠지." 이렇게 독백하던 소년에게 돈벼락이 떨어진다. 어디선가 날아온 큰 가방 안에 현찰 백만 파운드가 들어 있던 것. 어린 형제(데미안, 안소니)가 돈 처리를 의논한 결과, 나눠 갖기로 결정한다. 정부가 알면, 세금만 40% 추징당한다는 형의 충고를 따른 것이다.

유로화를 사용한 이유

유럽 국가들을 경제적으로 통합하고 효율성을 극대화하기 위해서였다.

단일통화를 도입하면 환전 비용이 들지 않아서 기업과 개인 사업에 그만큼 경제적 부담을 줄일 수 있다. 또한 기업이나 무역업자 혹은 개인투자자에게 환율 변동으로 인한 위험요소를 제거함으로써 시장의 유동성이 증대될 수 있다. 국제통화인 달러에 버금가는 통화 가치를 가져올 수 있다는 것도 장점이다.

영화에는 나오지 않았지만 유럽 각국이 유로화로 전환하기까지는 상당한 기간이 소요되었다.

원래 2002년 2월까지 이전 통화의 지폐와 동전들은 사용하지 않기로 했으나, 국가들마다 사정이 달랐다. 유로존의 통화정책을 주도하는 독일의 경우, 2001년까지 기존 마르크화를 더 이상 사용하지 않음으로써 가장 빨리 유로화로 전환했다. 그러나 일부 국가는 아직까지도 자국통화를 유로화와 함께 사용한다. 즉, 유럽연합에 가입했다고 반드시 유로를 자국통화로 채택한 건 아니다.

유럽연합 탈퇴 요인

이 영화는 영국이 유럽연합^{EU}에 가입한 상태에서 '유로'를 단일통화로 사용한다는 가상에서 극이 전개된다. 그러나 현재 영국은 유로화를 단일통화로 쓰기는커녕, 유럽연합에서 전격 탈퇴를 결정했다. 즉, 브렉시트^{Brexit: 영국 (Britain)이 탈퇴(Exit)했다는 합성어}를 한 것이다.

그럼 어째서 영국은 유럽연합에서 탈퇴했을까?

이러한 배경에는 유로화를 대하는 영국인의 태도에서 나타난다. 즉, 유로화를 주도하는 독일, 프랑스, 이탈리아와 달리, 영국은 처음부터 단일통화 사용에 미온적이었다. 여기에는 과거 한때 세계를 제패한 대영제국의 역사와 문화라는 요소도 복합적으로 작용한 것 같다.

현재 세계의 패권이 미국으로 넘어갔지만, 아직도 영연방을 중심으로 과거의 영화榮華가 아주 퇴색되진 않았다. 지금도 영국 황실의 결혼식이 위성 중계될 만큼 전 세계인의 관심을 받는다는 점도 이를 증명한다. 전 세계 3대 증권시장인 런던시장을 비롯한 거대금융 관련 산업도 파운드를 폐지할 수 없는 또 다른 이유다. 영국 입장에선 유로화로 통합되는 순간, 지금보다 상대적으로 못한 경제적 위치가 될 것이라고 우려했다.

유럽연합에서 탈퇴한 직접적인 요인은?

단적으로 내는 분담금에 비해 혜택이 적어서였다. 즉, 독일 다음으로 재정분담금을 많이 내지만 혜택은 별로 없고, 영국으로 이주민이 너무 많이 들어와 재정부담이 늘어났다는 것이다. 더욱이 영국인들이 고용시장에서 이주민에게 자신들의 일자리를 빼앗기고 있다는 불만도 팽배했다.

결국 영국은 국민투표를 통해 브렉시트가 결정됐지만, 진짜 문제는 지금부터다. 영국인들 대다수가 유럽연합 탈퇴를 환영하기는커녕, 오히려 왕따를 당할지 모른다고 불안해한 것이다. 그래서 유럽연합에 다시금 가입해야 한다는 리그렉시트후회(regret) 브렉시트(Brexit) 합성어로, 브렉시트를 후회한다는 뜻 운동을 벌이기도 했다.

유로 사용 국가

그리스, 네덜란드, 독일, 룩셈부르크, 몰타, 벨기에, 스페인, 슬로바키아, 슬로베니아, 아일랜드, 에스토니아, 오스트리아, 이탈리아, 키프로스, 포르투갈, 프랑스, 핀란드로서 총 17개 국가이며, 이들 국가를 유로존이라고 부른다.

제작 & 에피소드

영화가 단지 돈벼락이 아이에게 떨어졌을 때의 상황을 묘사했다면 별 관심이 가지 않았을 것이다. 그러한 소재로 만든 영화는 너무나 많다. 하지만 유로화 출범이라는 역사적 사실을 배경으로 했다면 상황이 달라진다. 영화에 나오는 온갖 사건들이 현실 세계에서 일어날 개연성이 있어서다.

더욱이 이 영화를 만든 감독이 대니 보일이다. 〈트레인스포팅〉과 〈슬럼독 밀리어네어〉를 비롯해서 그의 영화는 속도감있게 진행되며, 배신과 음모가 극 전체를 아우르며 긴장감을 고조시킨다.

그러나 이 감독의 표현방식과 장르만을 생각하고 이 작품을 선택했다면 당황했을 것이다. 그의 필모그래피에서 유일하게 가족용 영화이자 극적 반전과 같은 현란한 영화장치가 없어서다. 주인공 데미안이 상상의 나래를 펼 때마다 나타나는 만화같은 형상들은 이 영화의 결말이 결코 비극적이거나 부담스러운 내용이 아닐 것이라는 암시를 준다. 그의 필모그래피에서 가장 아름다운 화면과 인간미 넘치는 극 전개를 보여 주는 〈밀리언즈〉.

349

하지만 가족용 장르라고해서 등장하는 어린이를 무조건 착한 척, 순수한 척 강조하진 않는다. 죽은 엄마를 그리워하지만, 필요할 때마다 "엄마가 안 계세요."라는 점을 어필하며 이익을 챙기는 장면이 그 한 예다. 아이들은 본능적으로 이 세상을 편하게 사는 방법을 체

대니 보일 감독

돈다발을 보고 흡족해하는 형제

득하고 있다는 걸 보여 준
다. 세법을 논하고 부동산
투자에 나서는 등 나름대로
재테크에 계산이 빠른 안소
니의 행동도 현실적으로 보
인다. 결국 영화 속 인물들
의 사고방식을 보면 애, 어
른 구분 없이 똑같다. 돈 앞
에는 모두 머리회전이 빨라진다는 것.

아이들의 눈높이에서 진행되지만 어른도 충분히 공감할 수 있는 영화,
바로 〈밀리언즈〉의 매력이자 대니 보일의 연출력이 돋보이는 작품이다.

350

영화 VS. 영화 〈철의 여인〉(The Iron Lady, 2011)

〈밀리언즈〉가 유로화 출범을 앞둔 가상의 세계를 그렸다면, 〈철의 여인〉
은 유로화에 대한 영국 정부의 실제 입장을 묘사했다. 주인공은 영국 최초
여성총리 마가렛 대처.

영화 후반부. 각료가 이구동성으로 유럽의 화폐통합을 피할 수 없다고
했을 때, 그녀는 단호했다. "영국은 준비가 안 되어 있어요." 여기서 준비가
안 됐다는 건 거부의사를 완곡히 표현한 것이다. 분명한 건 1990년 당시 동
유럽과 구소련 체제가 붕괴되면서 유럽연합이 대세가 되었을 때, 대처는
끝까지 영국의 가입을 반대했다.

그럼 어째서 그녀는 사임 압력을 받으면서까지 자신의 의지를 굽히지 않
았을까?

영화 속 대사에 잘 나타나 있
다. "우리 정책이 인기가 없어
도 옳은 겁니다. 영국 파운드화
의 독립성을 지키려 하지 않고
타협만 하려는 건 비겁한 태도
예요." 영화에는 나오지 않았
으나, 그녀는 유럽통화 단일화
가 가져올 재정적 위험을 정확

노조의 격한 항의에도 꿈쩍 않는 대처(메릴 스트립)

히 예측했다. 즉, 독일과 달리 경쟁력이 약한 국가들이 환율고평가로 경상
수지 적자가 확대되고 경제위기가 닥칠 거라고 했다. 바로 그리스 국가부
도사태가 이 경우다.

그러나 유럽연합에 대한 비타협적인 자세로 보수당지도부 반발을 초래
해, 결국 사임[1990]하고 존 메이저가 직위를 승계한다. 이 영화에서 안타까운
건 그녀가 각료들과 갈등을 빚고 끝내 퇴임하는 장면이 아니다. 영화 전반
을 지배하는 그녀의 외로움이다. 의회에 입성하던 젊은 시절부터 막강한
지도자로 위상을 떨칠 때까지, 그녀는 고독한 결단을 했다. 파운드화 고수
를 비롯해서 노조와의 대립, 포틀랜드전쟁 등 숱한 고비 때마다, 그녀는 당
장의 인기보다 미래의 안정화를 추구했다.

그리고 그런 외롭고 때론 비난도 받는 결정이 영국 사회를 굳건하게 했
다. 주변 국가들이 유로화 위기로 좌불안석일 때, 파운드를 고수한 영국만
이 편안한 것도 그 한 예다.

국내 저서, 논문, 평론

김상민(2004). 역사와 영화-역사연구에 있어 영화의 가치와 활용. 명지사론, 15.

김성준(2009). 영화에 빠진 바다. 서울: 혜안.

손세호 외 역(1998). 영화로 본 새로운 역사. 경기: 소나무.

손영호(2008). 테마로 읽는 세계사 산책. 서울: 학지사.

연동원(2001). 영화 대 역사-영화로 본 미국의 역사. 경기: 학문사.

연동원(2003). 영화 VS. 역사. 월간 중앙.

연동원(2004). 올리버 스톤의 알렉산더-역사서술과 영화비평 비교 분석을 중심으로. 동국사학, 40.

연동원(2006). 기록으로서의 역사영화-〈트로이〉와 〈알렉산더〉를 중심으로. 한성인문학, 4.

연동원(2006). 역사 속의 성, 영화 속의 젠더. 서울: 연경미디어.

연동원(2006). 역사영화로 본 십자군원정-〈킹덤 오브 헤븐〉을 통한 역사 분석. 경주사학, 24-25.

연동원(2007). 영화 속 문화 여행. 세계일보.

연동원(2009). 〈더 리더: 책 읽어주는 남자〉에 드러나는 역사의 상흔과 사랑. 한국영화평론가협회, 22.

육영수(2013). 혁명의 배반 저항의 기억: 프랑스혁명의 문화사. 경기: 돌배개.

이재광(1999). 영화로 쓰는 20세기 세계 경제사. 서울: 세상의 창

주경철 역(1999). 역사와 영화. 서울: 까치

Ebert, R. (1997). *Roger Ebert's Book of Film*. Now York: W.W. Norton.

Yaquinto, M. (1998). *Pump'Em Full of Lead: A Look at Gangsters on Film*. New Jersey: Twayne Publishers.

353

정기 간행물, 일간지

『월간 스크린』

『월간 키노』

『주간 씨네 21』

『주간 film 2.0』

세계일보 e-컬럼(연동원의 '영화 속 문화여행')

American Historical Review

American Journal of History

Chicago Sun-Times

New York Times

방송프로그램

〈스마트 라디오 : 영화 속 역사여행〉 (KBS)

〈타박타박 세계사 : 영화로 역사읽기〉 (MBC)

〈섹션 라디오 : 라디오박물관〉 (SBS)

저자 소개

연동원(Yeon, Dong Won)
동국대학교 대학원에서 서양사 전공으로 박사학위를 받았으며, 현재 연(延)
영상문화연구소 소장 겸 명지대학교 객원교수로 있다. 한국영화평론가협회
와 한국영화학회 정회원이고, 역사학자와 영화평론가로 활동하고 있다. KBS,
MBC, SBS 3사의 〈스마트 라디오〉〈타박타박세계사〉〈섹션 라디오〉에 고정
출연했으며 『월간중앙』에 역사영화평론을 연재했다. 그밖에도 〈씨네컬 문화
읽기〉(텐아시아)를 통해 영화와 뮤지컬을 접목한 칼럼을 소개했다.

〈주요 저서〉
역사 속의 성, 영화 속의 젠더(연경미디어, 2006)
영화 대 역사: 영화로 본 미국의 역사(학문사, 2001)

〈주요 논문 · 평론〉
"마틴 스콜세지의 영화적 특성과 미국문화"
"올리버 스톤의 알렉산더"
"역사영화로 본 십자군원정"
"역사영화를 통해 본 미국독립혁명"
"〈노예 12년〉 – 같은 소재, 다른 결과 〈아미스타드〉와의 비교분석"
"〈더 리더: 책 읽어 주는 남자〉에 드러나는 역사의 상흔과 사랑"

영화로 역사 읽기

-유럽편-

2018년 4월 25일 1판 1쇄 발행
2020년 9월 10일 1판 3쇄 발행

지은이 • 연동원
펴낸이 • 김진환
펴낸곳 • ㈜ 학지사

　　　　04031 서울특별시 마포구 양화로 15길 20 마인드월드빌딩
대표전화 • 02-330-5114　　팩스 • 02-324-2345
등록번호 • 제313-2006-000265호

홈페이지 • http://www.hakjisa.co.kr
페이스북 • https://www.facebook.com/hakjisabook

ISBN 978-89-997-1512-9　03900

정가 18,000원

이 도서의 국립중앙도서관 출판시도서목록(CIP)은 서지정보유통지
원시스템 홈페이지(http://seoji.nl.go.kr)와 국가자료공동목록시스템
(http://www.nl.go.kr/kolisnet)에서 이용하실 수 있습니다.
(CIP 제어번호: CIP2018005359)

출판 · 교육 · 미디어기업 학지사

간호보건의학출판 **학지사메디컬** www.hakjisamd.co.kr
심리검사연구소 **인싸이트** www.inpsyt.co.kr
학술논문서비스 **뉴논문** www.newnonmun.com
원격교육연수원 **카운피아** www.counpia.com

테마로 읽는
세계사 산책

손영호 저

- 변형판
- 368면
- 15,000원

역사란 무엇인가

손영호 저

- 크라운판
- 336면
- 15,000원

영화치료의
이론과 실제

심영섭 저

- 크라운판변형
- 520면
- 20,000원

영화 속의 긍정 심리

Ryan M. Niemiec ·
Danny Wedding 공저
백승화 · 최혜지 ·
한영옥 · 조동원 공역

- 사륙배판변형
- 552면
- 18,000원

사진치료기법

Judy Weiser 저
심영섭 · 김준형 · 이명신 공역

- 사륙배판변형
- 488면
- 20,000원

표현예술치료의
이론과 실제

－몸으로 하는 심리치료－

임용자 · 유계식 · 안미연 공저

- 사륙배판변형
- 336면
- 20,000원

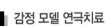

감정 모델 연극치료

박미리 저

- 크라운판
- 272면
- 13,000원

페르소나와 퍼포먼스

－역할 접근법의 이론과 실제－

Robert J. Landy 저
이효원 역

- 신국판
- 456면
- 16,000원

연극치료

－교사와 치료사를 위한
　연극치료 핸드북－

Sue Jennings 저
한명희 역

- 사륙판
- 240면
- 9,000원

학지사는
깨끗한 마음을
드립니다.

삶을 바꾸는 기적의 질문
－일상에서 살아 움직이는 AI의 원리－

Jacqueline Bascobert Kelm 저
엄명용 역

- 신국판
- 304면
- 13,000원

의미 없는 인생은 없다
－빅토르 프랑클의 의미심리학－

정인석 저

- 신국판
- 296면
- 14,000원

비극은 그의 허끝에서 시작됐다
－심리학자와 언어전문가가 알기 쉽게 풀어낸 말의 심리

박소진 · 이미정 공저

- 신국판
- 224면
- 13,000원

격려 기술
－격려 세상 만들기－

Don Dinkmeyer ·
Lewis Losoncy 공저
김미례 · 오명자 · 김광운 공역

- 신국판
- 336면
- 14,000원

예술작품과 정신분석

이창재 · 장예숙 · 서윤희 · 김보영 ·
박한숙 · 이영향 · 황은영 · 이경희 ·
이윤하 · 유소희 공저

- 신국판
- 424면
- 15,000원

성공한 CEO의 비즈니스 심리코칭

Robbie Steinhouse ·
Chris West 공저
박의순 · 노경혜 공역

- 신국판
- 240면
- 13,000원

사랑 다음에도 사랑은 존재하는가

Daphne Rose Kingma 저
이 희 역

- 신국판
- 216면
- 9,000원

사랑중독증

Martha R. Bireda 저
신민섭 역

- 신국판
- 240면
- 9,000원

예술가가 되려면
－심리학의 눈으로 바라본 예술가 이야기－

Ellen J. Langer 저
이모영 역

- 신국판변형
- 392면
- 14,000원